国家社会科学基金教育学一般课题"残疾儿童家庭教育支持的机制构建研究"（课题号：BHA190138）成果

| 光明学术文库 | 教育与语言书系 |

残疾儿童家庭教育支持的
机制构建研究

刘全礼　杨中枢　刘　颂 I 著

光明日报出版社

图书在版编目（CIP）数据

残疾儿童家庭教育支持的机制构建研究 / 刘全礼，
杨中枢，刘颂著 . -- 北京：光明日报出版社，2023.5

ISBN 978 - 7 - 5194 - 7223 - 8

Ⅰ.①残… Ⅱ.①刘… ②杨… ③刘… Ⅲ.①残疾人
—儿童教育—家庭教育—研究 Ⅳ.①G76②G782

中国国家版本馆 CIP 数据核字（2023）第 086612 号

残疾儿童家庭教育支持的机制构建研究
CANJI ERTONG JIATING JIAOYU ZHICHI DE JIZHI GOUJIAN YANJIU

著　者：刘全礼　杨中枢　刘　颂

责任编辑：李月娥　　　　　　　责任校对：李海慧
封面设计：中联华文　　　　　　责任印制：曹　净

出版发行：光明日报出版社
地　　址：北京市西城区永安路 106 号，100050
电　　话：010-63169890（咨询），010-63131930（邮购）
传　　真：010-63131930
网　　址：http：// book. gmw. cn
E - mail：gmrbcbs@ gmw. cn
法律顾问：北京市兰台律师事务所龚柳方律师

印　　刷：三河市华东印刷有限公司
装　　订：三河市华东印刷有限公司
本书如有破损、缺页、装订错误，请与本社联系调换，电话：010-63131930

开　　本：170mm×240mm
字　　数：350 千字　　　　　　印　　张：19.5
版　　次：2023 年 5 月第 1 版　　印　　次：2023 年 5 月第 1 次印刷
书　　号：ISBN 978 - 7 - 5194 - 7223 - 8
定　　价：98.00 元

致　谢

本书是我主持的国家社会科学基金教育学一般课题"残疾儿童家庭教育支持的机制构建研究"（课题号：BHA190138）的重要成果之一，该课题的完成要特别感谢全国41所特殊教育机构的领导、老师和学生家长，尤其是要感谢这些学校的校长和班主任，是校长们带领600多名班主任和6000余名学生家长（含部分福利院的老师）填写了问卷，保障了调查的进行；是这些学校的领导们接受倡议，同意课题组建立了五个微信群，通过微信群和1000多名学生家长进行了长期的充分的交流。有的校长因为工作调动已经不在原单位、有的领导因为年龄原因已经退居二线、有的家长因为农忙等原因延时填写的问卷未能采用，但他们对课题乃至中国残疾儿童的家庭教育支持研究所做的贡献永在。他们的名字虽难以一一列出，但这些教育工作者和这些家长的孩子所在的学校是：

齐齐哈尔市培智学校、赤峰市民族特殊教育学校、新疆阿克苏地区启明学校、昌吉州特殊教育学校、新疆伊犁盲人培智学校、长春市特殊教育学校、北京市平谷区特殊教育中心、北京东城区培智中心学校、北京市东城区特殊教育学校、北京市盲人学校、河北保定市特殊教育中心、秦皇岛市特殊教育学校、河北邢台临西县特殊教育学校、山东济南特殊教育中心、山东淄博市特殊教育中心、青岛市盲人学校、南京市聋人学校、江苏省高邮市荷花塘特殊教育学校、上海市盲童学校、宁波达敏学校、泉州鲤城区开智学校、郑州盲哑学校、河南郑州市二七区辅读学校、武汉市江岸区辅读学校、宜昌市特殊教育学校、湖南株洲市特殊教育中心、湖南长沙市培智特殊教育学校、湖南省郴州市特殊教育中心学校、湖南省张家界市桑植县启智学校、湖南嘉禾县特殊教育学校、广州市盲童学校、广州市启聪学校、广州市天河区启慧学校、佛山市启聪学校、佛山康复实验学校、东莞市特殊幼儿中心、云南昆明市五华区新萌学校、云南昭通市特殊教育学校、成都市温江区特殊教育学校、北京安华学校、上海董李凤美学校。

本研究的完成还要感谢2019年9月参加开题的专家，是他们给予的中肯建议使研究内容更集中、过程更顺利，他们是华中师范大学雷江华教授、华东师范大学于素红教授、南京特殊教育师范学院王辉教授、西北师范大学杨中枢教授、广东第二师范学院刘宝超教授；感谢2021年3月参加中期检查的专家，他们是北京师范大学胡晓毅教授、华东师范大学刘春玲教授、华中师范大学雷江华教授。

当然，课题的完成依赖于课题组成员的辛勤劳动，在此也对他们表示感谢。他们是北京联合大学刘颂博士、新疆教育学院张阿妮教授、郑州师范学院段玉敏副教授、北京师范大学邓猛教授、陕西师范大学兰继军教授、重庆师范大学申仁洪教授、绥化学院徐景俊教授、西南大学赵斌博士、昆明学院李里教授、南京特殊教育师范学院盛永进教授、乐山师范学院汪红烨教授、长沙职业技术学院王得义教授和我2018级、2019级的研究生王迪、刘慧丽、葛康美、赵傲彤、岳好、讷蕾蕾、韩冰、周旭，以及刘颂2020级的研究生杜慧德、周麟。

台湾地区彰化师范大学特殊教育系洪雅惠教授、日本帝京科学大学人间教育科学部吕晓彤教授和山东临朐一中许明月先生及慕尼黑大学社会学专业许清莲女士都提供过部分资料，在此一并表示感谢。

刘全礼

2021年10月7日

前　言

本书是我办理退休手续前的最后一本著作。在我出版的 50 部著作中，本书是我写作时间最长的，前后历时一年多。一年多的心血并非仅仅在于本书众多数据的呈现；更重要的是，它是我国第一部系统研究残疾儿童家庭教育支持的著作，是我主持的国家社会科学基金教育学一般课题"残疾儿童家庭教育支持的机制构建研究"（课题号：BHA190138）的重要成果之一，但如何取舍研究资料使成果呈现是一个难题。例如，日本家庭教育支援模式的研究成果、德国家庭教育的实践研究、残疾儿童家庭教育支持的具体内容等最终未能呈现在本书中。

1874 年我国第一所特殊教育学校——盲人学校在北京出现后，中国大陆特殊教育研究的主流就一直把主要精力放在了残疾儿童的学校教育上，尽管许多残疾儿童的家长自觉或不自觉地一直在进行家庭教育的实践，但相关研究是薄弱的。我们甚至找不到残疾儿童家庭教育最基本的数据，如多大比例的残疾儿童家长育儿观正确？家长们是否掌握残疾儿童家庭教育的工具或方法？家长们对残疾儿童的未来预期是什么样的？等等。之所以如此，与改革开放后我们更多的是一直在借鉴他人或解释他人的学说、理论、实践或者对比这些，而非或很少根据我们本土的实际进行研究有关。

鉴于此，20 多年来，我一直试图遵从自己的内心、按照自己的话语体系而非追随欧美的话语时尚进行相关研究。例如，1999 年开始，我用三年时间系统地研究了中国大陆学业不良儿童的问题，并于 2012 年研制完成了具有自主知识产权的"学习障碍儿童筛查量表"；2006 年开始，我用三年时间系统地研究了我国聋校六年级、九年级聋生的语文、数学成绩及影响因素，这是我国聋教育开展 100 多年来的首个全国范围内的聋生文化成绩的实证研究；2010 年开始，我用三年的时间系统地研究了我国特殊教育教师的继续教育问题，这也是我国第一个系统研究特殊教育教师继续教育的实证研究；2012 年开始，我系统地研究了我国特殊教育教师职前培养的问题，这也是我国首个关于特殊教育教师职前培养的实证研究；2013 年开始，我连续六年系统发表"中国特殊教育发展报告"；等等。

本书则是 2019 年开始的"残疾儿童家庭教育支持的机制构建研究"的重要成果之一。本书试图以当下中国大陆特殊教育（残疾儿童教育）的实际为参照系，遵循我国当下残疾儿童家庭教育支持的法律法规建设的成就、问题、对策和残疾儿童家庭教育支持的实践，尤其是政府支持、家长体验和教师的看法，以及港澳台等地的做法，并回答下列问题，一是中国大陆的残疾儿童家庭教育支持的法律路径如何；二是残疾儿童家庭教育支持的行政和社会支持路径该如何；三是残疾儿童家庭教育支持的内容是什么。

当然，是否实现了我们的研究目标会仁者见仁智者见智，但我们尽力体现了如下的特色：

一是从现有的国内外文本出发进行残疾儿童家庭教育支持的法律、法规研究，并以此构建中国大陆残疾儿童家庭教育支持的法律路径；

二是按照自己的话语体系采用访谈、问卷等方法了解残疾儿童的父母是否需要家庭教育支持、需要什么样的教育支持；

三是从父母家庭教育实践的现状出发，明确残疾儿童家庭教育理念、方法、工具的现状，了解残疾儿童家庭教育支持的教育内容；

四是从家长和教师两个角度相互印证残疾儿童家庭教育支持的内容，班主任视角提供了和家长自身角度不一样的结论；

五是在实证研究的基础上，全面构建残疾儿童家庭教育支持的行政推行路径和内容路径。

当然，一本书的容量决定了我们的研究成果不可能在这里全部呈现，如都呈现出来实证数据等。同时，这些研究尤其是实证研究是很初步的，不足、缺点甚至错误在所难免。但我们如能为后续的研究者提供参照，也就欣慰了。

按照章节顺序，各章节的作者是第一章第一节刘全礼（北京联合大学），第二节刘颂（北京联合大学），第三节刘全礼、黄梓婷（北京山丹丹教育科技中心）；第二章第一节刘全礼、杨中枢（西北师范大学），第二节刘全礼、岳好（北京社会管理职业学院）；第三章第一节刘全礼、岳好，第二节刘全礼、刘慧丽（广东德庆县启智示范学校）；第四章第一节刘全礼、田静伟（北京健翔学校）、杨文雅（北京西城培智中心学校），第二节刘全礼、葛康美（临沂市康复医院）；第五章第一节刘全礼，第二节刘全礼、杨中枢；第六章第一节刘全礼、张竞男（北京安华学校）、李健（太仓特殊教育学校），第二节刘全礼、杨中枢；第七章第一、二、三节刘全礼、赵傲彤（江苏安全技术职业学院），第四节刘全礼、李文迪（西藏那曲市特殊教育学校），第五节刘全礼、佘丽娜（北京城市学院）；第八章刘全礼；附录一、附录二刘全礼。

此外，王迪、刘慧丽、葛康美、赵傲彤、岳好、讷蕾蕾、韩冰、周旭自始至终参与了本研究的家长问卷调查、五个微信群（视力障碍儿童家长群、听力障碍儿童家长群、智力障碍儿童家长群、孤独症儿童家长群、脑瘫儿童家长群）内家长交流的信息收集、记录、整理工作；赵傲彤等参与了班主任的问卷调查；刘颂指导讷蕾蕾、韩冰、周旭计算了本研究家长调查部分的数据，赵傲彤统计了教师调查的数据；讷蕾蕾、韩冰、周旭、杜慧德、周麟收集、整理了美国家庭教育支持的法律、实践资料；刘慧丽、葛康美、赵傲彤、岳好、讷蕾蕾、韩冰、周旭校对了部分章节的数据；台湾地区彰化师范大学特殊教育系洪雅惠教授、日本帝京科学大学人间教育科学部吕晓彤教授、山东临朐一中许明月先生及德国慕尼黑大学社会学专业许清莲女士都提供过部分资料。

刘全礼

2021 年 10 月 7 日

于北京芍药居北里

目　录
CONTENTS

第一章

残疾儿童家庭教育支持的法律政策研究

第一节　中国残疾儿童家庭教育支持的法律政策研究

一、残疾儿童的法律建设取得了重大成就

中华人民共和国成立后，尤其是改革开放以来，中国关于残疾儿童的法律建设取得了重大成就。据不完全统计，包括《中华人民共和国母婴保健法》（以下简称《母婴保健法》）《中华人民共和国母婴保健法实施办法》（以下简称《母婴保健法实施办法》）在内的涉及残疾儿童的法律、法规或实施办法就超过了21部。为了叙述的方便，本书把这些法规大致上分成两类，即专门谈残疾儿童的法规和在有关法规中设"法条"。

（一）专门法规

涉及残疾儿童的专门法律、法规包括两类。

一是和残疾（人）儿童有关的，主要有四部，包括《中华人民共和国残疾人保障法》（以下简称《残疾人保障法》）《中华人民共和国残疾人教育条例》（以下简称《残疾人教育条伯》）《残疾人就业条例》（以下简称《残疾人就业条例》）《中华人民共和国无障碍环境建设条例》（以下简称《障碍环境建设条例》）。其中，《中华人民共和国残疾人保障法》《残疾人教育条例》是经常被提及的，但《残疾人就业条例》《无障碍环境建设条例》与残疾儿童的关系也极为密切。

例如，《无障碍环境建设条例》不仅规定了教育或公共机构、相关服务场所等要建成无障碍机构，而且其第三章专门设置了无障碍信息交流的条文。

《无障碍环境建设条例》第二十一条规定：

设区的市级以上人民政府设立的电视台应当创造条件，在播出电视节目时配备字幕，每周至少播放一次配播手语的新闻节目。公开出版发行的影视类录

像制品应当配备字幕。

《无障碍环境建设条例》第二十二条规定：

设区的市级以上人民政府设立的公共图书馆应当开设视力残疾人阅览室，提供盲文读物、有声读物，其他图书馆应当逐步开设视力残疾人阅览室。

二是和轻微违法犯罪儿童有关的法律，主要是《中华人民共和国预防未成年人犯罪法》（以下简称《预防未成年人犯罪法》）。这部法律自1999年11月1日起施行后，经过2012年和2020年两次修订，2021年6月1日起实施的是第三版。因为它不在本研究的内容范畴内，故本书不做介绍。

（二）法条

这主要是指在"普通"的法律内出现了相关条文，或者相关条文实际上涵盖了残疾儿童的内容。这些法规大致上分成三类。

一是《中华人民共和国宪法》（以下简称《宪法》）。这是我国的根本大法，是其他法律的"母法"。

例如，《中华人民共和国宪法》第三十三条规定：

凡具有中华人民共和国国籍的人都是中华人民共和国公民。中华人民共和国公民在法律面前一律平等。国家尊重和保障人权。任何公民享有宪法和法律规定的权利，同时必须履行宪法和法律规定的义务。

尽管该条文没有明确提出残疾人或残疾儿童的称谓，但作为具有中国国籍的残疾人或残疾儿童，自然就具有本条规定的一切权利和义务。

二是教育类法规。这些法规主要是对公民的教育进行规定。

例如，《中华人民共和国教育法》（以下简称《教育法》）第九条规定：

中华人民共和国公民有受教育的权利和义务。公民不分民族、种族、性别、职业、财产状况、宗教信仰等，依法享有平等的受教育机会。

《教育法》第十条规定：

国家根据各少数民族的特点和需要，帮助各少数民族地区发展教育事业。国家扶持边远贫困地区发展教育事业。国家扶持和发展残疾人教育事业。

三是其他有关法规。这类法规中有两部法律常常被人忽略。一部是《中华人民共和国母婴保健法》，一部是《中华人民共和国未成年人保护法》（以下简称《未成年人保护法》）。前者和残疾儿童的早期干预关系密切，后者不仅仅和早期干预关系密切，而且和家庭教育尤其是和本研究的家庭教育支持关系密切。

例如，《中华人民共和国未成年人保护法》第十条规定：

父母或者其他监护人应当创造良好、和睦的家庭环境，依法履行对未成年人的监护职责和抚养义务。禁止对未成年人实施家庭暴力，禁止虐待、遗弃未成年人，禁止溺婴和其他残害婴儿的行为，不得歧视女性未成年人或者有残疾的未成年人。

《未成年人保护法》第十一条规定：

父母或者其他监护人应当关注未成年人的生理、心理状况和行为习惯，以健康的思想、良好的品行和适当的方法教育和影响未成年人，引导未成年人进行有益身心健康的活动，预防和制止未成年人吸烟、酗酒、流浪、沉迷网络以及赌博、吸毒、卖淫等行为。

这些规定实际上是从家庭责任、教育、养育的实施角度规定了残疾儿童的权利。

二、特殊教育的法律建设也取得了重要成就

特殊教育主要是关于残疾儿童教育的法律法规建设。与前述关于残疾儿童的法律建设一样，特殊教育取得了很大成就。关于特殊教育的法律法规也是分两个类别，一是专门的特殊教育的法律或规定，二是在一般的法规中设相关的条文。

（一）与特殊教育有关的法条

实际上，在没有颁布特殊教育专门的法律之前，其他法规中特殊教育的条文就极为重要。

其中，最重要的当数《中华人民共和国宪法》的规定。

例如，《中华人民共和国宪法》第四十六条规定：

中华人民共和国公民有受教育的权利和义务。国家培养青年、少年、儿童在品德、智力、体质等方面全面发展。

《宪法》第十九条规定：

国家发展社会主义的教育事业，提高全国人民的科学文化水平。国家举办各种学校，普及初等义务教育，发展中等教育、职业教育和高等教育，并且发展学前教育。国家发展各种教育设施，扫除文盲，对工人、农民、国家工作人员和其他劳动者进行政治、文化、科学、技术、业务的教育，鼓励自学成才。国家鼓励集体经济组织、国家企业事业组织和其他社会力量依照法律规定举办各种教育事业。国家推广全国通用的普通话。

《宪法》第一百零七条规定：

县级以上地方各级人民政府依照法律规定的权限，管理本行政区域内的经济、教育、科学、文化、卫生、体育事业、城乡建设事业和财政、民政、公安、民族事务、司法行政、计划生育等行政工作，公布决定和命令，任免、培训、考核和奖惩行政工作人员。乡、民族乡、镇的人民政府执行本级人民代表大会的决议和上级国家行政机关的决定和命令，管理本行政区域内的行政工作。省、直辖市的人民政府决定乡、民族乡、镇的建置和区域划分。

这三条实际上确定了即使是残疾儿童也有接受教育的权利和义务，国家要举办从学前教育到高等教育的各种学校，以培养他们全面发展；在具体操作上是由县以上人民政府管理这些学校的。

也正因为有了这些规定，《中华人民共和国义务教育法》第四条才规定：

凡具有中华人民共和国国籍的适龄儿童、少年，不分性别、民族、种族、家庭财产状况、宗教信仰等，依法享有平等接受义务教育的权利，并履行接受义务教育的义务。

这里的"凡"自然也包括残疾儿童。

当然，残疾儿童作为一个可能存在各种障碍的群体，这些法律还专门给出了特别关注的条款。

例如，《中华人民共和国宪法》第四十五条规定：

中华人民共和国公民在年老、疾病或者丧失劳动能力的情况下，有从国家和社会获得物质帮助的权利。国家发展为公民享受这些权利所需要的社会保险、社会救济和医疗卫生事业。

国家和社会保障残废军人的生活，抚恤烈士家属，优待军人家属。

国家和社会帮助安排盲、聋、哑和其他有残疾的公民的劳动、生活和教育。

也正因为如此，《中华人民共和国教育法》等教育类法律才进一步规定了残疾人的相关权利。

例如，《中华人民共和国教育法》第六条规定：

国务院和县级以上地方人民政府应当合理配置教育资源，促进义务教育均衡发展，改善薄弱学校的办学条件，并采取措施，保障农村地区、民族地区实施义务教育，保障家庭经济困难的和残疾的适龄儿童、少年接受义务教育。

国家组织和鼓励经济发达地区支援经济欠发达地区实施义务教育。

（二）《残疾人教育条例》

1994年颁布的《残疾人教育条例》是目前法律级别最高的关于特殊教育的专门法规。两次修订后的《残疾人教育条例》共有9章59条，从总则、义务教育、职业教育、学前教育、普通高级中等以上教育及继续教育、教师、条件保障、法律责任到附则，比修订前的版本多了七条。

该《残疾人教育条例》基本上明确了残疾人的教育权利、义务，规定了特殊教育的管理等一系列的问题。

例如，《残疾人教育条例》第四条规定：

县级以上人民政府是残疾人教育的领导机构，规定将残疾人教育纳入教育事业发展规划，统筹安排实施，合理配置资源，保障残疾人教育经费投入，改善办学条件。

《残疾人教育条例》第七条规定：

实施残疾人教育的机构是学前教育机构、各级各类学校及其他教育机构，规定对符合法律、法规规定条件的残疾人申请入学，不得拒绝招收。

（三）其他特殊教育政策文件

到目前为止，尽管没有颁布专门的特殊教育法律，但在《残疾人教育条例》之外的国家层面颁布了一系列的关于特殊教育的政策和文件。近年来影响颇大、对特殊教育发展推动颇为明显的当数两期"特殊教育提升计划"（第三期"特殊教育提升计划"正在征求意见中）。

第一期"特殊教育提升计划"是 2014—2016 年，第二期是 2017—2020 年。由于该计划由教育部、国家发展改革委、民政部、财政部、人力资源和社会保障部、卫生计生委、中国残联七部委共同公布，加之规定了相关经费的具体要求，对学前、义务教育阶段的特殊教育起到了很大的推动作用。

三、残疾儿童家庭教育和家庭教育支持的法规建设

（一）家庭教育对残疾儿童意义重大

就特殊教育的效益或者残疾儿童发展的关键期而言，0—12 岁的教育效益最大（12 岁是儿童神经系统大致发育成熟的年龄）。这个阶段大致可以分成三个时期。

一是从出生到 3 岁，这个时期更多的是在家中接受家庭的养和育。对于大多数原发性的残疾儿童尤其是出生就有障碍的儿童而言，这个阶段是家长最彷徨、恐惧甚至无助的阶段。这个阶段也是目前教育机构尚未普遍关注的阶段。

二是 3—6 岁，这个时期也是儿童最重要的家庭教育的时期。当前，随着特殊教育的发展，已经有相当部分残疾儿童开始接受学前教育。但因为这个时期是残疾儿童各方面发展最为关键的时期，儿童即使进了幼儿园，依然需要家庭的密切配合才能使教育效果得到最大的保障。对于那些因为种种原因未能进入

幼儿园的儿童，家庭教育就成为这个时期最重要的措施。也就是说，无论是否进入幼儿园，这个时期都是家庭教育的最重要时期。

三是6—12岁，这个阶段主要是义务教育中相当于小学一年级到六年级或初中一年级阶段，儿童主要是在学校接受义务教育。但家长如何和学校配合依然重要。

（二）残疾儿童家庭教育的具体法条欠缺

前述已经谈及家庭教育的重要性，尤其早期家庭教育更重要。2022年1月1日《中华人民共和国家庭教育促进法》通过实施。目前《中华人民共和国学前教育法（草案）》正在征求意见稿阶段。但遗憾的是，包括《中华人民共和国宪法》在内的各法律，均缺少对残疾儿童家庭教育的具体条文。

例如，《中华人民共和国宪法》第四十九条规定：

婚姻、家庭、母亲和儿童受国家的保护。夫妻双方有实行计划生育的义务。父母有抚养教育未成年子女的义务，成年子女有赡养扶助父母的义务。禁止破坏婚姻自由，禁止虐待老人、妇女和儿童。

该条只是谈到了家庭有教育、抚养儿童的义务（当然，也规定了成年子女有赡养父母的义务），包括其他法律、规定在内的也仅仅是涉及家庭教育而已。

例如，《残疾人教育条例》第三十三条第一款规定：

卫生保健机构、残疾幼儿的学前教育机构、儿童福利机构和家庭，应当注重对残疾幼儿的早期发现、早期康复和早期教育。

家庭该如何重视早期发现、早期教育并没有规定。

《中华人民共和国残疾人保障法》只是在第十七条第二款的"地方各级人民政府和有关部门，应当组织和指导城乡社区服务组织、医疗预防保健机构、残疾人组织、残疾人家庭和其他社会力量，开展社区康复工作"中把家庭列为被组织指导的对象。

在残疾儿童的早期干预、早期教育上最可能有所作为的《中华人民共和国母婴保健法》本来可以对新出生且筛查出的残疾儿童进行家庭或者其他早期教育或干预的规定，但整个第三章的11条均未涉及这些内容。[①]

例如，《中华人民共和国母婴保健法》第十四条规定：医疗保健机构应当为育龄妇女和孕产妇提供孕产期保健服务。

---

① 笔者20年来一直呼吁这个问题，包括向北京市政协委员和全国人大代表呼吁且目前仍在呼吁中。可以参见：刘全礼. 特殊教育导论［M］. 北京：教育科学出版社，2003，94-98.

孕产期保健服务包括下列内容：

（1）母婴保健指导：对孕育健康后代以及严重遗传性疾病和碘缺乏病等地方病的发病原因、治疗和预防方法提供医学意见；

（2）孕妇、产妇保健：为孕妇、产妇提供卫生、营养、心理等方面的咨询和指导以及产前定期检查等医疗保健服务；

（3）胎儿保健：为胎儿生长发育进行监护，提供咨询和医学指导；

（4）新生儿保健：为新生儿生长发育、哺乳和护理提供医疗保健服务。

《母婴保健法》第十五条规定：

对患严重疾病或者接触致畸物质，妊娠可能危及孕妇生命安全或者可能严重影响孕妇健康和胎儿正常发育的，医疗保健机构应当予以医学指导。

《母婴保健法》第十六条规定：

医师发现或者怀疑患严重遗传性疾病的育龄夫妻，应当提出医学意见。育龄夫妻应当根据医师的医学意见采取相应的措施。

《母婴保健法》第十七条规定：

经产前检查，医师发现或者怀疑胎儿异常的，应当对孕妇进行产前诊断。

《母婴保健法》第十八条规定：

经产前诊断，有下列情形之一的，医师应当向夫妻双方说明情况，并提出终止妊娠的医学意见：

（1）胎儿患严重遗传性疾病的；

（2）胎儿有严重缺陷的；

（3）因患严重疾病，继续妊娠可能危及孕妇生命安全或者严重危害孕妇健康的。

《母婴保健法》第十九条规定：

依照本法规定施行终止妊娠或者结扎手术，应当经本人同意，并签署意见。本人无行为能力的，应当经其监护人同意，并签署意见。依照本法规定施行终止妊娠或者结扎手术的，接受免费服务。

《母婴保健法》第二十条规定：

生育过严重缺陷患儿的妇女再次妊娠前，夫妻双方应当到县级以上医疗保健机构接受医学检查。

《母婴保健法》第二十一条规定：

医师和助产人员应当严格遵守有关操作规程，提高助产技术和服务质量，预防和减少产伤。

《母婴保健法》第二十二条规定：

不能住院分娩的孕妇应当由经过培训合格的接生人员实行消毒接生。

《母婴保健法》第二十三条规定：

医疗保健机构和从事家庭接生的人员按照国务院卫生行政部门的规定，出具统一制发的新生儿出生医学证明；有产妇和婴儿死亡以及新生儿出生缺陷情况的，应当向卫生行政部门报告。

《母婴保健法》第二十四条规定：

医疗保健机构为产妇提供科学育儿、合理营养和母乳喂养的指导。医疗保健机构对婴儿进行体格检查和预防接种，逐步开展新生儿疾病筛查、婴儿多发病和常见病防治等医疗保健服务。

（三）残疾儿童家庭教育支持的法条亦欠缺

从残疾儿童家庭教育的内容和难度来看，残疾儿童的家长更需要外界的支持，这种支持不仅仅是经济的支持更是教育理念、内容和方法的支持。

在已颁布的和残疾儿童的家庭或家庭教育密切相关的几部法规即《中华人民共和国残疾人保障法》《中华人民共和国母婴保健法》《中华人民共和国义务教育法》《中华人民共和国残疾人教育条例》《中华人民共和国家庭教育促进法》（以下简称《家庭教育促进法》），如《残疾人教育条例》的第三十三条提到了为残疾幼儿家庭提供咨询和指导。而具体如何操作、指导什么并没有规定。《中华人民共和国义务教育法》也仅仅是在第五条中提到家长或家庭要保证儿童完成义务教育。

如《中华人民共和国义务教育法》第五条规定：

各级人民政府及其有关部门应当履行本法规定的各项职责，保障适龄儿童、少年接受义务教育的权利。适龄儿童、少年的父母或者其他法定监护人应当依法保证其按时入学接受并完成义务教育。

四、我国残疾儿童家庭教育及家庭教育支持的法律建设问题与对策

我国特殊教育的法律建设取得了重大成就，但也存在着一些亟须解决的问题。

（一）存在的主要问题

1. 缺少相应的法律条文

这是目前最为严重的问题。无论是《残疾人保障法》《残疾人教育条例》《家庭教育促进法》，还是其他法规（包括已报送国务院审议的《中华人民共和国学前教育法》），均缺少详尽的关于残疾儿童家庭教育及家庭教育支持的法条。

当然，这里可能有三个原因。

一是法律起草者或者制定者不了解特殊教育，尤其是残疾儿童的家庭教育的有关问题，不知道家庭教育需要支持，因此立法时未能涉及相关条文。

二是法律起草者或者制定者没有考虑到应该把残疾儿童的家庭教育及家庭教育支持的内容纳入相应的法律中，或者家庭教育或家庭教育支持还需要法条限制。

三是法律起草者或制定者不重视该内容的问题，或者因为利益相关人未能达成一致意见，导致没有相应的法条。

2. 已有法条存在的问题

和特殊教育尤其是和残疾儿童的家庭教育及家庭教育支持有关的已有法条存在问题，这些问题主要表现在三个方面。

（1）注重家长责任或义务，忽视家长权利。从《中华人民共和国宪法》到专门的法规，当谈及残疾儿童家庭或家庭教育时，往往只注重了责任，而忽视了他们的权利。

例如，《残疾人教育条例》第八条规定：残疾人家庭应当帮助残疾人接受教育。残疾儿童、少年的父母或者其他监护人应当尊重和保障残疾儿童、少年接受教育的权利，积极开展家庭教育，使残疾儿童、少年及时接受康复训练和教育，并协助、参与有关教育机构的教育教学活动，为残疾儿童、少年接受教育提供支持。

《义务教育法》第五十八条规定：适龄儿童、少年的父母或者其他法定监护人无正当理由未依照本法规定送适龄儿童、少年入学接受义务教育的，由当地乡镇人民政府或者县级人民政府教育行政部门给予批评教育，责令限期改正。这里谈到的更多的是家长的责任或义务，但他们在进行这些事情时，该有哪些权利，如何获得咨询、获取知识等的权利并没有做出规定。

（2）注重对家长的要求，忽视对家长的支持。毫无疑问，对家长提出要求是正确的，或者说，家长应该承担相应的责任是毫无疑问的。对于残疾儿童而言，其身心特点决定了家长在实施这些要求或者承担责任时，需要有一些支持，但相应的涉及家长的法条未能涉及应该有的支持。

例如，《残疾人教育条例》第十三条规定：适龄残疾儿童、少年的父母或者其他监护人，应当依法保证其残疾子女或者被监护人入学接受并完成义务教育。要求家长保障孩子入学是应该的，但碰到各种各样的问题，如听力残疾的言语训练、视力残疾的方向辨别和定向行走，该给家长什么支持？并没有相应的规定，某些和支持相近的条文，也未能深入规定。

例如，《残疾人教育条例》第九条规定：社会各界应当关心和支持残疾人教育事业。残疾人所在社区、相关社会组织和企事业单位，应当支持和帮助残疾人平等接受教育、融入社会。该条实际是专门谈教育支持的，但如何支持家庭教育并未涉及。

（3）注重学校教育，忽视家庭教育和家庭教育支持。目前关于残疾儿童教育的法规重点均在学校教育上。这没有错，但是对于残疾儿童而言，家庭教育尤其是早期家庭教育意义重大，这和普通儿童的差别较大。但两部和特殊教育有关的法规很少涉及家庭教育和家庭教育支持。

2018 年修订后的《中华人民共和国残疾人保障法》共有 68 条，其中康复——它对大部分残疾儿童而言主要是以教育为手段的康复有 6 条，教育有 9 条，合计 15 条，但没有一条专门谈及家庭教育及家庭教育支持。即使其第二十一条中"国家保障残疾人享有平等接受教育的权利"很接近家庭教育支持，却是一般支持，远非教育本身支持。

《残疾人保障法》第二十一条规定：

国家保障残疾人享有平等接受教育的权利。

各级人民政府应当将残疾人教育作为国家教育事业的组成部分，统一规划，加强领导，为残疾人接受教育创造条件。

政府、社会、学校应当采取有效措施，解决残疾儿童、少年就学存在的实际困难，帮助其完成义务教育。

各级人民政府对接受义务教育的残疾学生、贫困残疾人家庭的学生提供免费教科书，并给予寄宿生活费等费用补助；对接受义务教育以外其他教育的残疾学生、贫困残疾人家庭的学生按照国家有关规定给予资助。

2017 年修订的《残疾人教育条例》共 59 条，但从学前教育、义务教育到高等教育，没有一条专门针对家庭教育和家庭教育支持的规定。

（二）对策与建议

家庭是儿童的第一所学校，父母是儿童的第一任教师。对普通儿童是这样，对特殊儿童尤其是残疾儿童更是这样。

但对残疾儿童家长而言，这个"学校"不好办。要办好这个"学校"，不仅仅需要正确的态度，还需要知识和能力，而要获得这些态度、知识和能力仅仅靠父母是办不到的，外力必须给予支援，只有这样才能从整个国家层面用最小的支出获得最大的效益。

这种支持，尤其是教育支持是从孩子出生就要开始的，而且支持越早，效益越高。因此，总结出如下三点建议。

1. 宣传残疾儿童家庭教育的重要性

对残疾儿童开展恰当的家庭教育尤其是早期家庭教育，不仅仅对残疾儿童的发展具有决定作用，而且对家庭效益的提升意义重大，进而对国家的意义重大。只有家长、社会和相关人士都认识到家庭教育的重要性和必要性了，才能更好地开展相关工作。

2. 重视残疾儿童家庭教育的法条建设

立法者或者政策制定者，应该把残疾儿童的家庭教育及家庭教育支持提到法律法规的高度，制定出良好的法律条文。

例如，可以在《残疾人保障法》《残疾人教育条例》《母婴保健法》《家庭教育促进法》（或者在未来的《中华人民共和国特殊教育法》、征求意见后颁布的《中华人民共和国学前教育法》）中增加关于残疾儿童家庭教育和家庭教育支持的法律条文，这是保障残疾儿童的家庭教育顺利实施和效益最大化的最有力措施。

本课题组成员中的北京市政协委员和全国人大代表曾经就《中华人民共和国母婴保健法》的有关意见或建议提交北京市人大和全国人大，还将继续提出建议。

3. 明确家庭教育和家庭教育支持的法条内容

应该在不同的法律中分别就不同阶段的残疾儿童家庭教育及家庭教育支持的内容进行基本界定。

例如，在0—3岁阶段，家庭教育的重点在教育家长接纳残疾、正确看待残疾、正确对待残疾上，不要无谓地四处求医问药，浪费大量钱财的同时，失去了教育孩子的最佳机会。这时的教育支持，主要提供公益的或者适量收费的不同类别的残疾儿童的教育对策等的培训或者指导。

在3—6岁阶段，家庭教育的重点是开展儿童自身的全面发展和专门发展的教育活动，对于已经进入学校（幼儿园）的儿童，家长在配合学校工作的同时，要在家中开展儿童的行为习惯、特异训练等工作。这时的教育支持主要是培养家长在家中进行教育和配合学校教育孩子的能力。

在6—12岁阶段，主要是配合学校进行教育。教育支持主要在教育家长如何配合学校的工作等。

第二节　美国残疾儿童家庭教育支持的法律政策研究

美国残疾儿童家庭教育及家庭教育支持的法律政策，与美国一般意义上的家庭教育及家庭教育支持的法律政策紧密关联，前者既是在后者的政策倡导背景之下的延续与发展，又是对后者的有力补充与完善。

一、美国家庭教育及家庭教育支持的法律法规

美国家庭教育及家庭教育支持的法律法规围绕"家长参与"的权利与义务展开。美国法律法规中家庭教育支持的内涵、具体措施大致经历了三个发展阶段。

（一）20 世纪六七十年代：侧重贫困儿童家庭

美国的"家长参与"始于 20 世纪 60 年代，是在美国社会的民权运动、"向贫穷宣战"、家庭结构变化、儿童发展理论等社会、政治、经济等综合作用之下产生的。

1. 1964 年《经济机会法》

《经济机会法》（Economic Opportunity Act）的颁布直接促使"开端计划"（Head Start）的开启，即由联邦政府资助与地方学区管理、面向贫困家庭的儿童早期教育计划，同时该法案规定了四条"家长参与"具体标准：①通过参加政策咨询委员会，参与对教育目标的计划和执行的决策；②参加儿童学前班的义务服务；③亲手为儿童设计教育活动；④和教师一起参加儿童的教育活动。

2. 1965 年《初等和中等教育法》

《初等和中等教育法》（the Elementary and Secondary Education Act，简称 ES-EA）规定"给予学区以经济援助，使之承担帮助收入低于一定标准的家庭或取消救济金的贫困家庭儿童的任务，让这些家庭的学童受到所需要的教育"。

3.《教育修正案》系列

《1974 年教育修正案》（the Education Amendments of 1974）在第一款中正式增加了建立家长咨询委员会的规定。

《1978 年教育修正案》（the Education Amendments of 1978）对"家长参与"以一个独立章节的内容进行了明确而详细的说明，增强了"家长参与"作为一个政策条款的重要性。该法案用 7 个小节针对"咨询委员会的建立""咨询委员

会的责任""信息获得""培训项目""家长参与的进修会""家长参与的评估和培训"以及"拨款授权"方面做出了详细规定。

（二）20世纪80年代：侧重家长培训

此阶段为美国法律法规中注重家长参与或侧重家长培训阶段，以发挥家长为学习辅助者承担提高学生成绩的责任。①

1.《1981年教育整合和改进法案》

《1981年教育整合和改进法案》（Education Consolidation and Improvement Act of 1981，简称ECIA）清除了所有第一款中关于"家长参与"的条文，减少了"家长参与"的内容，具体仅包括"在设计、规划和执行第一章项目及其基金分配时要向服务儿童的家长提供系统的咨询""在区域范围内或者学区范围内为学生和家长开展一些诸如学习中心一类的活动，为家长做出示范或者培训家长，以及一些更能提高有效教学的基本技能的各种活动"。

2. 1988年《霍金斯—斯坦福修正案》

《霍金斯—斯坦福修正案》（Hawkins Stanford Amendment）在第一章中恢复了"家长参与"的政策话语，并且在"家长参与"的相关规定和导向方面做出重大调整，这项法案中家长咨询委员会的语言被极大地压缩，而大部分语言转向强调家长在家与孩子共同学习的责任、家长与教师合作以及如何帮助家长提高辅助孩子学习的能力等内容。第一章对"家长参与"进行了集中规定，包括五个部分："发现与总体要求""家长参与的目标""家长参与的机制""与《成人教育法案》（Adult Education Act）的项目相协调""无障碍要求"。

总之，该法案强调给予家长必要的培训，帮助家长提高在自身职责、家校伙伴合作关系、辅导子女学习方面的意识与能力，同时提出"无障碍要求"以面向所有家长的全面参与，确保缺乏读写能力或者少数族裔家长的参与机会。

（三）20世纪90年代：侧重家庭教育资源的支持

此阶段侧重家庭教育资源的支持，以增强家长提高学生成绩责任。

1. 1994年《改善美国学校法案》

《改善美国学校法案》（Improving America's Schools Act）对"家长参与"进行了七个方面的规定，包括"地方教育部门政策""学校家长参与政策""政策参与""为学生的高水平表现分担责任""提高参与能力""家长信息和资源中

---

① 卫沈丽. 美国"家长参与"政策理念的缘起和变迁 [J]. 外国教育研究，2017，44（05）：36-52.

心""无障碍要求"。

简而言之，该法案规定地方教育部门提供协调、技术支持，以及其他能够帮助学校计划和执行有效的家长参与活动，建立面向高水平学业成绩的"学校—家长"共担责任关系，通过协调整合家长参与计划与活动、合理支付家长参与活动时的交通与儿童照看费用、多种形式的家长培训、无障碍且可理解的家校沟通方式、灵活的家校会议安排等诸多措施，提高家长的全面参与能力。此外，已经依据《2000年目标：美国教育法》（the Goals 2000 Educate America Act）要求建立了家长信息和资源中心的州，向本州的家长和家长组织提供培训、信息和支持。

2. 2002年《不让一个孩子掉队法案》

该法案中对"家长参与"进行了八个方面的规定，包括"地方教育部门政策""学校家长参与政策""政策参与""为学生高水平学业成绩共担责任""提高参与能力""来自家长信息和资源中心的信息""无障碍要求""审查"。

《不让一个孩子掉队法案》（No Child Left Behind Act，简称 NCLB）基本延续了《改善美国学校法案》有关"家长参与"的政策走向，同时增加了家长参与的新议题——家长选择/择校，即学校如果被确认为需要改建，家长可无须支付转学费用并转学；如果学校在第三年仍然没有实现年度进步目标，该校学生有资格申请"辅助教育服务"（supplemental educational services），家长可以在"第一款"基金偿付的、由州核准的辅助教育服务供应商中选择服务以帮助解决子女的学业成绩问题。

3. 2015年《每一个学生都成功法案》

在《不让一个孩子掉队法案》的基础上，《每一个学生都成功法案》（Every Student Succeeds Act，简称 ESSA）进一步强调以学业成绩作为质量监测的主要标准，以考试作为质量监测的主要方式，继续实行问责制。该法案在总体方向上对家长的功能定位和发展趋向顺承2002年《不让一个孩子掉队法案》，在一些具体细节方面更加强化了"家长参与"的重要作用。

该法案对"家长参与"的概念表述做出调整，将"家长参与"（parental involvement）更改为"家长和家庭参与"（parent and family engagement），对家长参与的强调的范围扩大到所有家庭成员，家庭参与被概念化为"家庭（家长或监护人）和学校工作人员之间为了孩子的教育而结成的联合关系"。

在"家长和家庭参与"的相关规定中也表露了更加全面和紧密的参与的要求，社区和地方参与的成分也明显增加。对"家长和家庭参与"进行了详细的规定，包括"地方教育部门政策""学校家长和家庭参与政策""政策参与"

"为学生高水平学业成绩共担责任""提高参与能力""无障碍要求""家庭参与教育项目""审查"。

通过对美国家庭教育及家庭教育支持的法律政策的简要梳理，我们可以得出以下五个主要特征：其一，将家长参与的对象从中产阶级以及上层社会家长扩大到低收入、多元文化、多元种族、移民的家长层面，甚至利益主体是以少数族裔儿童及其家庭为主体；其二，将家长参与的内容扩大到除了健康、营养、管教之外的与儿童学习相关的学校和家庭活动中；其三，家长参与的方式扩展到课程、会议等教育形式以外的各种参与的方式；其四，强调家庭参与趋势，即需要家庭环境整体性功能来帮助儿童教育，倡导家庭环境和家庭成员之间的协调性以及家庭和学校教育之间的一致性；其五，美国家庭参与首先出现在早期教育和特殊教育领域，然后逐渐扩大到初等、中等乃至高等教育领域的研究。①

二、美国残疾儿童家庭教育与家庭教育支持的法律法规

（一）美国残疾儿童家庭教育与家庭教育支持的法律法规发展历程

美国特殊教育立法非常丰富，为了系统展现有关残疾儿童家庭教育与家庭教育支持的立法沿革，选取经过多次修订的《身心障碍者教育法》（2004）与《发展性障碍援助和自由权利法案》作为典型法案，分析美国立法在残疾儿童家庭教育及其支持方面的主要变化。

1.《身心障碍者教育法》

2004年《身心障碍者教育法》（Individuals with Disabilities Education Act，简称IDEA）的前身为1975年《所有残障儿童教育法》（Education for All Handicapped Children Act），又称"PL94-142公法"。在"PL94-142公法"中，家长的权利分散在评估保护、正当法律程序、最少受限制的环境和个别化教育计划四个部分，以切实保障残疾儿童家长的平等权益。

《身心障碍者教育法》（2004）分为四个部分，其中与残疾儿童家庭教育支持有关的内容渗透在第二、第三与第四部分。具体而言，第二部分从评估、资格认定、个别教育计划和教育安置方面规定了家长的权利，第三部分重点规定了面向家庭整体需求的特殊婴幼儿个别化家庭支持计划，第四部分规定了从人员准备、技术援助、示范项目和信息传播等途径给予残疾儿童家庭支持与援助。

2.《发展性障碍援助和自由权利法案》

《发展性障碍援助和自由权利法案》（Developmental Disabilities Assistance

---

① 卫沈丽. 美国"家长参与"政策批判研究［D］. 长春：东北师范大学，2017.

and Bill of Rights Act）关注美国发展性障碍人士及其家庭参与社区本位方案的机会与权力，历经多次修订，于2000年添加了第二部分，即"家庭支持法"。该法鼓励各州政府依据实际开展残疾儿童家庭支持项目，强调以家庭为中心或导向的支持服务，提高残疾儿童家庭在家庭及子女支持、服务和其他援助上的选择与决策能力，以期增进残疾儿童家长养育子女的能力和享受家庭亲子时光的幸福感①。该法严格监督项目规划、实施和评估工作，为完善全国性残疾儿童家庭支持体系提供了有力的法理依据，是目前唯一一部清楚规定发展家庭支持计划的联邦法②。

具体而言，该法授权委托各州去创造或者扩展家庭支持的计划，也授权委托联邦政府发起联邦自己的家庭支持计划，鼓励各种公立或私立的服务机构或组织提供技术援助；该法规定了联邦政府与各州投入家庭支持资金的比例、最低限额，以及资金申请、管理、家庭支持项目评估的程序；该法权责明晰，旨在保障家庭在计划、执行、评估家庭支持系统中的领导能力，促进跨机构协调与合作，保证家庭支持服务的资金和实用性，从而形成综合的、全国性的、以家庭为中心的、家庭指导的家庭支持服务系统；该法体现了以家庭为首位的人文关怀思想。③

该法案的家庭支持包含喘息服务、治疗或干预服务、财政辅助等，其中也涉及了家长培训、信息支持等与家庭教育支持相关的内容。

（二）美国法律法规中有关残疾儿童家庭教育与家庭教育支持的内容分析

按照乔伊斯·爱普斯坦（Joyce Epstein）的交叠影响域理论，家庭参与包含六种类型：亲职教育（parenting）、家校沟通（communicating）、自愿服务（volunteering）、家庭辅导（learning at home）、学校决策（decision making）、社区合作（collaborating with community）。④ 美国有关残疾儿童家长参与的法律法规，在以上六种参与类型框架之下，尤其重视家长在残疾子女教育上的知情权、决策权，通过亲职教育与家庭整体支持计划以提高家长教育子女的态度、知识和

---

① The Developmental Disabilities Assistance and Bill of Rights Act of 2000 ［EB/OL］. ACL, 2000-10-30.

② 张艺丝，岳亚平. 美国学前儿童家庭支持体系及其启示 ［J］. 幼儿教育，2018（36）：37-39.

③ 徐素琼. 美国对身心障碍者的家庭支持及其对我国的启示 ［J］. 中国特殊教育，2008（09）：6-10，16.

④ EPSTEIN J L. School, Family and Community Partnerships: Preparing Educators and Improving Schools ［M］. 2nd. Philadelphia: Westview Press, 2011: 39.

能力。

同时，基于保护残疾儿童合法权益的目的，《身心障碍者教育法》（2004）中正当程序的核心原则体现得淋漓尽致，几乎涵盖特殊教育的方方面面，包括鉴定、评估、IEP 项目、安置、干预等。正当程序原则通过限制地方政府的权利为残疾儿童及其家长提供法律保护，其形式包括通知、听证、投诉以及上诉等，正是因为有正当程序原则的保护，家长才能够全面参与特殊教育的有关决策，从而保证了残疾儿童的合法权利以及特殊教育的效果①。

1. 家长在残疾子女教育上的知情权

《身心障碍者教育法》（2004）规定家长有权利知晓有关子女教育与相关服务信息的权利。首先，地方教育当局要告知家长相关的法律条文，明确家长的权利与义务。其次，学校或机构在对学生进行初次或重新评估和教育安置之前把有关的决定通知家长（用家长的本族语言或提供翻译），如在初次评估之前，学校给家长发一份书面通知，告诉家长将对孩子实施哪些测验和测查，为什么要实施这些测验和测查，评估的具体内容，本次评估可能带来什么后果等，争取获得家长的许可；在评估结束之后，学校要及时地将评估结果报告家长，并给予适当的解释②。最后，家长有权查看子女的教育记录，可具体涉及子女在评估、安置、干预等有关方面的所有记录。法律明确规定：家长不仅可以参加自己孩子 IEP 的制订过程，而且可以要求得到 IEP 的会议记录和听证会记录。

2. 家长在残疾子女教育上的决策权

《身心障碍者教育法》（2004）第二、第三部分以法条的形式详细列举了需家长同意的服务，包括所有的评估、资格认定、IEP、教育安置、早期干预服务、保险的使用以及私人信息的公开，并且禁止在家长拒绝的情况下实施以上各项服务。

《身心障碍者教育法》（2004）赋予残疾儿童的家长在鉴定与评估团队以及 IEP 小组中扮演与其他专业成员同等重要的角色。首先，家长有权同意或拒绝评估，有权要求对儿童的教育需求进行全面和个别的评估；家长若认为相关机构的评估有失公允，则可以要求由第三方人员重新主持评估。其次，家长有权对 IEP 内容表示同意或拒绝。最后，家长有权对子女的教育安置表示同意或拒绝。

---

① 李欢，周静娴. 中美特殊教育政策内容比较研究——以美国《身心障碍者教育法》（IDEA2004）为参照［J］. 教师教育学报，2017，4（01）：94-103.

② 韦小满. 美国特殊教育立法中有关评估的法律和法规概述［J］. 中国特殊教育，2005（10）：73-76.

3. 家长有权利获得面向 0—2 岁特殊婴幼儿的个别化家庭支持计划

《身心障碍者教育法》（2004）第三部分强调了对残疾儿童进行早期干预的重要性，要求各州实施全州范围内的特殊婴幼儿早期干预计划。首先对婴幼儿的独特优势和需求开展多学科评估。其次以家庭为导向开展对家庭资源、优先事项和担忧的评估，确定家庭所需的支援和服务，以加强家庭满足特殊婴幼儿发展需要的能力。最后由包括父母在内的多学科小组制订书面的个性化家庭服务计划。

《身心障碍者教育法》（2004）规定个别化家庭支持计划必须包含以下八点：①基于客观标准对婴幼儿身体发育、认知发展、交流发展、社交或情感发展、适应性发展水平进行陈述；②对关于家庭资源、优先事项和与促进家庭残疾婴儿或学步儿童发展有关的关切事项的说明；③对婴幼儿及其家庭的可衡量结果或预期结果的陈述，包括标准、程序和评估时间表；④早期干预服务的具体说明，所提供的服务满足特殊婴幼儿和家庭的独特需要，包括提供服务的频率、密度和方法；⑤提供早期干预服务的适当自然环境的说明，如果不在自然环境中提供服务，则陈述理由；⑥个别化家庭支持计划的时间安排，包括起止时间、预期长度和服务频率，⑦确定服务协调员；根据障碍儿童及家庭的需要，说明谁负责计划的实施以及协调与其他机构和人员的关系，明确服务协调员的职责；⑧转介到学龄前或其他适当服务的转衔服务。①

4. 家长有权获得培训

《身心障碍者教育法》（2004）强调家长作为残疾儿童教育参与者的重要意义，重视各级各类机构与残疾儿童家长建立伙伴关系，针对全美的家长培训信息中心（parent training and information center）与社区家长资源中心（community parent resource centers）提出了相应的残疾儿童家长信息支持、家校沟通、家长培训的相应规定，确保残疾儿童家长合作和有效参与有关早期干预、教育和过渡服务的规划和决策，实现残疾儿童发展目标与学业成就目标，进而为残疾儿童未来的独立成年生活尽可能做好准备。

《身心障碍者教育法》（2004）对家长培训信息中心服务的方式与内容具体规定如下九点：①协助残疾儿童父母更好地了解其子女残疾的性质及其教育、发展和过渡需要；②与负责提供特殊教育、早期干预服务、过渡服务及相关服务的人员进行有效沟通和协作；③参与决策过程与制订 IEP 和个别化家庭服务计划；④获得有关服务范围、类型和质量的信息；⑤基于科学研究结果选择适

---

① The Individuals with Disabilities Education Act［EB/OL］. IDEA，2019-11-07.

当的方案、服务、技术、实践和干预措施；⑥获得在学校和家中协助残疾儿童及其家庭的资源；⑦理解有关早期干预服务的相关规定；⑧参加子女学校的活动；⑨参加学校改革。

《身心障碍者教育法》（2004）要求社区家长资源中心与家长培训信息中心建立合作伙伴关系，面向残疾儿童家长提供资料和培训活动。

三、美国残疾儿童家庭教育与家庭教育支持的立法启示

（一）残疾儿童家长的角色定位：合作伙伴

在基础教育阶段，美国立法中残疾儿童家庭教育支持的出发点是将家长视为学校、机构、专业人士的合作伙伴，采取倡导、支持家长以多种方式参与残疾子女的教育与相关服务过程，使家长以同等重要的角色加入残疾子女的早期干预、评估、IEP 制订、教育安置、教育实施与监督等工作；家长通过与专业人士的平等合作，不仅有利于构建基于双方信任与良好互动关系之上的共同责任分担机制，同时家长在此过程中能够获取足够信息，以做出更加有利于残疾子女发展的适宜选择与决策。

（二）残疾儿童家庭教育支持的内涵：面向整体家庭

无论是普通教育领域相关立法将"家长参与"概念更改为"家庭参与"，还是特殊教育法律法规对个别化家庭支持计划的持续修订与完善，都明确了将家庭整体单元作为中心的支持内涵，即干预不仅仅聚焦残疾儿童，而且包括全部家庭成员。这说明美国相关法律法规承认和尊重家庭在残疾儿童早期干预和特殊教育中的核心地位，强调充分认识并强化残疾儿童家庭的优势与能力，将支持服务与家庭需求进行匹配，以促进家庭整体功能的良性循环，充分发挥正向的家庭功能，并以此为基础强化家庭满足残疾儿童发展需要的内在能力。

（三）残疾儿童家庭教育支持的制度保障：赋权

美国残疾儿童家庭教育支持方面的立法条文，在基础教育阶段尤其重视赋予残疾儿童家长充足的参与性权利，这是子女本位的现代亲子法的立法原则在特殊教育领域的集中体现，即父母履行责任与义务以保障子女最大利益为特征。[1] 我们从美国涉及家庭教育支持的各个条文中，不难看出相关立法建立在如下基本理念之上——家庭和父母对于儿童的保护、养育和发展具有重要作用，因而坚持以家庭作为社会的基本单元，应获得必要的保护和协助，以充分承担

---

[1]　夏吟兰. 比较法视野下的"父母责任"[J]. 北方法学，2016，10（01）：25-34.

起儿童的成长和幸福的社会责任。

在历史与现实中，残疾儿童的权益更容易被忽视和侵害，因此残疾儿童的家长需要赋予更充分、更全面的权利，才能保障残疾子女的最大利益。美国立法规定了残疾儿童家长在子女不同阶段的知情权、选择权、决策权、参与权等，保障残疾儿童家长的积极、有效参与，从而发挥家长监督、建议、问责和申诉功能。

（四）残疾儿童家庭教育支持的实践保障：资源供给

美国相关立法详细记载了联邦政府或地方政府不仅面向残疾儿童家庭教育提出了信息、技术、培训、专业人员与机构等实践层面的支持网络，并规定了相应的经费拨款、评估措施来落实上述支持框架的建设工作。因为残疾儿童家长充分行使法律赋予的权利，成为积极的合作伙伴乃至实现家庭正向的功能，都必须以家庭有意识、有能力来执行家长职责为基础。为了促使家长具备履行养育职责的专业能力，必须给予家长所需的信息、训练与指导，因此，美国相关法律法规详细规定了地方教育当局、学校、家长培训信息中心与社区家长资源中心等机构在信息传达、亲职教育、示范项目开发等方面的职能，旨在通过政府提供多元资源供给来消除阻碍因素，增强对残疾儿童家庭的支持和保障残疾子女发展的积极作用。

第三节　港澳台残疾儿童家庭教育支持的规定研究

一、港澳台的特殊教育规定概述

（一）港澳台的特殊教育规定简述

1. 港澳台特殊教育的规定简述

从法理上看，港、澳、台各是中国的一个特别行政区或者省，没有资格制定全国性质的法律，只可以有地方性规定出台。香港、澳门也确是如此。两地回归后，尽管两地的特殊教育有很多值得借鉴的地方，但并没有关于特殊教育的专门文件。

以香港为例，其特殊教育的经费投入、在册学生、安置方式等都显示它的特殊教育达到了很高的水平。但香港并没有关于教育的系列文件。根据《中华人民共和国香港特别行政区基本法》第一百三十六条，香港特别行政区政府可以在原有教育规定的基础上，自行制定有关教育的发展和改进的政策，包括教育体制和管理、教学语言、经费分配、考试制度、学位制度和学历承认等政策。因此，香港关于教育的相关文件实际上就是《教育条例》。其特殊教育的有关规定也就散见于各种文件中，无"残疾人教育条例"这类规定。

但是，台湾地区不同。因为历史的原因，台湾地区有一系列的关于教育的规定，特殊教育的规定是这个序列中的一个内容。也正是因为这些规定的支持，才使得台湾地区的特殊教育发展达到了很高的水平。

2. 台湾地区特殊教育的规定简述①

台湾地区特殊教育的发展之所以有今天的局面，全赖于省内法制建设之健全。1968 年台湾地区颁布了当时具有重大意义的"所谓"《九年国民教育实施条例》，其中第十条对有关特殊教育的问题进行了首次规定。"对于体能残缺、智能不足及天才儿童，应施以特殊教育或予以适当就学机会。"很明显，当时的台湾地区特殊教育规定还是很初步的，不仅对特殊儿童的类别界定粗糙（只分成三类），对其教育权利的描述或规定也处在非强制阶段，即使是用了"应"这样的字眼。

然而，这个粗糙的简单规定成为台湾地区特殊教育发展的法制建设里程碑。由此出发，1970 年台湾地区颁布了"所谓"《特殊教育推行办法》，这个总共 26 条的规定对有关特殊教育的问题，包括特殊教育的目标、对象、教育原则、施教方式、课程设置、行政系统、师资培训等首次进行了较为详尽的规定。1973 年颁布了"所谓"《儿童福利法》，其规定台湾地区政权对特殊和身心不健全之儿童应根据其需要给予特殊保育，尤其要给予物质保证。1974 年、1975 年又分别颁布了《特殊儿童鉴定及就学辅导标准》和《特殊学校教师登记办法》②，这两个文件实际上是《特殊教育推行办法》在特殊儿童的鉴别、教学和特殊教育教师方面的实施细则。

1979 年台湾地区颁布了"所谓"《国民教育法》。1980 年颁布了"所谓"《残障福利法》，规定了残障者的福利、康复等有关事项。1981 年颁布了"所谓"《残障福利法施行细则》，其中主要强调了特殊教育发展和残障儿童保育的物质保障。1984 年台湾地区颁布了具有另外一个里程碑意义的"所谓"《特殊

---

① 该内容转自刘全礼. 台湾特殊教育发展给大陆的启发——以台湾《特殊教育法》为例[J]. 绥化学院学报，2020（4）：2-3.

② 1974 年蒋经国曾经视察盲聋学校，深感发展特殊教育的重要性，特拨专款用于发展特殊教育。其"重视特殊教育，彻底办好盲、聋、残障教育，使残疾青年均能受到理想的学校教育，创造他们幸福的人生"的言论和近年来大陆有关文献中"关心特殊教育""支持特殊教育""办好特殊教育"的说法异曲同工，反映中华文化的文化特色。

教育法》。该文件从 1980 年开始倡议、座谈，于 1981—1983 年《特殊教育法》起草小组完成"特殊教育法草案"，直到 1984 年颁布。这个对特殊教育具有新里程碑意义的文件，分为总则、资赋优异教育、身心障碍教育和附则四部分，共 25 条，对特殊教育的目标、内容、课程、教法、特殊教育体制和特殊教育的实验等进行了规定。1987 年颁布了"所谓"《特殊教育法实施细则》，对"所谓"《特殊教育法》中的某些条款进行了具有操作意义的规定。

类似于配套文件，1987 年台湾地区又颁布了"所谓"《特殊教育教师登记及专业人员选用办法》《特殊教育设施设置标准》，对特殊教育从业者的资质、各级特殊教育机构的设施等进行了规定。但是，1993 年，台湾地区在特殊儿童的普查中发现，尽管特殊儿童的入学率有了很大的提高，但是随班就读的特殊儿童很难接受任何特殊教育。无疑这对特殊教育工作者是当头棒喝[①]。为了改变这种状况，台湾当局学界、政界和实践界共同努力，进行了包括会议、培训等表达在内的一系列活动，并于 1997 年修订了"所谓"《特殊教育法》，使之更符合特殊教育实践的需要。1997 年修订版由原来的 25 条增加到 33 条，对身心障碍的定义、类别进行进一步规定的同时，对特殊儿童的教育年限、特殊教育的管理、教育经费、家长和社会参与特殊教育等进行了新的硬性规定。

进入 21 世纪后，鉴于特殊教育形势的变化，在 2001 年、2004 年、2014 年、2019 年等台湾地区又对"所谓"《特殊教育法》进行了多次修订，修订后的"所谓"《特殊教育法》成为 51 条。

当然，台湾地区涉及特殊教育的文件并非仅仅冠之以"残障、特殊"等字眼的文件，一些普通文件也有涉及。

例如，2021 年 1 月 27 日修正的"所谓"《幼儿教育及照顾法》第十三条就列出了针对残障幼儿的内容。

台湾方面"所谓"《幼儿教育及照顾法》第十三条规定：

直辖市、县（市）主管部门应依相关文件，对接受教保服务之身心障碍幼儿，主动提供专业团队，加强早期疗育及学前特殊教育相关服务，并依相关规定补助其费用。

台湾当局有关主管部门为均衡地方身心障碍幼儿教保服务之发展，应补助地方主管部门遴聘学前特殊教育专业人员之钟点、业务及设备经费，以办理身心障碍幼儿教保服务；其补助办法，由台湾当局有关主管部门定之。

---

① 张继发，李贤智. 台湾《特殊教育法》立法及其启示［J］. 华中师范大学研究生学报，2006，13（02）：17.

再如，2021年1月20日修正的"所谓"《儿童及少年福利与权益保障法》（下同）实际上也在论及所有儿童的福利与权益的同时，对特殊教育进行规定。例如，其第七条不仅广泛规定了相关部门的责任，还专门在第三项谈到卫生主管部门主管发展迟缓儿童的早期医疗、儿童的复健（康复）；在第四项谈到教育经费、特殊教育等由教育主管部门负责；第六项、第七项涉及轻微违法犯罪儿童的教育与主管等。

台湾方面"所谓"《儿童及少年福利与权益保障法》第七条规定：

本文件所定事项，主管部门及目的事业主管部门应就其权责范围，针对儿童及少年之需要，尊重多元文化差异，主动规划所需福利，对涉及相关部门之儿童及少年福利业务，应全力配合之。

主管部门及目的事业主管部门均应办理儿童及少年安全维护及事故伤害防制措施，其权责划分如下：

（1）主管部门：主管儿童及少年福利政策之规划、推动及监督等相关事宜。

（2）卫生主管部门：主管妇幼卫生，生育保健，发展迟缓儿童早期医疗，儿童及少年身心健康、医疗、复健及健康保险等相关事宜。

（3）教育主管部门：主管儿童及少年教育及其经费之补助、特殊教育、学前教育、安全教育、家庭教育、中介教育、职涯教育、休闲教育、性别平等教育、社会教育、儿童及少年就学权益之维护及儿童课后照顾服务等相关事宜。

（4）劳工主管部门：主管年满十五岁或中学毕业少年之职业训练、就业准备、就业服务及劳动条件维护等相关事宜。

（5）建设、工务、消防主管部门：主管儿童及少年福利与权益维护相关之建筑物管理、公共设施、公共安全、建筑物环境、消防安全管理、游乐设施等相关事宜。

（6）警政主管部门：主管儿童及少年人身安全之维护及触法预防、失踪儿童及少年、无依儿童及少年之父母或监护人之协寻等相关事宜。

（7）法务主管部门：主管儿童及少年触法预防、矫正与犯罪被害人保护等相关事宜。

（8）交通主管部门：主管儿童及少年交通安全、幼童专用车检验等相关事宜。

（9）通讯传播主管部门：主管儿童及少年通讯传播视听权益之维护、内容分级之规划及推动等相关事宜。

（10）户政主管部门：主管儿童及少年身份资料及户籍等相关事宜。

（11）财政主管部门：主管儿童及少年福利机构税捐之减免等相关事宜。

（12）金融主管部门：主管金融机构对儿童及少年提供财产信托服务之规划、推动及监督等相关事宜。

（13）经济主管部门：主管儿童及少年相关商品与非机械游乐设施标准之建立及游戏软件分级等相关事宜。

（14）体育主管部门：主管儿童及少年体育活动等相关事宜。

（15）文化主管部门：主管儿童及少年文艺活动等相关事宜。

（16）其他儿童及少年福利措施，由相关目的事业主管部门依职权办理。

二、台湾地区残疾儿童家庭教育及家庭教育的文件支持

台湾地区并没有专门的关于残疾儿童家庭教育及家庭教育支持的规定，相关规定散布在前述谈及的若干部文件中，但这些规定相互联系和补充，基本形成了完整的残疾儿童家庭教育及家庭教育支持的网络体系。

大致而言，台湾地区关于残疾儿童家庭教育及家庭教育支持的规定主要集中在下述四方面。

（一）明确家庭、家长的责任、义务和权利

残疾儿童家庭教育及家庭教育支持的前提是家长的责任，或家长的义务与权利。抚养权之所以叫抚养权，是因为从某种角度看，它是一种权利。当然，对抚养残疾孩子而言，获得支持也是一种权利。权利、义务、责任是连在一起的。台湾地区的相关规定，实际上较好地处理了这些关系。

例如，"所谓"《儿童及少年福利与权益保障法》第三条规定"父母或监护人对儿童及少年应负保护、教养之责任。对于主管部门、目的事业主管部门或儿童及少年福利机构、团体依本规定所为之各项措施，应配合及协助之"。首先就规定了父母或监护人和其他机构的责任，而其他机构的责任是父母或监护人的权利。

"所谓"《儿童及少年福利与权益保障法》第四条更是规定"台湾当局有关主管部门及公私立机构、团体应协助儿童及少年之父母、监护人或其他实际照顾儿童及少年之人，维护儿童及少年健康，促进其身心健全发展，对于需要保护、救助、辅导、治疗、早期疗育、身心障碍重建及其他特殊协助之儿童及少年，应提供所需服务及措施"。这就对残障儿童早期的治疗、功能康复和教育进行了法定的家长权利的规定。

"所谓"《特殊教育法》（2019年4月24日修正，下同）第十条第一项明确提出家庭是四个实施特殊教育阶段中的第一个阶段，即学前教育阶段。

"所谓"《特殊教育法》第十条规定：

特殊教育之实施，分下列四个阶段。

（1）学前教育阶段：在医院、家庭、幼儿园、社会福利机构、特殊教育学校幼儿部或其他适当场所办理。

（2）义务教育阶段：在小学、中学、特殊教育学校或其他适当场所办理。

（3）高级中等教育阶段：在高级中等学校、特殊教育学校或其他适当场所办理。

（4）高等教育及成人教育阶段：在专科以上学校或其他成人教育机构办理。

（二）建立行政支持网络

在有关文件确定了家长的责任与权利之后，台湾地区关于残疾人家庭教育及家庭教育支持的文件还注重建立相应的行政支持的网络。

1. 规定各级主管部门的相应的工作范围，这保障了相关文件的有效实施

例如，"所谓"《家庭教育法》（2019年5月8日修正，下同）详细规定了各级行政主管部门的职责，包括家庭教育文件的制定、推广、人才库建设等；第五条规定了直辖市和县市级主管部门的掌理事项。

"所谓"《家庭教育法》第五条规定：

直辖市、县（市）主管部门掌理下列五个事项。

（1）推展地方性家庭教育之策划、办理、倡导及督导事项。

（2）所属主管部门、机构、学校等办理家庭教育工作之奖助及评鉴事项。

（3）推展家庭教育之主管部门、机构、学校、法人及团体之人员及志愿工作人员之在职训练事项。

（4）推展地方与国际家庭教育业务之交流及合作事项。

（5）其他地方性家庭教育之推展事项。

2. 规定了相应的工作机制，从而使各项工作能够从实开展

例如，"所谓"《家庭教育法》第六条规定各级部门机关选派专家、成立专家团队和家庭教育咨询委员会，并明确了七项主要任务。第七条则是具体执行机构的工作事宜。它规定：直辖市、县（市）主管部门应设家庭教育中心，并结合教育、文化、卫政、社政、户政、民政、农政、消防、警政、劳工、新闻、环保、原住民族事务等相关部门或单位、学校及大众传播媒体，共同推动辖区内家庭教育事宜，包括以下五个特点。

（1）规划及推展各项家庭教育。

（2）结合小区资源，推展家庭教育。

（3）提供家庭教育咨询及服务。

（4）招募、培训及考核志愿工作人员。

（5）推展其他有关家庭教育事项。

实际上，无论是"所谓"《幼儿教育及照顾法》《儿童及少年福利与权益保障法》，还是"所谓"《特殊教育法》均具有这样的特点。

例如，"所谓"《特殊教育法》明确要建立家庭教育支持的行政网络，以保障规定的实施。

"所谓"《特殊教育法》第四十四条规定：

各级主管部门为有效推动特殊教育、整合相关资源、协助各级学校特殊教育之执行及提供咨询、辅导与服务，应建立特殊教育行政支持网络；其支持网络之联系与运作方式之办法，由各级主管部门定之。

（三）规定家庭教育支持的具体内容

家庭教育支持的具体内容实际上可以分为两个方面，一是和金钱相关的硬件支持，二是包括如何教育在内的软件支持。对这两个方面，台湾地区的相关文件都有规定。

例如，"所谓"《特殊教育法》第三十二条规定，要根据身心障碍儿童的家庭条件减免学费或者发放教育补助费。

第三十二条规定：

各级主管部门应依身心障碍学生之家庭经济条件，减免其就学费用；对于就读学前私立幼儿园或社会福利机构之身心障碍幼儿，发放教育补助费，并奖助其招收单位。

前项减免、奖补助之对象、条件、金额、名额、次数及其他应遵行事项之办法，由台湾当局有关主管部门定之。

身心障碍学生品学兼优或有特殊表现者，各级主管部门应给予奖补助；其办法由各级主管部门定之。

"所谓"《特殊教育法》第三十三条更是列出了包括幼儿园在内的学校等机构给该学生提供的软硬件支持，这种支持实际上也是家庭教育的支持。

"所谓"《特殊教育法》第三十三条规定：

学校、幼儿园及社会福利机构应依身心障碍学生在校（园）学习及生活需求，提供下列七种支持服务。

（1）教育辅助器材。

（2）适性教材。

（3）学习及生活人力协助。

（4）复健服务。

（5）家庭支持服务。

（6）校园无障碍环境。

（7）其他支持服务。

特别提出：经主管部门许可在家实施非学校形态实验教育之身心障碍学生，适用前项第一款至第五款服务。

不仅是"所谓"《特殊教育法》，包括"所谓"《幼儿教育及照顾法》《儿童及少年福利与权益保障法》也有相应的规定。

例如，"所谓"《儿童及少年福利与权益保障法》给出了儿童从出生到读书的完整而具体的支持系统，包括疑似障碍儿童的出生通报、追踪、早期干预和相应的支持措施。

"所谓"《儿童及少年福利与权益保障法》第二十三条规定：

直辖市、县（市）有关主管部门，应建立整合性服务机制，并鼓励、辅导、委托民间或自行办理下列儿童及少年福利措施：

（1）建立发展迟缓儿童早期通报系统，并提供早期疗育服务。

（2）办理儿童托育服务。

（3）对儿童、少年及其家庭提供咨询服务。

（4）对儿童、少年及其父母办理亲职教育。

（5）对于无力抚育其未满十二岁之子女或受监护人者，视需要予以托育、家庭生活扶助或医疗补助。

（6）对于无谋生能力或在学之少年，无扶养义务人或扶养义务人无力维持其生活者，予以生活扶助、协助就学或医疗补助，并协助培养其自立生活之能力。

（7）早产儿、罕见疾病、重病儿童、少年及发展迟缓儿童之扶养义务人无力支付医疗费用之补助。

（8）对于不适宜在家庭内教养或逃家之儿童及少年，提供适当之安置。

（9）对于无依儿童及少年，予以适当之安置。

（10）对于因怀孕或生育而遭遇困境之儿童、少年及其子女，予以适当之安置、生活扶助、医疗补助、托育补助及其他必要协助。

（11）办理儿童课后照顾服务。

（12）对结束安置无法返家之少年，提供自立生活适应协助。

（13）办理儿童及少年安全与事故伤害之防制、教育、倡导及训练等服务。

（14）其他儿童、少年及其家庭之福利服务。

"所谓"《幼儿教育及照顾法》则是从资源提供的角度为家庭教育做了规定。该文件第十四条规定:

幼儿园需提供作为小区教保资源中心,发挥小区资源中心之功能,协助推展小区活动及小区亲职教育。

(四)给家长咨询,或直接教育家长是家庭教育支持的重要内容

在台湾地区的文件中还屡屡规定要为残疾儿童家长提供各种咨询或各种教育服务。

例如,"所谓"《家庭教育法》第四十六条规定:

各级学校应提供特殊教育学生家庭咨询、辅导、亲职教育及转介等支持服务。

前项所定支持服务,其经费及资源由各级主管部门编列预算办理。

身心障碍学生家长至少应有一人为该校家长会常务委员或委员,参与学校特殊教育相关事务之推动。

规定各级学校要为家长提供家庭咨询(实际是包括教育在内的各种咨询)、为家长提供辅导,还要为他们开展亲职教育服务、转介服务等。

《家庭教育法》更是从一般家庭教育需求的角度规定要为家长或家庭提供相应的课程、咨询或者辅导。

《家庭教育法》第十六条规定:

社政主管部门于执行职务时,经评估有家庭教育需求者,得转介推展家庭教育之部门、机构、学校、法人及团体,提供相关家庭教育课程、咨商或辅导等服务。

三、港澳台残疾儿童家庭教育与家庭教育支持的启示

总体而言,港澳台残疾儿童家庭教育及家庭教育的支持具有相应的特点。从这些特点中,我们可以得到下列七个启示。

(一)家庭教育支持应该有明确具体的文件

大陆的特殊教育法规或法条,相对而言具有概括、宏观的特点,但港澳台的相关文件相对明确具体。

例如,"所谓"《特殊教育法》开始就对身心障碍及身心障碍的类别和超常儿童①及超常儿童的类别进行了界定和分类。第三条界定身心障碍为"指因生

---

① 台湾地区称为资赋优异儿童,台湾地区的特殊教育包括超常儿童教育。

理或心理之障碍，经专业评估及鉴定具有学习特殊需求，须特殊教育及相关服务措施之协助者"。并分为 13 类，这就大大方便了执行，也方便了确认哪些家长是需要支持的家长。

"所谓"《特殊教育法》第三条对身心障碍的分类是智能障碍、视觉障碍、听觉障碍、语言障碍、肢体障碍、脑性麻痹、身体病弱、情绪行为障碍、学习障碍、多重障碍、自闭症、发展迟缓、其他障碍。

再如，"所谓"《儿童及少年福利与权益保障法》第十四条对接生人和主管部门的责任进行规定：

胎儿出生后七日内，接生人应将其出生之相关资料通报卫生主管机关备查；其为死产者，亦同。接生人无法取得完整数据以填报出生通报者，仍应为前项之通报。

卫生主管部门应将第一项通报之新生儿数据转知户政主管部门，由其依相关规定办理；必要时，户政主管部门并得请求主管部门、警政及其他目的事业主管部门协助。

不仅如此，2014 年的"所谓"《儿童及少年福利与权益保障法实施细则》第四条还根据本条具体界定了七日内的计算方法和标识。

"所谓"《儿童及少年福利与权益保障法实施细则》第四条规定：

本文件第十三条（该实施细则根据"所谓"《儿童及少年福利与权益保障法》2021 年前的版本制定，前版该条内容为第十三条）第一项所定七日内，自胎儿出生之翌日起算，并以网络通报日或发信邮戳日为通报日；非以网络通报或邮寄者，以主管部门收受日为通报日。

（二）应该有完整协调的法律网络服务体系

如前所述，尽管港澳台没有专门的支持残疾儿童家长及家长教育的法律法规，但散见在各种法规、政策中的法条，形成了完整的家庭教育支持的网络体系。

首先，从法律的制定、实施看，谁制定、谁负责实施管理、谁是法律的主要责任主体和权利人、义务人，系统完整。

其次，从内容看，它们的法规文件从法条中的术语到具体的措施，完整具体。或者说，从儿童出生到去世，均有明确规定。除上述谈到身心障碍者的定义和类别外，凡是可能产生歧义的均给出法律解释。

例如，《儿童及少年福利与权益保障法》有早期疗育术语，《儿童及少年福利与权益保障法实施细则》第五条规定，即对"早期疗育"进行界定，以防产生异议。

《儿童及少年福利与权益保障法实施细则》第五条规定：

本法所称早期疗育，指由社会福利、卫生、教育等专业人员以团队合作方式，依未满六岁之发展迟缓儿童及其家庭之个别需求，提供必要之治疗、教育、咨询、转介、安置与其他服务及照顾。

经早期疗育后仍不能改善者，辅导其依身心障碍者保护法相关规定申请身心障碍鉴定。

这就极为准确，反观大陆相关法规、政策中，屡屡提及"医教结合""送教上门"等，但均未给出内涵解释，造成很大的误导。

最后，从法条、政策的呈现方式看，港澳台的主管行政部门均给予了方便的查询方式。以香港为例，香港教育局官网上，所有服务的内容子目录下，均有特殊教育项，便于浏览查看；台湾地区的相关法规更是能够方便地在各主管机构的网站上集中呈现。

反观大陆的法条、政策呈现，尽管近年来有了很大的进步，也能查到相关资料，但方便程度、体验感仍需要改进。

（三）法条之间、各职能部门之间应该协调统一

前述展示的台湾地区规定网络系统的完整、系统性还体现在规定之间、职能部门之间的协调上。

例如，2020年6月23日台湾地区颁令的"所谓"《家庭教育法施行细则》第十条规定：

"所谓"《儿童及少年福利与权益保障法》《家庭暴力防治法》《少年事件处理法》《老人福利法》《身心障碍者权益保障法》或其他法文件有应实施家庭处遇计划或强制性亲职教育之规定者，不适用本文件第十六条规定。

而"所谓"《家庭教育法》第十六条规定：

社政主管部门于执行职务时，经评估有家庭教育需求者，得转介推展家庭教育之部门、机构、学校、法人及团体，提供相关家庭教育课程、咨商或辅导等服务。因本条不具备强制执行的特点，故施行细则给予特别说明。

文件推出者和相关职能部门能做到各司其职是港澳台文件规定的又一个特点。

例如，台湾地区2011年2月1日修正的"所谓"《身心障碍者权益保障法》（下同）第二条有17项（款）专门谈相关部门、机构或台湾当局的负责内容，包括卫生、教育、劳工、法务、警政、体育、文化、通讯传播等，谁负责什么、如何实施清楚明了。

（四）大陆也应该明确、清晰表述家长的教育支持条文

包括家长的教育及教育支持在内的家长支持，规定越具体就越容易操作。

除前述谈及的台湾地区相关文件对家庭教育的支持明晰外，"所谓"《身心障碍者权益保障法》还设一章共22条（实际是23条，有一附加条）专门规定身心障碍者支持服务的内容。

如"所谓"《身心障碍者权益保障法》第五十条规定：

直辖市、县（市）主管部门应依需求评估结果办理下列服务，提供身心障碍者获得所需之个人支持及照顾，促进其生活品质，社会参与及自立生活：

（1）居家照顾。

（2）生活重建。

（3）心理重建。

（4）社区居住。

（5）婚姻及生育辅导。

（6）日间及住宿式照顾。

（7）课后照顾。

（8）自立生活支持服务。

（9）其他有关身心障碍者个人照顾之服务。

"所谓"《身心障碍者权益保障法》第五十一条规定：

直辖市、县（市）主管部门应依需求评估结果办理下列服务，以提高身心障碍者家庭生活品质：

（1）临时及短期照顾。

（2）照顾者支持。

（3）家庭托顾。

（4）照顾者训练及研习。

（5）家庭关怀访视及服务。

（6）其他有助于提升家庭照顾者能力及其生活品质之服务。

此规定之服务措施，台湾当局主管机关及台湾当局各目的事业主管部门于必要时，应就其内容、实施方式、服务人员之资格、训练及管理规范等事项，拟定办法管理之。

无论是第五十条中的生活重建、心理重建、婚姻及生育辅导和课后照顾，还是五十一条中的照顾者支持、家庭托顾和照顾者训练及研习都包括了家长教育的内容，从而也即家庭教育支持的内容。

（五）明确经费来源

经费来源明确具体且表述在文件中，是港澳台特殊教育经费——自然包括家庭教育及家庭教育支持的经费的一个特点。尽管包括两期"特殊教育提升计划"在内的政策文件有了明确规定，但相关文件需进一步强调。

例如，台湾地区"所谓"《身心障碍者权益保障法》第十二条专列五个经费来源：

（1）各级主管部门按年编列之身心障碍福利预算。

（2）社会福利基金。

（3）身心障碍者就业基金。

（4）私人或团体捐款。

（5）其他收入。

"所谓"《家庭教育法》第十八条规定：

各级主管部门应宽筹家庭教育经费，并于教育经费预算内编列专款，积极推展家庭教育。

预算或年度预算，尤其是在福利经费或教育经费中的预算，即能保障基本的经费来源。

（六）对家长而言，教育支持的措施操作简单

支持什么？怎么支持？支持到什么程度？这几个问题是制定相关法规、政策实施办法时必须要注意的。港澳台给我们提供了可以参考的案例。

例如，无论是香港教育局、卫生署，还是社会福利署，其官网都能极为方便地查询到相关法规、政策、知识和求助方法等。以香港社会福利署为例，官网上能方便地查询到公共服务之家庭及儿童服务。

目标：

家庭及儿童福利服务的目标，是维系和加强家庭凝聚力，促使家庭和睦，协助个人和家庭预防或应付问题，并为未能自行应付需要的家庭提供协助。

服务的类别：

慈善信托基金，社会福利署热线服务，家务指导服务，保护家庭及儿童服务，幼儿服务，体恤安置，家庭危机支持中心，危机介入及支持中心，家庭生活教育，寄养服务，综合家庭服务，妇女庇护中心，露宿者服务，性暴力受害人士服务，防止自杀服务，临时收容中心/市区单身人士宿舍，支持虐儿、虐待配偶/同居情侣及性暴力个案受害人服务，工作小组/咨询委员会，领养服务，儿童住宿照顾服务，家庭暴力受害人支援计划，短期食物援助服务计划，跨境

及国际社会服务，为祖父母而设的幼儿照顾训练课程计划，共享亲职支持中心——离婚/分居家庭支持服务，平和关系支持计划，少数族裔外展队。

其中，为祖父母而设的幼儿照顾训练课程计划如下：

（1）引言：

社会福利署（社署）已于二零一九年十一月下旬推出为期两年的"为祖父母而设的幼儿照顾训练课程计划"（计划），提供约1200个训练名额。计划的目的是协助祖父母掌握现代的幼儿照顾知识及技巧，以加强对核心家庭的支援。

（2）计划的特色：

计划提供两项训练课程，分别为教授照顾初生至一岁婴儿技巧的课程及教授照顾六岁以下幼儿技巧的课程，供祖父母学员选择。

社署已委托了六间非政府机构作为提供指定训练课程的培训机构。

训练课程内容包括向祖父母学员教授有关照顾初生至六岁以下婴/幼儿的最新知识和技巧；而部分课程会涵盖家庭为本的主题。

（3）参加资格：

初生至六岁以下婴幼儿的祖父母或准祖父母（在约六个月内将成为祖父母的人士）。

（4）参加费用：

每位200元（不设退款）。综合社会保障援助计划/长者生活津贴受助人可向培训机构申请费用豁免。

（5）报名及查询：

直接向培训机构查询及报名。

参与计划的培训机构名单、查询电话及负责地区参阅表1-3-1。

表1-3-1 为祖父母而设的幼儿照顾训练课程计划培训机构名单

培训机构	查询	负责地区
浸信会爱群社会服务处	略	香港岛九龙东九龙西
香港明爱	略	九龙东新界东
基督教香港信义会社会服务部	略	香港岛新界东新界西
循道卫理中心	略	香港岛九龙东九龙西
香港圣公会麦理浩夫人中心	略	九龙西新界东新界西
香港基督教女青年会	略	九龙西新界东新界西

社会福利署家庭及儿童福利科二〇一九年十一月

最新的训练课程治疗请参阅表1-3-2。

表 1-3-2 为祖父母而设的幼儿照顾训练课程计划 2020 年 11 月—2021 年 3 月（部分）

营办机构名称	课程名称/班号	开课日期/时间	内容	对象	上课地点	报名日期	费用	查询电话
浸信会爱群社会服务处	婴儿照顾基础证书课程（B 班）	2020 年 11 月 10 日—2021 年 1 月 12 日逢星期二 10：00—13：00	婴儿生理及心理发展；为婴儿沐浴、更换尿片及手抱婴儿的技巧；常见婴儿疾病及服药须知；家居安全要点；建立信任的管教联盟	准备或已照顾 0—1 岁婴儿的祖父母	筲箕湾	2020 年 10 月 10 日	200 元	略
香港明爱	祖父母亲职婴儿护理课程（ICPG1）	2021 年 3 月 13 日—5 月 4 日逢星期四 14：00—17：00（2021 年 4 月 15 日没有课堂）	祖父母亲职锦囊；认识婴儿发展；出生婴儿喂哺技巧；家居常用急救知识	将来升为祖父母的人士、计划或正在协助照顾 1 岁以下孙儿的祖父母	沙田	即日开始	200 元	略

注：本研究为了节省篇幅仅是节选了该计划的 12 个安排中的两个作为示例。

（七）应加强规定的罚则建设

大陆关于教育尤其是特殊教育，包括家庭教育支持的法规也有罚则，但总体而言，处罚力度还不够，应该进一步加强。台湾地区文件的罚则可以给我们提供一些参考思路，它们不仅仅有行政处罚，还有罚款甚至刑事责任的条款。

例如，"所谓"《身心障碍者权益保障法》在相关文件谈到处罚之外，还专列罚则21条。如罚则第一条即该文件第八十六条规定：

违反第十六条第一项规定，处新台币十万元以上五十万元以下罚款（第十六条第一项："身心障碍者之人格及合法权益，应受尊重及保障，对其接受教育、应考、进用、就业、居住、迁徙、医疗等权益，不得有歧视之对待"）。

第一百条规定：

医事人员、社会工作人员、教育人员、保育人员、教保服务人员、警察、司法人员、移民业务人员、户政人员、村（里）干事或其他执行儿童及少年福利业务人员，违反第五十三条第一项通报规定而无正当理由者，处新台币六千元以上六万元以下罚款（第五十三条第一项："施用毒品、非法施用管制药品或其他有害身心健康之物质"）。

当然，谈借鉴港澳台的做法，并非说港澳台的家庭教育及家庭教育支持的规定就十全十美，相反，也存在一些问题，包括文件的执行用语也有"应该"这类不确定的说法、文件与文件之间的名词解释也不一定统一、家庭教育支持的规定也需进一步完备等。但总体而言，他们的实践仍旧可以给我们提供一些有益的借鉴。

第二章

视力障碍儿童父母的教育需求研究

第一节　视力障碍儿童家庭教育支持的需求研究

一、研究的方法与过程

（一）研究方法

本研究的方法是问卷调查法。

（二）问卷制订

1. 问卷的编制

本研究的问卷由课题组统一编制，包含视力障碍、听力障碍、智力障碍、孤独症和肢体障碍（脑瘫）五类残疾儿童的家庭教育支持需求和家长素养的内容，是在充分考虑五类残疾儿童家庭教育支持的需求基础上确定的。

问卷分两大部分。一是各类儿童的父母都需要回答的公共部分，包括1—21题；二是各类儿童的父母分别回答的，包括视力障碍儿童的父母回答的第22题的13个问题、听力障碍儿童的父母回答的第23题的13个问题、智力障碍儿童的父母回答的第24题的13个问题、孤独症儿童的父母回答的第25题的14个问题、肢体障碍（脑瘫）儿童的父母回答的第26题的14个问题和其他障碍儿童的父母回答的第27题的7个问题（附录一）。

本章呈现的是视力障碍儿童的父母回答的问卷。本节主要是公共部分的结果。

2. 问卷的效度和信度

问卷的内容是在课题组充分研究五类儿童家长教育支持需要的基础上，结合访谈家长、教师并经课题组专家反复取舍确定的，能在一定程度上代表五类儿童家长需要的教育支持状况；同时，样本覆盖全国16个省区市，包括发达地区、一般发展地区和落后地区，而且家长全部参加问卷，具有较强的代表性，问卷的效度能满足调查要求。

问卷前，各学校成立了课题组，校长任组长、主管问卷的副校长或主任为副组长，总课题组对各班班主任进行问卷回答培训，班主任又对家长进行培训，然后才回答问卷；不识字的家长由班主任逐一根据家长的答案帮助其填写。因此，问卷是可信的。

（三）问卷过程

课题组于 2020 年 3 月 17 日—2020 年 4 月 15 日对全国 16 个省区市的 37 所①盲、聋、培智学校或特殊教育学校的学前、义务教育阶段的所有学生家长进行了自编问卷调查。调查分为三个基本阶段。

一是 37 所学校成立调查小组，以校长为组长，副校长或者主任为副组长，各班班主任为成员。

二是对各学校的调查小组成员进行培训，使之明白问卷的含义、填写方法后，再由各班班主任培训各班学生家长，使家长明白如何填写。此工作由 2020 年 3 月 17 日开始，到 2020 年 3 月 23 日结束。

三是问卷填写阶段。从 2020 年 3 月 23 日到 2020 年 4 月 7 日大部分家长已完成，一部分家长因农忙到 2020 年 4 月 15 日才完成。之后完成的问卷不再接收。

（四）问卷的回收情况

总课题组要求调查学校所有在册的 6056 名学生的家长全员填写，但因为有的学生家长没有手机、有的家长不懂汉语，最后收到问卷 5785 份，271 名学生家长没有填写（包括没有按时完成而不再接收的部分问卷）。

剔除无效问卷之后，共获得 5449 份合格问卷，问卷的合格率为 94.19%。336 份无效问卷的原因如下：内容重复（相同）254 份，障碍类型不明确 42 份，学生自己填、弟弟妹妹填 16 份，问卷填写人不清楚者 24 份。

合格问卷筛选之后最终计入统计的问卷为 5379 份。70 份未计入统计的原因是，29 份学校教师或福利院工作人员（一些学生的家就是儿童福利院）填写者；36 对（72 份）父母之一和家庭其他成员同时填写者，删除其他家庭成员填

---

① 在致谢中出现了 41 所学校，但其中 4 所是备用学校。

写的 36 份；5 对（10 份）父母之外的家庭成员填写者，每个家庭保留其中之一，删除 5 份。

数据处理用 Excel2010 和 SPSS21.0。

本章是关于此次调查中视力障碍的部分，涉及学校 25 所，共获得有效的视力障碍儿童的家长问卷 709 份，最终计入统计的 697 份。剔除的 12 份问卷主要有两个原因，一是填写者是福利院教师或保姆，二是同一家庭除父母之外的家庭成员重复填写了一次问卷。

二、本节研究的内容

本节研究的内容共分为三个部分。

一是视力障碍儿童父母过去的行为，包括他们回溯过去发生的行为和过去应该的行为（问卷第 13、14 题，见附录一，下同），并通过这些行为或对策探讨家长在儿童出生后需要什么支持，尤其是需要什么样的教育支持。

二是过去对视力障碍儿童父母的支持状况，包括回溯过去的教育支持经历（问卷第 12 题）、由现在看过去是否需要教育支持（问卷第 15、16 题）、需要什么样的教育支持（问卷第 17 题），来探讨视力障碍家庭教育支持的一般对策。

三是当下视力障碍儿童的父母是否还需要教育支持（问卷第 19 题）、需要什么样的教育支持（问卷第 20、21 题）。

三、样本的基本情况

计入统计的 697 份问卷中，包含 686 个家庭，698 名视力障碍儿童。出现该数据结果的原因是统计的数据中，有 11 个家庭是父母双方都填写了问卷，而对孩子的基本信息只统计一次，另外有 11 份问卷中家长填写了不止一个孩子的性别和年龄信息，其中有 10 个家庭填写了两个孩子的性别和年龄信息，有 1 个家庭填写了三个孩子的性别和年龄信息。

在 697 份问卷中，父母 660 份，爷爷奶奶 10 份，外公外婆 4 份，其他亲属 23 份。

在 660 份父母问卷中，父亲 222 人，母亲 438 人；年龄 29 岁及以下的 12 人，30—39 岁的 221 人，40—49 岁的 307 人，50—59 岁的 73 人，60 岁及以上的 2 人，45 人不想透露年龄信息，年龄主要在 30—49 岁；父母的学历分布以高中以下为主，小学或以下 111 人，初中 273 人，高中或中专 130 人，大专 63 人，本科 69 人，研究生 12 人，2 人不想透露学历信息；父母的年收入主要是在 1.5 万—6 万，收入为 0 的 87 人，1—1.5 万的 185 人，1.5 万—6 万的 277 人，6 万—12 万的 77 人，12 万及以上的 29 人，5 人不想透露收入信息（表 2-1-1）。

660 名父母对应的儿童 660 名，年龄主要集中在 7—18 岁，对应的 649 个家庭中 630 个家庭有残疾证，26 个家庭不知道孩子的残疾级别，1 个家庭不能确定孩子的残疾级别（表 2-1-2）。

表 2-1-1 视力障碍儿童父母的基本信息

项目		人数（人）	百分比（%）
亲子关系	父亲	222	33.6
	母亲	438	66.4
合计		660	100.0
年龄段	29 岁及以下	12	1.8
	30—39 岁	221	33.5
	40—49 岁	307	46.5
	50—59 岁	73	11.1
	60 岁及以上	2	0.3
	不想透露年龄	45	6.8
合计		660	100.0
学历	小学或以下	111	16.8
	初中	273	41.4
	高中或中专	130	19.7
	大专	63	9.5
	本科	69	10.5
	研究生	12	1.8
	不想透露学历	2	0.3
合计		660	100.0

项目		人数（人）	百分比（%）
家长收入	收入为负	0	0.0
	收入为0	87	13.2
	1—1.5万	185	28.0
	1.5万—6万	277	42.0
	6万—12万	77	11.7
	12万及以上	29	4.4
	不想透露收入信息	5	0.7
合计		660	100.0

表2-1-2　视力障碍儿童的基本信息

项目		人数（人）	百分比（%）
男女比例	男	421	63.8
	女	232	35.2
	性别缺失	7	1.0
合计		660	100.0
年龄段	6岁及以下	9	1.4
	7—12岁	263	39.8
	13—18岁	341	51.7
	19岁及以上	34	5.1
	年龄缺失	13	2.0
合计		660	100.0
残疾证	有	630	97.1
	没有	19	2.9
合计		649	100.0
残疾程度	一级	404	62.2
	二级	136	21.0
	三级	50	7.7
	四级	32	4.9

项目		人数（人）	百分比（%）
残疾程度	不知道	26	4.0
	不确定	1	0.2
合计		649	100.0

四、研究的结果与分析

（一）视力障碍儿童的父母过去对孩子的行为

视力障碍儿童的父母和其他类别儿童的父母不同，有很多人渴望能够治疗好孩子。但现实是这样的吗？调查设计了两个问题，并以此确定视力障碍儿童的父母在孩子确诊后需要什么样的教育支持。一是问父母过去对视力障碍儿童的医疗对策；二是考察以现在的视野，父母是否能够正确认识到当时的最好对策。

1. 是否对视力障碍孩子进行过治疗

当问及"您的孩子上机构以前，去医院治疗过吗"时，在648个家庭中①，回答"治疗过"的家庭600个，占92.6%；回答"没有"的家庭41个，占6.3%；回答"不记得了"的家庭7个，占1.1%。

视力障碍或者导致视力障碍的眼病能否治疗，要看是什么疾病、什么原因导致的疾病、什么阶段的疾病，还得看是哪个部位损伤导致的疾病。一般而言，病变在角膜、晶状体、玻璃体等视网膜以前部位的疾病，治疗或者干预的可能性大；但病变部位在视网膜到中枢的疾病，治疗或者干预的可能性小。同时，原发的、先天的、遗传原因导致的眼病如白化病等，很难治疗；外伤性原因导致的眼部损伤治疗的可能性大。

因此，孩子出现眼病或者视力障碍的状况后，进入医院治疗是可以理解的，这也就是绝大部分家庭进行过治疗的心理基础。但是，干预应该在疾病早期进行，一旦损伤发生，干预效果就会大打折扣。

本研究没有进一步调查样本中视障儿童的疾病类型，所以很难评价是否存

---

① 有没有治疗按照家庭统计（下同）。在660份父母问卷中，22份问卷是11个家庭的夫妻双方的问卷，其中10对夫妻回答一致，一对回答不一致的夫妻未计入统计，故家庭总数是648个。

在过度治疗，如智力障碍、孤独症那样不能治疗也去医院治疗的情况。但总体而言，家长们在发现儿童视障的早期往往是把精力放在治疗上。

检验发现，不同残疾程度的孩子的家庭治疗视力障碍儿童的差异是显著的。但从具体的数据分布看，就治疗过的家庭而言，仅仅是三级残疾治疗的比例高于其他，但未达到显著水平。没有治疗过的家庭，残疾程度越重，比例越高，但没有达到显著水平。显著差异主要体现在不记得了，因为人数太少，实际意义不大（表2-1-3）。

表2-1-3　不同残疾程度的儿童的家庭是否治疗过的差异状况（人数、百分比）

	一级	二级	三级	四级	合计
治疗过	373_a（92.3）	125_a（92.6）	48_a（96.0）	29_a（90.6）	575（92.6）
没有	30_a（7.4）	6_a（4.4）	2_a（4.0）	1_a（3.1）	39（6.3）
不记得了	1_a（0.3）	4_b（3.0）	$0_{a, b}$（0.0）	2_b（6.3）	7（1.1）
合计	404（100.0）	135（100.0）	50（100.0）	32（100.0）	621（100.0）

注：①648个家庭中27个家庭不能确定孩子的残疾级别，故总数是621个，下同。

②$\chi^2 = 14.33$，$df = 6$，Sig.（双侧）$= 0.026$

③表中a、b、c代表多个列之间两两比较的显著性水平，数字后标记的字母相同则表示对应的两组数据无差异，字母不同的则表示差异有统计学意义，下同。

2. 过去对视力障碍儿童最应该的对策

660位父母在回答"现在回想起来，您知道孩子有问题时，当时最应该做的事儿是什么"时，回答"医学或医院治疗"的258人，占39.1%；回答"教育"的43人，占6.5%；回答"治疗加教育"的327人，占49.6%；回答"说不好"的32人，占4.8%。

视力障碍儿童曾经有92.6%的家庭接受过治疗，但现在回答当时最佳治疗对策是治疗的仅有39.1%，即使加上"治疗加教育"的也仅仅有88.7%，低于治疗过的家庭比例。从这个角度看，当初的一些治疗可能没有达到父母的期望。从某些导致视力损伤的疾病确实难以医治来看，父母愿望的变化也是正常的。

与其他各类儿童的对策一样，医学的结束就是教育的开始。从发现儿童视力障碍开始，一旦损伤不能治疗，最好的对策依旧是教育。正是从这个角度看，回答当时最佳的对策是教育（6.5%）的比例较低。这也就是说，对于视力障碍儿童的父母而言，视力损伤后，为他们提供正确的对策咨询是非常有必要的。

这些咨询包括教育和医学的对策。

检验发现，不同残疾程度的视力障碍儿童的父母之间的回答差异显著，主要表现在说不好选项上，一级视力残疾儿童的父母（2.4%）显著低于二级（9.5%）、四级（15.1%）视力残疾儿童的父母，即残疾程度越轻的父母越不知道怎么办（表2-1-4），其他各项差异不显著。但就"教育"选项而言，反而是一级视力残疾儿童的父母，选择教育对策的比例最高。这恰恰反映了教育在视障儿童干预尤其是早期干预中的作用被这部分父母所认识。

表2-1-4 不同残疾程度的儿童的父母回想过去最应该的对策比较（人数、百分比）

	一级	二级	三级	四级	合计
医学或医院治疗	168_a （40.8）	46_a （33.6）	26_a （52.0）	10_a （30.3）	250 （39.6）
教育	30_a （7.3）	8_a （5.8）	0_a （0.0）	2_a （6.1）	40 （6.3）
治疗加教育	204_a （49.5）	70_a （51.1）	22_a （44.0）	16_a （48.5）	312 （49.4）
说不好	10_a （2.4）	13_b （9.5）	$2_{a,b}$ （4.0）	5_b （15.1）	30 （4.7）
合计	412 （100.0）	137 （100.0）	50 （100.0）	33 （100.0）	632 （100.0）

注：①660名父母中，28人不知道孩子的残疾程度，统计不包含他们，故总人数是632人，下同。

②$X^2 = 26.873$，df=9，Sig.（双侧）= 0.001

父母之间的差异不显著，但总体趋势不明显。①

不同学历层次的父母之间差异显著，主要体现在"治疗加教育"选项上。小学或以下学历者的比例（40.5%）显著低于本科及以上者（63.0%），其他各项差异不显著，也没有明显的趋势（表2-1-5），学历在当初的最佳对策上没有趋势，说明视力障碍对策的复杂性。

不同收入层次的父母之间差异显著，主要体现在"教育"选项上。年收入1—1.5万以下的父母显著高于1.5万—6万者，其他不显著，也没有明显的趋势（表2-1-6）。

---

① 为了节约篇幅，从本章开始，是否全部呈现某一问题的统计表格根据结果确定，不一定都呈现表格。

表 2-1-5　不同学历的父母回想过去最应该去的对策比较（人数、百分比）

	小学或以下	初中	高中或中专	大专	本科及以上	合计
医学或医院治疗	50$_a$ (45.1)	99$_a$ (36.3)	51$_a$ (39.2)	29$_a$ (46.0)	27$_a$ (33.3)	256 (38.9)
教育	8$_a$ (7.2)	24$_a$ (8.8)	6$_a$ (4.6)	2$_a$ (3.2)	3$_a$ (3.7)	43 (6.5)
治疗加教育	45$_a$ (40.5)	133$_{a,b}$ (48.7)	69$_{a,b}$ (53.1)	29$_{a,b}$ (46.0)	51$_b$ (63.0)	327 (49.7)
说不好	8$_a$ (7.2)	17$_a$ (6.2)	4$_a$ (3.1)	3$_a$ (4.8)	0$_a$ (0.0)	32 (4.9)
合计	111 (100.0)	273 (100.0)	130 (100.0)	63 (100.0)	81 (100.0)	658 (100.0)

注：①有 2 位父母不想透露学历信息，故总人数为 658 人且本科及以上学历合并统计，下同。

②χ^2=24.391, df=12, Sig.（双侧）=0.018

表 2-1-6　不同收入层次的父母回想过去最应该去的对策比较（人数、百分比）

	收入为 0 或负	1~1.5 万	1.5 万~6 万	6 万~12 万	12 万及以上	合计
医学或医院治疗	33$_a$ (37.9)	66$_a$ (35.7)	123$_a$ (44.4)	28$_a$ (36.4)	6$_a$ (20.7)	256 (39.1)
教育	9$_a$ (10.3)	21$_a$ (11.4)	8$_b$ (2.9)	2$_{a,b}$ (2.6)	3$_{a,b}$ (10.3)	43 (6.6)
治疗加教育	40$_a$ (46.0)	90$_a$ (48.6)	131$_a$ (47.3)	45$_a$ (58.4)	19$_a$ (65.5)	325 (49.6)
说不好	5$_a$ (5.8)	8$_a$ (4.3)	15$_a$ (5.4)	2$_a$ (2.6)	1$_a$ (3.5)	31 (4.7)
合计	87 (100.0)	185 (100.0)	277 (100.0)	77 (100.0)	29 (100.0)	655 (100.0)

注：①有 5 人不想透露自己的收入信息，故总人数为 655 人，下同。

②χ^2=27.337, df=12, Sig.（双侧）=0.007

检验显示视力障碍和智力障碍、脑瘫、孤独症的区别，从而能看出感官损伤的儿童，在对策上父母更不知道如何选择，这也从一个侧面反映了给予指导的重要性。

概括而言，绝大多数家庭给视力障碍儿童治疗过（92.6%），接近一半的父母觉得最应该的对策是"治疗加教育"（49.6%），只有极少数的家庭觉得"教育"（6.5%）是当时最应该的对策。

（二）视力障碍儿童的父母教育支持的经历和过去的教育需要

1. 视力障碍儿童的父母过去教育支持的经历

尽管视力障碍儿童的家庭给予视障儿童治疗的比例很高，但他们接受教育指导的比例较低。父母在回答"您的孩子上机构或上学以前，有人告诉过您孩子该怎么教育吗"时，660人中，回答"有"的237人，仅占35.9%；回答"没有"的353人，占53.5%；回答"不记得了"的70人，占10.6%，接受指导的比例仅仅超过1/3多一点。

检验表明，不同残疾程度的视力障碍儿童的父母之间差异不显著。

父母之间差异显著（表2-1-7）。父亲有过教育指导的比例（44.2%）显著高于母亲（31.7%）；同时，父亲没有接受教育指导的比例（45.9%）则显著低于母亲（57.3%），显示父亲比母亲更多地寻求教育帮助。

不同学历层次的父母之间差异不显著，总体趋势不明显。

不同收入层次的父母之间差异不显著，也没有明显的趋势。

表2-1-7　孩子上学前父母接受教育支持的比较（人数、百分比）

	父亲	母亲	合计
有	98_a（44.2）	139_b（31.7）	237（35.9）
没有	102_a（45.9）	251_b（57.3）	353（53.5）
不记得了	22_a（9.9）	48_a（11.0）	70（10.6）
合计	222（100.0）	438（100.0）	660（100.0）

注：$\chi^2 = 10.025$，$df = 2$，Sig.（双侧）$= 0.007$

2. 视力障碍儿童的父母过去是否需要教育支持

视力障碍儿童的父母在孩子确诊后，实际接受教育指导的比例并不高。是他们没有需要还是有需要没有被满足呢？为此课题组设计了两个问题，一是"现在回想起来，从您的孩子出生到知道孩子有问题时，是否需要有人告诉您孩子该怎么办"；二是"孩子出生后，在您的孩子上学或者去机构前，您需要有人帮您教育孩子"。目的就是看视力障碍儿童的父母过去是否需要教育支持,并以此确定要不要给他们提供支持。

(1)过去是否需要有人告诉怎么办

660名视力障碍儿童的父母在回答"现在回想起来,从您的孩子出生到知道孩子有问题时,是否需要有人告诉您孩子该怎么办"时,结果(表2-1-8)如下:

回答"是"的426人,占64.5%;回答"不是"的149人,占22.6%;回答"忘记了"的85人,占12.9%。这个比例说明大多数视力障碍儿童的父母从孩子出生到知道孩子有视力障碍后,就需要有人清楚地告诉他们该怎么办。

检验发现,不同残疾程度的儿童的父母之间差异不显著,也没有明显的趋势。

不同学历层次的父母之间差异不显著,但学历越高的父母大致上需要支持的比例越高(从小学或以下到本科及以上的比例依次是57.7%、62.6%、65.4%、73.0%、71.6%),不需要支持的比例越低(从小学或以下到本科及以上的比例依次是28.8%、22.7%、21.5%、19.1%、18.5%),说明了学历越高的父母,求助欲越强,也就更关注自己的孩子。

不同收入层次的父母之间差异不显著,也没有明显的趋势。

表2-1-8　知道孩子视障时父母是否需要支持的比较(人数、百分比)

	父亲	母亲	合计
是	138_a (62.2)	288_a (65.8)	426 (64.5)
不是	41_a (18.5)	108_a (24.6)	149 (22.6)
忘记了	43_a (19.3)	42_b (9.6)	85 (12.9)
合计	222 (100.0)	438 (100.0)	660 (100.0)

注:$\chi^2 = 13.737$,df=2,Sig.(双侧)=0.001

(2)过去是否需要有人帮助教育孩子

视力障碍儿童的父母在回答"孩子出生后,在您的孩子上学或者去机构前,您需要有人帮您教育孩子吗"时,回答"需要"的477人,占72.3%;回答"不需要"的119人,占18.0%;回答"说不好"的64人,占9.7%,说明大多数父母在当时是需要教育帮助的。

研究显示,视障儿童的父母当时需要教育帮助的比智力障碍、孤独症儿童的父母要少。为什么会这样?是因为视障儿童的父母的教育素养已经达到了足以教育好孩子的程度还是觉得不用帮助就能教育好孩子？按理说，全盲儿童的方向辨别与定向行走教育很专业，家长不经指导很难掌握。或许是因为样本中一级视力残疾的比例不到70%——这些儿童非常需要基本的指导，而二级到四级的视障儿童的教育和普通儿童差别不大，才导致了父母的教育需求降低。

不过，研究也显示，回答需要教育帮助的父母比回答需要告诉怎么办的父母多出7.8个百分点。这说明父母可能需要含义明确的帮助类型，而非宽泛的怎么办。

检验发现，不同残疾程度的儿童的父母差异不显著，也没有明显的趋势。

父母之间差异不显著，但父亲需要教育支持的比例（74.8%）高于母亲（71.0%），不需要的比例（14.4%）低于母亲（19.9%），说明父亲更想寻求教育帮助。

不同学历层次的父母之间差异不显著，也没明显趋势。

不同收入层次的父母之间差异不显著，亦无明显趋势。

（3）视力障碍儿童的父母当时需要的教育帮助的内容

为了考察当时父母需要什么样的教育帮助，也是为了对比孩子读书后父母需要的教育帮助的内容或方式是否有变化。本研究对那些需要教育帮助（教育支持）的父母，追问了需要哪些内容或形式的教育支持。

在477位回答需要教育帮助的父母中，回答"有人告诉我怎么做就够了"的有110人，占23.1%；回答"有人定期来家里直接教孩子"的有42人，占8.8%；回答"有人告诉我怎么做并同时来家里帮我教育孩子"的有267人，占56.0%；回答"说不好"的有58人，占12.1%（如表2-1-9）。

表2-1-9　儿童入学前父母需要的教育支持内容

内容	人数（人）	百分比（%）
有人告诉我怎么做就够了	110	23.1
有人定期来家里直接教孩子	42	8.8
有人告诉我怎么做同时来家里帮我教育孩子	267	56.0
说不好	58	12.1
合计	477	100.0

对比发现，需要来家里直接教育孩子的比例最低，其次是说不好的父母，只告诉父母怎么教就好的位居第三，占23.1%，比其他类型如孤独症要高，既需要指导又需要家教的父母依然超过50%，即父母的期望依然是较高的。

检验发现，不同残疾程度的儿童的父母在各选项上差异不显著，也没有明显趋势。

父母之间的差异不显著，但父亲比母亲独立教育孩子的愿望强，表现为父亲只要告诉怎么教就可以的比例（23.5%）高于母亲（22.8%），来家里教育的比例（8.4%）低于母亲（9.0%），同时，既告诉怎么教又来家里教的比例（54.2%）低于母亲（56.9%）。

不同学历层次的父母之间总体差异显著，但各交叉项之间差异不显著，也没有明显趋势（表2-1-10）。

不同收入层次的父母之间差异显著，主要表现在既告诉怎么教育又来家里指导上，收入0或负数的父母（67.2%）显著高于1—1.5万的父母（44.8%）（表2-1-11）。

综合各方面的数据，大多数父母在回溯时，需要教育支持，其中需要教育支持的比例高于需要告诉怎么办的比例；需要教育帮助的人，则主要是既需要告诉他们如何教育孩子又需要来家里帮助教育孩子，大大高于仅仅是告诉怎么教育孩子和来家里教孩子的比例。

（三）视力障碍儿童的父母当下教育支持的愿望

前述谈及视力障碍儿童的父母在孩子确认为视力障碍后，多数父母还是需要支持或教育支持的。那孩子读书后还需要教育支持吗？需要什么样的教育支持？

1. 现在是否还需要他人帮助教育孩子

视力障碍儿童的父母在回答"您现在还需要他人帮助您教育孩子吗"时，回答"需要"的479人，占72.6%；回答"不需要"的126人，占19.1%；回答"说不好"的55人，占8.3%（表2-1-12）。

数据显示了社会没有提供给视力障碍儿童的父母必要的教育支持，而且提供的支持没有达到父母的要求高度，所以导致父母教育支持的需求仍旧较高，进而说明给视力障碍儿童的父母提供教育支持依旧有意义。另外，无论是住校还是天天回家的学生（660名父母中，孩子住校的343人，占52.0%；天天回家的254人，占38.5%；其他63人，占9.5%），其父母选择需要教育支持的差异不显著，只是天天回家的孩子的父母有教育支持需求的（76.0%）高于住在学校的孩子的父母（70.6%）5.4个百分点而已（表2-1-13），显示无论是走读生还是住校生的父母均有教育支持的需要。

检验发现，不同残疾程度的儿童的父母差异不显著，亦无明显趋势。

表 2-1-10　不同学历的父母当时需要的教育支持的内容比较（人数、百分比）

	小学或以下	初中	高中或中专	大专	本科及以上	合计
有人告诉我怎么做就够了	24$_a$ (31.6)	46$_a$ (23.4)	19$_a$ (20.7)	11$_a$ (23.9)	9$_a$ (14.1)	109 (22.9)
有人定期来家里直接教孩子	5$_a$ (6.6)	20$_a$ (10.2)	8$_a$ (8.7)	1$_a$ (2.2)	8$_a$ (12.5)	42 (8.9)
有人告诉我怎么做同时来家里帮我教育孩子	40$_a$ (52.6)	97$_a$ (49.2)	57$_a$ (61.9)	32$_a$ (69.6)	40$_a$ (62.5)	266 (56.0)
说不好	7$_a$ (9.2)	34$_a$ (17.2)	8$_a$ (8.7)	2$_a$ (4.3)	7$_a$ (10.9)	58 (12.2)
合计	76 (100.0)	197 (100.0)	92 (100.0)	46 (100.0)	64 (100.0)	475 (100.0)

注：①477 名选择需要的父母中，2 人不想透露学历信息，故总人数为 475 人。
②$x^2 = 22.796$，df = 12，Sig.（双侧）= 0.030

表 2-1-11 不同收入层次的父母当时需要的教育支持的内容比较（人数、百分比）

	收入为0或负	1—1.5万	1.5万—6万	6万—12万	12万及以上	合计
有人告诉我怎么做就够了	13$_a$ (21.3)	39$_a$ (28.7)	42$_a$ (21.0)	12$_a$ (21.1)	2$_a$ (10.5)	108 (22.8)
有人定期来家里直接教孩子	1$_a$ (1.6)	17$_a$ (12.5)	18$_a$ (9.0)	4$_a$ (7.0)	2$_a$ (10.5)	42 (8.9)
有人告诉我怎么做同时来家里帮我教育孩子	41$_a$ (67.2)	61$_b$ (44.8)	116$_{a,b}$ (58.0)	33$_{a,b}$ (57.9)	15$_{a,b}$ (79.0)	266 (56.2)
说不好	6$_a$ (9.9)	19$_a$ (14.0)	24 (12.0)	8$_a$ (14.0)	0$_a$ (0.0)	57 (12.1)
合计	61 (100.0)	136 (100.0)	200 (100.0)	57 (100.0)	19 (100.0)	473 (100.0)

注：①477 名选择需要的父母中有 4 人不想透露收入信息，故总人数为 473 人。

②$\chi^2 = 23.137$，df=12，Sig.（双侧）= 0.027

表 2-1-12　现在和当时是否需要教育帮助（人数、百分比）

	需要	不需要	说不好	合计
当时是否需要教育帮助	477（72.3）	119（18.0）	64（9.7）	660（100.0）
现在是否需要教育帮助	479（72.6）	126（19.1）	55（8.3）	660（100.0）

表 2-1-13　住校和走读的学生父母对教育支持的需求差异（人数、百分比）

	住在学校	天天回家	合计
需要	242_a（70.6）	193_a（76.0）	435（72.9）
不需要	72_a（21.0）	41_a（16.1）	113（18.9）
说不好	29_a（8.4）	20_a（7.9）	49（8.2）
合计	343（100.0）	254（100.0）	597（100.0）

注：①660 名父母中，孩子住校和天天回家的父母合计 597 人。

②$\chi^2 = 2.646$，df＝2，Sig.（双侧）＝0.292

父母之间差异显著，主要表现在不需要上父亲的比例（12.6%）显著低于母亲（22.4%），但就需要而言，父亲的比例（76.6%）比母亲（70.5%）高（表 2-1-14），这就说明父亲比母亲更想寻求教育支持。

表 2-1-14　父母间现在是否需要教育支持的比较（人数、百分比）

	父亲	母亲	合计
需要	170_a（76.6）	309_a（70.5）	479（72.6）
不需要	28_a（12.6）	98_b（22.4）	126（19.1）
说不好	24_a（10.8）	31_a（7.1）	55（8.3）
合计	222（100.0）	438（100.0）	660（100.0）

注：$\chi^2 = 10.556$，df＝2，Sig.（双侧）＝0.005

不同学历层次父母的选择差异不显著，但学历越高的父母需要的比例反而越高（从小学或以下学历到本科及以上的比例依次是 69.4%、70.7%、71.5%、73.0%、84.0%），可能学历层次越高越懂得教育支持的重要性，就越需要教育支持。

不同收入层次的父母之间差异不显著，趋势不明显。

总体而言，当下视力障碍儿童的父母需要教育支持的比例依旧较高，达到72.6%，并且父亲比母亲更有教育支持的需要；学历越高的父母，需要的比例越大。

2. 需要帮助的内容形式

在 479 名选择需要教育帮助的视力障碍儿童的父母中，选择"有人告诉我怎么做就够了"的 144 人，占 30.1%；选择"有人定期来家里直接教孩子"的 39 人，占 8.1%；选择"有人告诉我怎么做同时来家里帮我教育孩子"的 244 人，占 50.9%；选择"说不好"的 52 人，占 10.9%（表 2-1-15）。

表 2-1-15　父母过去和现在需要的教育支持的内容比较（人数、百分比）

	过去需要的 教育支持	现在需要的 教育支持
有人告诉我怎么做就够了	110（23.1）	144（30.1）
有人定期来家里直接教孩子	42（8.8）	39（8.1）
有人告诉我怎么做同时 来家里帮我教育孩子	267（56.0）	244（50.9）
说不好	58（12.1）	52（10.9）
合计	477（100.0）	479（100.0）

目前家长最大的教育支持的需求依然是"有人告诉怎么做同时来家里帮我教育孩子"，人数达到一半（50.9%）。但这个比例比孤独症、智力障碍儿童的父母已经降低；同时，"有人告诉我怎么做就够了"的比例上升到 30.1%，说明视力障碍儿童的父母当下的教育支持的需要和其他类别的儿童有区别，这更符合现实情况。

比较父母对过去需要的教育支持的内容发现（表 2-1-15），尽管过去和现在的需求趋势大致相同，但现在的需求中，无论是"说不好"的比例，还是"有人告诉我怎么做同时来家里帮我教育孩子"的比例，抑或是"有人定期来家里直接教孩子"的比例均下降，仅"有人告诉我怎么做就够了"的比例增加了7 个百分点。说明了视力障碍儿童父母的素质比过去提高了。

检验发现，不同残疾程度的儿童的父母差异不显著，也没有明显的趋势。

父母之间差异不显著，但父亲需要仅仅告诉怎么教就够了的比例高于母亲，说明父亲比母亲有更高地教育孩子的主动性。

不同学历层次的父母之间差异不显著，也没有明显趋势。

不同收入层次的父母之间差异不显著，也没有明显趋势。

总体而言，目前半数视力障碍儿童的父母既需要告诉他们怎么教育孩子又需要来家帮助教育，仅仅教育指导的比例上升到 30.1%；父亲比母亲要自己教育孩子的主动性强。

3. 现在视力障碍儿童家长需要的教育形式

在教育支持的内容上，有 144 位回答"有人告诉我怎么做就够了"。可是怎么告诉呢？我们给出了五种选择。选择"面对面地教我"的有 26 人，占18.1%；选择"通过阅读书籍、杂志学习"的有 8 人，占 5.5%；选择"通过手机、电视、网络学习"的有 40 人，占 27.8%；选择"通过面对面地教我，通过阅读书籍、杂志学习，通过手机、电视、网络学习三种途径"的有 60 人，占41.7%；选择"说不好"的有 10 人，占 6.9%（表 2-1-16）。

比较发现，除"说不好"选项之外，其他四种方式中，视力障碍儿童的父母最不想通过传统的纸媒自学，选择者仅有 5.5%；其次是"面对面地教我"，通过网媒（现代信息技术手段）自学的比例达到了 27.8%，说明视障儿童的父母的学习方式已经比较符合现实。当然，父母选择最高的是综合的学习方式，但仅仅是 40%多一点，进一步说明视力障碍儿童的父母的学习需求比较符合现实。

检验发现，不同残疾程度的儿童父母、父母之间、不同学历和不同收入层次的父母之间差异不显著，也没有明显趋势。

总体而言，视力障碍儿童的父母最希望的指导方式是自学和面授结合的方式，其次是通过网媒（现代信息技术手段）自己学习，面授的比例仅有 18.1%，纸媒自学仍旧不受欢迎。

表 2-1-16　父母接受教育指导的形式

	人数（人）	百分比（%）
面对面地教我	26	18.1
通过阅读书籍、杂志学习	8	5.5
通过手机、电视、网络学习	40	27.8
通过面对面地教我，通过阅读书籍、杂志学习，通过手机、电视、网络学习三种途径	60	41.7
说不好	10	6.9
合计	144	100.0

五、研究结论

（一）绝大多数视力障碍儿童的家庭给孩子进行过治疗

调查显示，92.6%的家庭给视力障碍儿童做过治疗，但样本中并非所有家庭给视障儿童做过治疗。因此，应该给予家长基本对策的指导，需要治疗的治疗，需要教育的教育。

（二）视障儿童的父母接受的教育支持不足

无论是发现孩子视力有问题后需要对策的指导，还是孩子上学前、上学后，均有70%左右的父母需要支持和教育支持，实际上仅有不到40%的父母有过教育支持的经历，而且从分析看，这些教育支持的满意度不理想。因此，应该给予视力障碍儿童（简称"视障儿童"）的父母恰当的有效的支持。

（三）父母的教育需求需要引导

父母有教育支持的需求是需要引导的，但父母的教育需求较高，社会或者自己的条件不一定能完全满足这样的需求。例如，父母最不喜欢通过纸媒自己学习，而希望多种渠道并用的达到40%以上。应该引导父母采用多种方式接受指导，不能固守单一的指导方式。

第二节　视力障碍儿童父母的教育素养研究

一、研究的方法与过程

本节研究的方法与过程同本章第一节。

二、本节研究的内容

本节研究的内容是从父母教育素养构成的态度、知识和能力三个方面，选取和教育行为密切相关的而且是家长应该获得支持的几个点来考察视力障碍儿童父母的教育素养，将它们分为五个方面：

一是父母对视力障碍儿童的态度和教育一致性，问卷中视力障碍儿童父母专用问卷（附录一之22题，下同）的第6、7题；

二是父母对视力障碍儿童的身心特点的认知，主要是问卷中的第1、2题；

三是父母对视力障碍儿童能力和未来发展的预期，这是期望或态度，实际上也是身心特点的知识，主要是问卷中的第 3、4、5 题；

四是父母对视力障碍儿童教育工具的认知，问卷第 8 题；

五是视力障碍儿童父母的教育方法，主要是问卷中的第 9—13 题。

三、样本基本情况

样本基本情况同本章第一节。

四、研究的结果与分析

（一）父母对视力障碍儿童的态度

1. 父母对视力障碍孩子任性的态度

660 名父母在回答"我觉得孩子都看不见（看不清）了，所以平时他想怎么着就怎么着，我由着他"时，回答"是"的有 50 人，占 7.6%；回答"不是"的有 559 人，占 84.7%；回答"说不好"的有 51 人，占 7.7%。

这说明，大多数视力障碍儿童的父母在是否由着孩子想怎么着就怎么着上的观点是正确的，即大多数父母并非由着孩子。当然，7.6% 的由着孩子的父母和 7.7% 说不好的父母是需要进行指导的，即 15.3% 的父母需要接受教育态度的指导。

检验发现，不同残疾程度的儿童的父母之间差异不显著，也没有明显趋势。

父母之间即男女之间差异显著，主要表现在"是"的选项上，父亲（10.8%）显著高于母亲（5.9%）；在"不是"的选项上父亲的比例（80.2%）显著低于母亲（87.0%），说明视力障碍儿童的父亲比母亲更溺爱孩子（表 2-2-1）。

表 2-2-1 父母之间是否由着孩子（人数、百分数）

	父亲	母亲	合计
是	24_a （10.8）	26_b （5.9）	50 （7.6）
不是	178_a （80.2）	381_b （87.0）	559 （84.7）
说不好	20_a （9.0）	31_a （7.1）	51 （7.7）
合计	222 （100.0）	438 （100.0）	660 （100.0）

注：$\chi^2 = 6.138$，df = 2，Sig.（双侧）= 0.046

不同学历层次的父母之间差异显著，表现为在"是"的选项上，小学或以下学历者（17.1%）显著高于初中（6.6%）、高中或中专（5.4%）、大专（1.6%）、本科及以上（4.9%）学历者；在"不是"的选项上，小学或以下学历者（74.8%）显著低于其他学历者的状况。可见，小学或以下学历者溺爱孩子的比例更高，没读大学者比读大学者更溺爱孩子（表2-2-2）。

不同收入层次的父母之间总体差异显著，但各交叉项之间无显著差异项（表2-2-3），也没有明显的趋势。

总体而言，大多数父母不由着孩子（84.7%），父亲比母亲溺爱孩子，未读大学的父母更溺爱孩子。

2. 夫妻在教育孩子上的意见是否一致

660名父母在回答"我们夫妻（或整个家庭）在教育视障孩子上的意见是一致的"时，回答"是"的有571人，占86.5%；回答"不是"的有60人，占9.1%；回答"不知道"的有29人，占4.4%。

数据显示，视力障碍儿童的父母的教育意见一致性的比例达到了86.5%，具有较高的一致性。也就是说，大多数视力障碍儿童的家庭，其父母在孩子的教育一致性的观点上是正确的。当然，回答不一致和不知道的家庭接近15%，这些家庭需要接受教育指导。

检验发现，不同残疾程度的孩子的父母、不同学历和不同收入层次的父母之间差异均不显著，均无明显趋势。

总体上看，大多数视力障碍的父母或家庭在孩子任性行为和夫妻教育一致性上的观点是正确的，比例各为84.7%和86.5%；少部分父母需要教育指导，父亲比母亲溺爱孩子，未读大学的父母更溺爱孩子。

表 2-2-2　不同学历的父母是否由着孩子（人数、百分数）

	小学或以下	初中	高中或中专	大专	本科及以上	合计
是	19$_a$（17.1）	18$_b$（6.6）	7$_b$（5.4）	1$_b$（1.6）	4$_{a,b}$（4.9）	49（7.4）
不是	83$_a$（74.8）	233$_{a,b}$（85.3）	110$_{a,b}$（84.6）	60$_b$（95.2）	72$_{a,b}$（88.9）	558（84.8）
说不好	9$_a$（8.1）	22$_a$（8.1）	13$_a$（10.0）	2$_a$（3.2）	5$_a$（6.2）	51（7.8）
合计	111（100.0）	273（100.0）	130（100.0）	63（100.0）	81（100.0）	658（100.0）

注：①图 2 名父母不想透露学历信息，故总人数为 658 人，下同。

②$\chi^2 = 21.948$, df = 8, Sig.（双侧）= 0.005

表 2-2-3　不同收入层次的父母是否由着孩子任性（人数、百分数）

	收入为 0 或负	1—1.5 万	1.5 万—6 万	6 万—12 万	12 万及以上	合计
是	2$_a$（2.3）	17$_a$（9.2）	22$_a$（8.0）	7$_a$（9.1）	1$_a$（3.4）	49（7.5）
不是	82$_a$（94.3）	157$_a$（84.9）	227$_a$（81.9）	64$_a$（83.1）	28$_a$（96.6）	558（85.2）
说不好	3$_a$（3.4）	11$_a$（5.9）	28$_a$（10.1）	6$_a$（7.8）	0$_a$（0.0）	48（7.3）
合计	87（100.0）	185（100.0）	277（100.0）	77（100.0）	29（100.0）	655（100.0）

注：①图 5 名父母不想透露收入信息，故总人数为 655 人，下同。

②$\chi^2 = 17.331$, df = 8, Sig.（双侧）= 0.027

（二）父母对视力障碍儿童的身心特点的认知

为了考察视力障碍儿童的父母对视力障碍儿童的身心特点的掌握情况，研究设计了两个问题，即视力障碍儿童的视力和行为特点的内容，以此考察父母的相关知识。

1. 对视力障碍儿童视力特点的认知

660 名视力障碍儿童的父母在回答"我觉得视力障碍孩子一点东西也看不见"时，回答"对"的217人，占32.9%；回答"不对"的417人，占63.2%；回答"不知道"的26人，占3.9%。

根据我国对视力障碍（残疾）的界定标准，两眼的最佳矫正视力低于0.3就属于视力障碍；而即使是一级视力残疾也不是一点也看不见的，包括视野半径小于10度的儿童是能够看见的。因此，并非所有视力障碍儿童是一点东西也看不见的，看见或者看不见要看其障碍的程度和类型。回答"对"或者"不对"都是错误的，回答"不知道"的父母反而有可能是正确的，因为这个问题不好回答。从这个角度看，视力障碍儿童的父母对视障儿童视力特点正确认知的比例很低。父母可能是根据自己孩子的特点来回答这个问题的。

检验表明，不同残疾程度的视力障碍儿童的父母之间差异显著。一级残疾的儿童的父母选择"对"的比例（43.9%）显著高于二级、三级、四级残疾儿童的父母；选择"不对"的比例（52.9%）显著低于二级、三级、四级残疾儿童的父母（表2-2-4），说明父母可能是按照自己孩子的视力情况来回答这个问题的。

父母之间差异不显著，整体趋势不明显。但选择"对"的父亲（35.1%）高于母亲（31.7%），选择"不对"的父亲（59.0%）低于母亲（65.3%），选择"不知道"的父亲（5.9%）高于母亲（3.0%），趋势不明。从可能性看，父亲对儿童视力特点的正确认识可能高于母亲。

表2-2-4　不同残疾程度的儿童的父母对视障孩子一点东西也看不见的认知

（人数、百分比）

	一级	二级	三级	四级	合计
对	181$_a$（43.9）	27$_b$（19.7）	2$_b$（4.0）	3$_b$（9.1）	213（33.7）
不对	218$_a$（52.9）	106$_b$（77.4）	46$_b$（92.0）	29$_b$（87.9）	399（63.1）
不知道	13$_a$（3.2）	4$_a$（2.9）	2$_a$（4.0）	1$_a$（3.0）	20（3.2）
合计	412（100.0）	137（100.0）	50（100.0）	33（100.0）	632（100.0）

注：$\chi^2 = 70.670$，df = 6，Sig.（双侧）= 0.000

　　不同学历层次的父母之间差异显著，主要表现为学历越高的父母选择"对"的比例越低，选择"不对"的比例越高而且小学或以下学历者（52.3%）显著低于本科及以上学历者（75.3%，表2-2-5）。反映学历越低的父母，越认为视障孩子越看不见。

　　不同收入层次的父母之间差异不显著，尽管有交叉项差异显著，但趋势不明显。

　　总体而言，绝大多数视力障碍儿童的父母对视力障碍儿童的视力特点认知不正确，一级残疾儿童的父母更多地认为孩子什么也看不见，低学历者更倾向于视力障碍儿童什么也看不见。

　　2. 对视力障碍儿童行为特点（盲像）的认知

　　660名视力障碍儿童的父母在回答"我觉得视力障碍的孩子有盲像是正常的"时，"是"者314人，占47.6%；"不是"者151人，占22.9%；"不知道"者195人，占29.5%。

　　"盲像"是指视力障碍人士在日常生活中表现出的"异常"行为，包括站立时的佝肩驼背、不能挺胸抬头，过多眨眼、睁眼，面部表情不自然，走路身体佝偻、碎步前行等。这些行为并非视力障碍儿童与生俱来的，而是教育不当导致的。也就是说，"盲像"并非视力障碍者的固有特点，而是教育不成功的结果。因此，说视力障碍儿童有盲像是正常的就是错误的，说不正常才是正确的。数据显示660名父母中，能对视力障碍儿童的盲像特点正确认知的人仅有22.9%，接近一半的人不知道，接近30%的人说不好。

　　检验发现，不同残疾程度的儿童的父母之间差异不显著，也没有明显的趋势。说明样本中并非残疾程度重的视力障碍儿童的父母就觉得孩子的"盲像"严重，即父母的错误认知是无知导致的。

　　父母之间差异不显著，但父亲正确认知的比例（23.0%）高于母亲（22.8%），不正确认知的比例（43.7%）低于母亲（49.6%），说明父亲比母亲对"盲像"的认知更正确。

　　不同学历层次的父母之间总体差异不显著，但总体而言，学历越高的父母不正确的比例越低，正确的比例越高，不知道的比例也越高，说明高学历的家长对视力障碍的"盲像"认知更正确（表2-2-6）。

　　不同收入层次的父母之间差异不显著，也无明显趋势。

　　总体而言，大多数父母对视力障碍儿童的"盲像"认知不正确，父亲正确认知的比例高于母亲，大学学历者高于非大学学历者。

表 2-2-5 不同学历的父母对视障孩子一点东西也看不见的认知（人数、百分比）

	小学或以下	初中	高中或中专	大专	本科及以上	合计
对	48_a (43.2)	94_a (34.4)	39_a (30.0)	15_a (23.8)	20_a (24.7)	216 (32.8)
不对	58_a (52.3)	$168_{a,b}$ (61.5)	$86_{a,b}$ (66.2)	$43_{a,b}$ (68.3)	61_b (75.3)	416 (63.2)
不知道	5_a (4.5)	11_a (4.0)	5_a (3.8)	5_a (7.9)	0_a (0.0)	26 (4.0)
合计	111 (100.0)	273 (100.0)	130 (100.0)	63 (100.0)	81 (100.0)	658 (100.0)

注：$\chi^2 = 20.381$, df=8, Sig.（双侧）= 0.009

表 2-2-6 不同学历的父母对孩子盲像现象的认知（人数、百分比）

	小学或以下	初中	高中或中专	大专	本科及以上	合计
是	63_a (56.8)	134_a (49.1)	56_a (43.1)	29_a (46.0)	31_a (38.2)	313 (47.6)
不是	23_a (20.7)	54_a (19.8)	35_a (26.9)	14_a (22.2)	25_a (30.9)	151 (22.9)
不知道	25_a (22.5)	85_a (31.1)	39_a (30.0)	20_a (31.8)	25_a (30.9)	194 (29.5)
合计	111 (100.0)	273 (100.0)	130 (100.0)	63 (100.0)	81 (100.0)	658 (100.0)

注：$\chi^2 = 10.962$, df=8, Sig.（双侧）= 0.204

（三）父母对视力障碍儿童能力和未来发展的预期

对视力障碍儿童未来发展的预期实际上也是对视力障碍儿童的身心特点，尤其是能力特点的认知。当然，视力障碍儿童的未来和教育的关系也极为密切。

1. 父母对视力障碍儿童独立生活的期望

这里的独立生活专门指视力障碍儿童的做饭、刷碗、洗衣服等日常生活。研究设计的问题是"视力障碍的孩子完全能自己做饭、刷碗、洗衣服"。660 名父母回答"对"的 383 人，占 58.0%；回答"不对"的 188 人，占 28.5%；回答"不知道"的 89 人，占 13.5%。

视力障碍尤其是全盲的儿童在生活上会有一些不方便，但是，经过教育、训练或者实践，所有视障儿童是完全能够独立地处理好做饭、刷碗、洗衣服等日常的生活的。因此，应该是百分之百地回答视障儿童能完全自己做饭、刷碗、洗衣服。

这样，样本中仅有一半多一点（58.0%）的父母对视力障碍儿童的独立生活能力的认知正确。其余父母要么认知不正确，要么还不知道，他们是需要进行教育指导的父母。

当然，视力障碍儿童的独立生活能力主要依赖教育，其中家庭教育尤为重要。如果父母觉得孩子可怜，事事都要替孩子包办，其独立生活能力自然不能被培养出来。

检验发现，不同残疾程度的儿童的父母之间差异不显著，而且并非残疾程度越重的儿童的父母认为对的比例越低，说明父母对孩子的独立生活能力的判断并未建立在残疾程度的基础上，那就只能和教育效果联系，即现实中孩子的刷碗、洗衣服、做饭能力未见得是父母家庭教育的内容，因此导致孩子的这些能力下降，进而影响了父母的选择（表 2-2-7）。

表 2-2-7 不同残疾程度的儿童的父母对孩子独立生活能力的认知（人数、百分比）

	一级	二级	三级	四级	合计
对	223$_a$（54.1）	88$_a$（64.2）	32$_a$（64.0）	21$_a$（63.6）	364（57.6）
不对	133$_a$（32.3）	28$_a$（20.5）	15$_a$（30.0）	7$_a$（21.2）	183（29.0）
不知道	56$_a$（13.6）	21$_a$（15.3）	3$_a$（6.0）	5$_a$（15.2）	85（13.4）
合计	412（100.0）	137（100.0）	50（100.0）	33（100.0）	632（100.0）

注：$\chi^2 = 11.579$，df = 6，Sig.（双侧）= 0.072

视力障碍儿童的父母之间差异不显著，但父亲选择能独立生活和不能独立生活的比例都低于母亲，只是"不知道"的比例高于母亲，这说明父亲对视力障碍儿童的独立生活能力的正确认知低于母亲（表2-2-8）。不同学历层次的父母之间差异不显著，但大致上是大学以上学历者正确认知的比例高于非大学学历者，大学学历者错误认知的比例低于非大学学历者（表2-2-9），说明大学学历者正确认知的比例高。

不同收入层次的父母之间差异不显著，但收入6万以上的父母正确认知的比例大于6万以下者，6万以上者错误认知的比例低于6万以下者（表2-2-10）。

表2-2-8　父母对孩子独立生活能力的认知（人数、百分比）

	父亲	母亲	合计
对	127$_a$（57.2）	256$_a$（58.4）	383（58.0）
不对	62$_a$（27.9）	126$_a$（28.8）	188（28.5）
不知道	33$_a$（14.9）	56$_a$（12.8）	89（13.5）
合计	222（100.0）	438（100.0）	660（100.0）

注：$\chi^2 = 0.548$，$df = 2$，Sig.（双侧）$= 0.760$

总体而言，父母对视力障碍儿童独立生活的期望不高，仅有58.0%的父母认为孩子能够独立做饭、刷碗、洗衣服，母亲选择正确的比例高于父亲，大学学历者和收入6万以上者正确的比例高于其他。

2. 父母对视力障碍儿童独立行走能力的期望

这里的独立行走能力专门指视力障碍儿童的户外独立活动和行走。研究设计的问题是"视障孩子完全可以自己户外活动、行走"。

660名父母中回答"是"的305人，占46.2%；回答"不是"的294人，占44.5%；回答"不知道"的61人，占9.3%。

应该说，同视力障碍儿童的独立生活能力一样，障碍与否并非是决定他们能否独立行走的决定因素，是否进行教育、是否放手让他们独立行走才是决定因素。从能力来看，所有视力障碍者都有独立户外活动、行走的能力。当然，如果社会的支持系统完备、无障碍程度高，他们独立行走的障碍就会减小。

就能力而言，所有视障儿童应该能独立行走。因此，从回答看，只有46.2%的父母回答正确，即超过一半的父母对视力障碍儿童的独立行走能力的认知不正确，亦即超过一半的父母需要进行知识教育。

表 2-2-9 不同学历的父母对孩子独立生活能力的认知（人数、百分比）

	小学或以下	初中	高中或中专	大专	本科及以上	合计
对	61_a (55.0)	145_a (53.1)	80_a (61.5)	39_a (61.9)	56_a (69.1)	381 (57.9)
不对	34_a (30.6)	91_a (33.3)	35_a (26.9)	13_a (20.6)	15_a (18.5)	188 (28.6)
不知道	16_a (14.4)	37_a (13.6)	15_a (11.6)	11_a (17.5)	10_a (12.4)	89 (13.5)
合计	111 (100.0)	273 (100.0)	130 (100.0)	63 (100.0)	81 (100.0)	658 (100.0)

注：$X^2=11.442$，$df=8$，Sig.（双侧）$=0.178$

表 2-2-10 不同收入层次的父母对孩子独立生活能力的认知（人数、百分比）

	收入为0或负	1—1.5万	1.5万—6万	6万—12万	12万及以上	合计
对	47_a (54.0)	107_a (57.8)	154_a (55.6)	52_a (67.5)	22_a (75.9)	382 (58.3)
不对	26_a (29.9)	50_a (27.0)	90_a (32.5)	14_a (18.2)	5_a (17.2)	185 (28.2)
不知道	14_a (16.1)	28_a (15.2)	33_a (11.9)	11_a (14.3)	2_a (6.9)	88 (13.5)
合计	87 (100.0)	185 (100.0)	277 (100.0)	77 (100.0)	29 (100.0)	655 (100.0)

注：$X^2=12.059$，$df=8$，Sig.（双侧）$=0.149$

检验发现，不同残疾程度的儿童的父母之间差异不显著，但儿童残疾程度越重的，父母认为儿童能够独立行走的比例越低（期望越低），从一级残疾的42.7%到四级残疾的63.6%，相差了20.9个百分点；残疾程度越重的儿童的父母回答不能的比例越高，从一级残疾的47.3%到四级残疾的33.3%，减少了14个百分点（表2-2-11）。确实，全盲的儿童独立行走困难，尤其是方向辨别的难度会加大，这可能降低了一级残疾儿童父母的期望。因此，应该重点对残疾程度重的儿童的父母进行视力障碍儿童独立行走能力的指导，以提高他们的期望。

尽管父母之间差异不显著，但父亲正确期望的比例（47.7%）高于母亲（45.4%），不正确期望的比例（42.8%）低于母亲（45.4%），这可能和父亲的男人性格，即更易放手让孩子活动有关。但不管原因如何，都说明母亲比父亲更需要指导，并使母亲放手让孩子独立行走。

不同学历层次的父母之间差异不显著，总体趋势不明显。

不同收入层次的父母之间差异不显著，总体趋势不明显。

总体而言，父母对视力障碍儿童独立行走的期望过低，仅有46.2%的父母认为他们能独立行走。残疾程度越重，期望越低，母亲比父亲的期望低，需要对这些期望低的父母进行视障儿童特点的知识指导。

表2-2-11　不同残疾程度的儿童的父母对孩子能独立户外行走的认知（人数、百分比）

	一级	二级	三级	四级	合计
是	176_a（42.7）	67_a（48.9）	27_a（54.0）	21_a（63.6）	291（46.1）
不是	195_a（47.3）	60_a（43.8）	18_a（36.0）	11_a（33.3）	284（44.9）
不知道	41_a（10.0）	10_a（7.3）	5_a（10.0）	1_a（3.1）	57（9.0）
合计	412（100.0）	137（100.0）	50（100.0）	33（100.0）	632（100.0）

注：$\chi^2 = 8.979$，df = 6，Sig.（双侧）= 0.175

3. 父母对孩子工作类别的期望

传统上，中国盲教育的出路主要在盲人按摩上，即盲生毕业后大多从事按摩的工作。实际上，从能力来看，盲人能够从事的工作很多，并不仅仅限于按摩上。为了考察视力障碍儿童的父母们对孩子工作能力的认知，研究设置了"视力障碍的孩子将来可以从事推拿、按摩以外的大多数工作"，结果660名父母中回答"同意"的421人，占总人数的63.8%；回答"不同意"的108人，占总人数的 16.4%；回答"说不好"的 131 人，占总人数的 19.8%。

有没有能力工作和能否实际工作不是一个维度的问题。有没有能力是从儿童本身的特点或自身素养来看，能否实际工作和多个外部条件有关系，如和有无相应的法律、政策、文化氛围、社会无障碍的程度如何等有关。本研究的问题仅仅是从视力障碍儿童的能力本身来看父母的期望，没有涉及现实条件。因此，回答"同意"才是正确的。从父母的回答看，父母的正确期望还是低了，尽管有 63.8% 的家长认为视力障碍儿童能从事按摩以外的大多数工作，但终究是有 16.4% 的父母"不同意"，19.8% 的父母"说不好"，合计超过 1/3。也就是说，还有 1/3 的视力障碍儿童的父母需要明确：孩子的职业范围很广，并非只能从事按摩的工作。

检验发现，不同残疾程度的儿童的父母之间差异不显著，也没有明显的趋势，说明父母对孩子工作类别的期望未受孩子残疾程度的影响。

父母之间差异不显著，但是父亲同意的比例（61.7%）低于母亲（64.8%），说明父亲比母亲对孩子的工作多类别更没有信心，这也能从父亲"不同意"的比例和"说不好"的比例（17.1%、21.1%）高于母亲的比例中（16.0%、19.2%）发现。

不同学历层次的父母之间差异不显著，也没有明显的趋势。

不同收入层次的父母之间差异不显著，总体趋势不明显。

总体而言，多数父母同意视力障碍儿童的工作类别是多样的，不仅仅限于按摩，母亲比父亲的期望高。但部分父母仍需要指导，以提高他们对视力障碍儿童工作多样性的期望。

概括而言，父母对视力障碍儿童的期望过低，表现为仅有 46.2% 父母认为他们能独立行走，仅有 58.0% 的父母认为孩子能够独立进行做饭、刷碗、洗衣服，63.8% 的父母认为孩子可以从事多种类别的工作，反映了要对父母进行孩子方向辨别和定向行走、独立生活能力与工作多样化的知识指导，以提高父母的期望。

（四）父母对视力障碍儿童教育工具的认知

对于全盲的儿童而言，盲文和盲文写字板、写字笔是必要的学习工具。对家长而言，盲文就是重要的教育工具。为了考察父母——主要是全盲儿童父母对教育工具的掌握情况，本研究设计了一个问题，就是"我懂盲文"，结果发现：

660 名父母中回答"是"的 73 人（11.1%），回答"不是"的 550 人

（83.3%），回答"不知道"的37人（5.6%）。

从数据来看，父母们懂盲文的比例并不高，这和超过60%的家庭的孩子是一级视力残疾而这些一级视力残疾的孩子往往需要盲文的现实情况比较，就更显懂盲文的比例小。

检验发现，不同残疾程度的儿童的父母之间差异显著，主要表现在懂盲文的一级残疾的儿童的父母（14.1%）高于其他级别而且显著高于三级残疾（0.0%），一级残疾的儿童的父母不懂盲文的比例（80.8%）低于其他级别而且显著低于三级残疾儿童的父母（96.0%），说明一级残疾儿童的父母懂盲文的多。但除三级残疾外，二级、四级残疾儿童的父母也有懂盲文的（表2-2-12），反而显示一些全盲的一级残疾的视力障碍儿童的父母不如非全盲的儿童的父母有更高地掌握教育工具的积极性。也就提示要教育一级视力障碍儿童的父母尤其是全盲儿童的父母掌握盲文。

表2-2-12　不同残疾程度的儿童的父母懂盲文的比例（人数、百分比）

	一级	二级	三级	四级	合计
是	58_a（14.1）	$11_{a,b}$（8.0）	0_b（0.0）	$2_{a,b}$（6.1）	71（11.2）
不是	333_a（80.8）	$115_{a,b}$（84.0）	48_b（96.0）	$30_{a,b}$（90.9）	526（83.2）
不知道	21_a（5.1）	11_a（8.0）	2_a（4.0）	1_a（3.0）	35（5.6）
合计	412（100.0）	137（100.0）	50（100.0）	33（100.0）	632（100.0）

注：$\chi^2 = 19.953$，df=6，Sig.（双侧）= 0.003

父母之间差异显著，但差异主要表现在不知道上，其他差异不显著，只提示父亲比母亲更应该接受盲文的指导（表2-2-13）。

表2-2-13　父母对盲文的比例（人数、百分比）

	父亲	母亲	合计
是	24_a（10.8）	49_a（11.2）	73（11.1）
不是	178_a（80.2）	372_a（84.9）	550（83.3）
不知道	20_a（9.0）	17_b（3.9）	37（5.6）
合计	222（100.0）	438（100.0）	660（100.0）

注：$\chi^2 = 7.328$，df=2，Sig.（双侧）= 0.026

不同学历层次的父母之间差异显著，但各交叉项之间无显著差异项，只是显示高中以上学历的父母掌握盲文的比例高于大专和本科及以上者（表2-2-14），意义不明显。

不同收入层次的父母之间差异不显著，也没有明显的趋势。

总体而言，视力障碍儿童的父母懂盲文的比例较低，对比一级视力残疾占样本的60%以上，尚有50%的父母需要懂盲文，只有如此，才能更好地开展家庭教育。

（五）视力障碍儿童父母的教育方法

本部分中父母使用的教育方法和其他四类儿童的父母调查的方法是一致的，主要分成三个部分，包括正强化的方法（表扬）、惩罚的方法（批评、骂人、打人）和塑造（鼓励）的方法。

1. 父母正强化方法的使用

660名父母在回答"我教育视障孩子时用表扬的方法"时，回答"经常用"的363人（55.0%），回答"偶尔用"的267人（40.5%），回答"没用过"的30人（4.5%）。

数据显示，在视力障碍儿童的家庭教育中，经常用表扬的比例仅仅超过一半，比发展障碍儿童的父母经常使用的比例低。这是否和视力障碍本身没有智力问题有关，孩子更能明事理，只要说明事理就可以教育？还是和视力障碍的孩子多是住校生有关，父母和孩子不是天天接触，从而减少了表扬的使用频率？这需要进一步研究。总体上看，视力障碍儿童的父母应该适当多使用表扬的方法，尤其是那些主张不用表扬的父母，要认识到表扬的价值并恰当使用表扬。

检验表明，不同残疾程度的儿童的父母之间差异不显著，也没有明显的趋势。

父母之间的差异显著，主要表现在"经常用"上父亲（58.1%）高于母亲（53.4%），在"偶尔用"上父亲（34.2%）显著低于母亲（43.6%），在"没用过"上父亲（7.7%）显著高于母亲（3.0%），为什么会出现这种矛盾的结果，需要进一步研究（表2-2-15）。可能的情况是，部分父亲主张经常用表扬，部分父亲主张不用表扬。

不同学历层次的父母之间差异显著，主要表现在"经常用"上学历越高使用的比例越高，而且小学或以下（45.9%）、初中（49.5%）"经常用"的显著低于本科及以上（72.8%）；"偶尔用"上小学或以下学历（48.7%）显著高于本科及以上学历（27.2%），大专及以上者没人拒绝使用表扬（表2-2-16）。因此，学历越高的家长越主张经常使用表扬。

表 2-2-14　不同学历的父母懂盲文的比例（人数、百分比）

	小学或以下	初中	高中或中专	大专	本科及以上	合计
是	8_a (7.2)	22_a (8.1)	21_a (16.2)	8_a (12.7)	13_a (16.1)	72 (11.0)
不是	95_a (85.6)	234_a (85.7)	101_a (77.7)	55_a (87.3)	64_a (79.0)	549 (83.4)
不知道	8_a (7.2)	17_a (6.2)	8_a (6.1)	0_a (0.0)	4_a (4.9)	37 (5.6)
合计	111 (100.0)	273 (100.0)	130 (100.0)	63 (100.0)	81 (100.0)	658 (100.0)

注：$\chi^2 = 17.465$，df = 8，Sig.（双侧）= 0.026

表 2-2-15　父母使用表扬的频率比较（人数、百分比）

	父亲	母亲	合计
经常用	129_a (58.1)	234_a (53.4)	363 (55.0)
偶尔用	76_a (34.2)	191_b (43.6)	267 (40.5)
没用过	17_a (7.7)	13_b (3.0)	30 (4.5)
合计	222 (100.0)	438 (100.0)	660 (100.0)

注：$\chi^2 = 10.915$，df = 2，Sig.（双侧）= 0.004

不同收入层次的父母之间差异不显著，但收入层次越高的父母经常使用表扬的比例越高，偶尔用的比例越低（表2-2-17），表现了与学历高一样的趋势。

总体而言，55.0%的障碍儿童的父母经常使用表扬这种正强化的方法，父亲比母亲经常使用的比例高；学历越高、收入层次越高的父母经常使用的比例越大；部分父母没用过表扬的方法。

2. 父母惩罚方法的使用

（1）视力障碍儿童父母批评方法的使用

660名父母在回答"我教育视障孩子时用批评的方法"时，回答"经常用"的67人（10.1%），回答"偶尔用"的504人（76.4%），回答"没用过"的89人（13.5%）。

数据显示，视力障碍儿童的父母经常使用批评的比例并不高，还低于没用过的比例。从批评的功能来看，作为一种惩罚的方法，经常使用会影响使用的效果。用什么方法要看儿童行为的性质和行为的量，甚至要根据教育目的选择教育方法，不能一概否定批评的作用。相反，偶尔使用一下批评会增强教育的效果。

检验发现，不同残疾程度的儿童的父母之间差异不显著，也没有明显趋势。

父母之间差异不显著，但父亲经常用批评的比例（12.2%）高于母亲（9.1%），偶尔用的比例（71.6%）低于母亲（78.8%），"没用过"的比例（16.2%）高于母亲（12.1%），总体趋势不明显。

不同学历层次的父母之间差异显著，主要表现为偶尔用上小学或以下学历的父母（64.0%）显著低于高中或中专（84.6%）和本科及以上学历者（87.7%），没用过上小学或以下学历的父母（22.5%）显著高于高中或中专（6.2%）和本科及以上学历者（4.9%），显示了最低学历的父母要么经常用批评的比例最高，要么没用过的比例最高这样的极端现象（表2-2-18），也就说明了这部分家长需要教育方法的指导。

不同收入层次的父母之间差异显著，但总体趋势不明显。

总体而言，视力障碍儿童的父母经常使用批评的比例不高（10.1%），大多数父母（76.4%）偶尔用一下，没用过的父母的比例为13.5%，应该对父母进行批评方法使用的指导，有时必要的批评是有必要的。

（2）视力障碍儿童父母骂人方法的使用

660名父母在回答"我教育视障孩子时用骂人的方法"时，回答"经常用"的16人（2.4%），回答"偶尔用"的208人（31.5%），回答"没用过"的436人（66.1%）。

表 2-2-16 不同学历的父母使用表扬的频率比较（人数、百分比）

	小学或以下	初中	高中或中专	大专	本科及以上	合计
经常用	51$_a$ (45.9)	135$_a$ (49.5)	78$_{a,b}$ (60.0)	40$_{a,b}$ (63.5)	59$_b$ (72.8)	363 (55.2)
偶尔用	54$_a$ (48.7)	120$_{a,b}$ (43.9)	47$_{a,b}$ (36.2)	23$_{a,b}$ (36.5)	22$_b$ (27.2)	266 (40.4)
没用过	6$_a$ (5.4)	18$_a$ (6.6)	5$_a$ (3.8)	0$_a$ (0.0)	0$_a$ (0.0)	29 (4.4)
合计	111 (100.0)	273 (100.0)	130 (100.0)	63 (100.0)	81 (100.0)	658 (100.0)

注：$x^2 = 31.938$，df=8，Sig.（双侧）= 0.000

表 2-2-17 不同收入层次的父母使用表扬的频率比较（人数、百分比）

	收入为 0 或负	1—1.5 万	1.5 万—6 万	6 万—12 万	12 万及以上	合计
经常用	44$_a$ (50.6)	97$_a$ (52.4)	151$_a$ (54.5)	50$_a$ (64.9)	20$_a$ (69.0)	362 (55.3)
偶尔用	40$_a$ (46.0)	76$_a$ (41.1)	113$_a$ (40.8)	25$_a$ (32.5)	9$_a$ (31.0)	263 (40.1)
没用过	3$_a$ (3.4)	12$_a$ (6.5)	13$_a$ (4.7)	2$_a$ (2.6)	0$_a$ (0.0)	30 (4.6)
合计	87 (100.0)	185 (100.0)	277 (100.0)	77 (100.0)	29 (100.0)	655 (100.0)

注：$x^2 = 10.451$，df=8，Sig.（双侧）= 0.235

数据表明，视力障碍儿童的父母很少经常使用骂人的方法，没用过的比例达到了66.1%，不到1/3的父母（31.5%）偶尔用一下，这应该符合现实情况。视力障碍儿童和智力障碍、孤独症儿童比起来，异常行为少，很少会引起父母的愤怒，在这种情况下批评、骂人的方法自然用得少。

检验发现，不同残疾程度的儿童的父母差异不显著，也没有明显的趋势。

父母之间使用骂人的选择差异显著①，父亲经常用（4.5%）的比例显著高于母亲（1.4%），但经常用的总体比例过低，显著差异的现实意义不大。

不同学历层次的父母之间差异不显著，也没有明显的趋势。

不同收入层次的父母之间差异显著②，但是显著差异主要体现在"经常用"的父母上，因经常用的总体比例太低，统计差异显著的实际意义不明显。

总体而言，视力障碍儿童的父母很少经常使用骂人的方法，没用过的比例达到66.1%，基本符合骂人方法的使用特性。

（3）视力障碍儿童父母打人方法的使用

660名父母在回答"我教育视障孩子时用打人的方法"时，回答"经常用"的14人（2.1%），回答"偶尔用"的193人（29.3%），回答"没用过"的453人（68.6%）。

数据显示，视力障碍儿童的父母经常使用打人方法的很少，打人不是父母们经常使用的方法。与前述一致，这可能和视力障碍孩子并非如智力障碍、孤独症儿童那样有能引起父母生气的行为，进而采取暴力的教育方法有关系。也可能和大家认识到打人方法实际上不是不能用，作为一种强烈的惩罚方法，必要时是可以使用的，这可能就是接近30%的父母偶尔使用的现实基础。应该承认，对于一些危险行为，强烈的惩罚——比如打人的方法，对避免危险的发生具有作用。

检验发现，不同残疾程度的儿童的父母选择的差异不显著，也没有明显的趋势。

父母之间差异不显著、不同学历层次的父母之间差异不显著、不同收入层次的父母之间差异不显著，而且均无明显趋势。

总体而言，视力障碍儿童的父母使用打人方法的较少，68.6%的父母没用过，说明大多数父母能正确使用教育的方法。

---

① $\chi^2 = 7.452$，df＝2，Sig.（双侧）＝0.024

② $\chi^2 = 21.770$，df＝8，Sig.（双侧）＝0.005

概括而言，视力障碍儿童的父母惩罚方法的使用频率合适，能结合惩罚方法的性质选择使用频率，表现为较少经常使用批评的方法（10.1%），很少经常使用骂人的方法（2.4%）、打人的方法（2.1%），较少父母没用过批评（13.5%）、大多数父母没用过骂人（66.1%）和打人（68.6%）的方法。

3. 父母塑造方法的使用

本节的塑造方法实际上是指父母在教育孩子时使用鼓励的方法，即"我教育视障孩子时使用鼓励的方法"，与行为矫正中的塑造策略不完全一致。

结果是，660名父母中回答"经常用"的422人（63.9%），回答"偶尔用"的218人（33.0%），回答"没用过"的20人（3.1%）。

数据说明，大多数视力障碍儿童的父母，在教育孩子时经常使用鼓励的方法，没用过的比例很低，这符合基本的教育要求。

检验发现，不同残疾程度的儿童的父母之间差异不显著，但就经常使用鼓励而言，大致是残疾程度重的儿童的父母经常使用的比例高于残疾程度轻的儿童的父母（从一级残疾到四级残疾经常用的比例依次是：66.3%、61.3%、54.0%、54.5%）。例如，全盲的孩子迈步走路怕磕磕碰碰，甚至怕摔倒，这时最好的方法是引导、鼓励，而非批评、骂人。

父母之间差异显著[1]，"没用过"的父亲（5.4%）显著高于母亲（1.8%），但因为没用过的总体比例很小，故这个统计学上的差异显著的实际意义不大。

不同学历层次的父母之间差异显著，就经常使用而言，学历越高，经常使用的比例越高，而且小学或以下学历者（53.2%）显著低于本科及以上者（79.0%）；学历越高，偶尔用或没用过的比例越低，而且小学或以下学历者（41.4%、5.4%）显著高于本科及以上者（21.0%、0），进一步说明学历越高经常使用鼓励的父母越多（表2-2-19），提示低学历父母应该更多地使用鼓励的方法。

不同收入层次的父母之间差异不显著，但收入层次越高的视障儿童的父母经常用鼓励的比例越高，偶尔用的比例越低，说明收入越高的父母越容易鼓励孩子（表2-2-20）。

总体而言，大多数父母经常使用鼓励的方法，学历越高、收入层次越高的父母，经常使用鼓励的比例越大，提示低学历、低收入层次的父母应该多使用鼓励。

---

[1]　$\chi^2 = 6.811$，df $= 2$，Sig.（双侧）$= 0.033$

表 2-2-18　不同学历的父母使用批评的频率比较（人数、百分比）

	小学或以下	初中	高中或中专	大专	本科及以上	合计
经常用	15_a（13.5）	27_a（9.9）	12_a（9.2）	7_a（11.1）	6_a（7.4）	67（10.2）
偶尔用	71_a（64.0）	$202_{a,b}$（74.0）	110_b（84.6）	$49_{a,b}$（77.8）	71_b（87.7）	503（76.4）
没用过	25_a（22.5）	$44_{a,b}$（16.1）	8_b（6.2）	$7_{a,b}$（11.1）	4_b（4.9）	88（13.4）
合计	111（100.0）	273（100.0）	130（100.0）	63（100.0）	81（100.0）	658（100.0）

注：$\chi^2 = 25.073$，df = 8，Sig.（双侧）= 0.002

表 2-2-19　不同学历的父母使用鼓励方法的频率比较（人数、百分比）

	小学或以下	初中	高中或中专	大专	本科及以上	合计
经常用	59_a（53.2）	$163_{a,b}$（59.7）	$87_{a,b,c}$（66.9）	$48_{b,c}$（76.2）	64_c（79.0）	421（64.0）
偶尔用	46_a（41.4）	$101_{a,b}$（37.0）	$39_{a,b}$（30.0）	$15_{a,b}$（23.8）	17_b（21.0）	218（33.1）
没用过	6_a（5.4）	9_a（3.3）	4_a（3.1）	0_a（0.0）	0_a（0.0）	19（2.9）
合计	111（100.0）	273（100.0）	130（100.0）	63（100.0）	81（100.0）	658（100.0）

注：$\chi^2 = 27.298$，df = 8，Sig.（双侧）= 0.001

表 2-2-20 不同收入层次的父母使用鼓励方法的频率比较（人数、百分比）

	收入为0或负	1—1.5 万	1.5 万—6 万	6 万—12 万	12 万及以上	合计
经常用	50ₐ (57.5)	113ₐ (61.1)	172ₐ (62.1)	60ₐ (77.9)	23ₐ (79.3)	418 (63.8)
偶尔用	35ₐ (40.2)	61ₐ (33.0)	98ₐ (35.4)	17ₐ (22.1)	6ₐ (20.7)	217 (33.1)
没用过	2ₐ (2.3)	11ₐ (5.9)	7ₐ (2.5)	0ₐ (0.0)	0ₐ (0.0)	20 (3.1)
合计	87 (100.0)	185 (100.0)	277 (100.0)	77 (100.0)	29 (100.0)	655 (100.0)

注：$\chi^2 = 21.489$，$df = 8$，Sig.（双侧）$= 0.006$

概括而言，在教育方法的使用上，大多数父母符合基本的要求。主要表现为视力障碍儿童的父母较多地使用以表扬为代表的正强化方法和以鼓励为代表的塑造方法，经常使用表扬的比例达到 55.0%，经常使用鼓励的比例达到 63.9%；同时，惩罚方法的经常使用频率很低，表现为较少使用批评的方法（10.1%），很少使用骂人（2.4%）和打人的方法（2.1%），较少父母没用过批评（13.5%）、大多数父母没用过骂人（66.1%）和打人（68.6%）的方法。

五、研究结论

（一）父母的教育态度大致端正

视力障碍儿童和脑瘫儿童一样，因为行动受限，往往会心生怜悯，不自觉地对他们产生溺爱的心态，进而对其教育的行为就可能会产生偏差。但数据显示，660 名视力障碍儿童的父母大多数不是由着孩子（84.7%），而且夫妻在教育的一致性上基本是同步的（86.5%），这是很难得的。当然，仍旧有一些父母需要进行教育态度的指导，尤其是那些比母亲更溺爱孩子的父亲以及未读大学的溺爱孩子的父母更需要教育指导。

（二）父母有较高的教育方法的素养

本研究中选择的教育方法是家庭教育中经常被提及的方法，既包括了正强化的方法，又包括了惩罚的方法，还包括了塑造的方法。从视力障碍儿童父母的回答看，他们有合格的教育素养。表现在他们较多地使用以表扬为代表的正强化方法和以鼓励为代表的塑造方法，经常使用表扬的比例达到 55.0%，经常使用鼓励的比例达到 63.9%；同时，惩罚方法的经常使用频率很低，表现为较少使用批评的方法（10.1%），很少使用骂人（2.4%）和打人的方法（2.1%）。

（三）父母缺乏教育工具的知识

视力障碍尤其是全盲的视力障碍儿童，盲文以及盲文写字板、写字笔和书写是重要的学习载体或工具，合格的父母开展合格的家庭教育尤其是指导孩子的文化学习时，是离不开盲文的使用的。样本中一级视力残疾的比例超过了 60%，但是懂盲文的父母仅有 11.1%，与 60% 对比时，尚有 50% 的父母需要掌握盲文才能更好地辅导孩子的文化课。

提醒要给视力障碍儿童的父母尤其是全盲儿童的父母提供教育工具知识的培训，如盲文的培训等。

（四）父母缺乏视力障碍儿童身心特点的知识

从调查结果看，660 名视力障碍儿童的父母缺少视力障碍儿童视力特点和盲像特点的正确认知，这是视障儿童的基本的身心特点的内容。与是否有残存视力和损伤的部位、程度、原因都有关系，尽管更多地和生理相关，但后天的环境也很重要。盲像则是一个和后天关系密切的问题，只要教育得当，盲像就会消除。

因此，调查提示要给予视力障碍儿童的家长最基本的视障儿童身心特点的知识培训。

（五）父母对视力障碍儿童的期望过低

所有的视力障碍者能够生活自理——独立做饭、刷碗、洗衣服，能够走出去，能够从事一份包括按摩在内的各种工作，是视力障碍教育的基本目标之一，或者说独立生活、独立行走和工作是视力障碍者的必备能力。但是，样本中的父母对他们的期望不高，表现为仅有 46.2%父母认为他们能独立行走，仅有 58.0%的父母认为孩子能够独立进行做饭、刷碗、洗衣服，63.8%的父母认为孩子可以从事多种类别的工作。之所以会出现这种对孩子不高的期望，可能和父母不了解孩子的能力有关系，而这又和教育支持不到位有关系；同时，可能和学校教育尤其是和盲校的课程设置有关系，如要开设盲生的方向辨别和定向行走等有关系。当然，真正实现盲生的独立生活、独立行走和工作，也需要整个社会来配合。

第三章

听力障碍儿童父母的教育需求研究

第一节　听力障碍儿童家庭教育支持的需求研究

一、研究的方法与过程

本章研究的方法与过程同第二章第一节。

二、本节研究的内容

本节研究的内容共分为三个部分。

一是听力障碍儿童父母过去的行为，包括他们回溯过去发生的行为和过去应该的行为（问卷第13、14题，见附录一，下同）并通过这些行为或对策探讨家长在儿童出生后需要什么支持，尤其是需要什么样的教育支持。

二是过去对听力障碍儿童父母的支持状况，包括回溯过去的教育支持经历（问卷第12题）、由现在看过去是否需要教育支持（问卷第15、16题）、需要什么样的教育支持（问卷第17题），来探讨听力障碍家庭教育支持的一般对策。

三是当下听力障碍儿童的父母是否还需要教育支持（问卷第19题）、需要什么样的教育支持（问卷第20、21题）。

三、样本基本情况

课题组于2020年3月17日至4月15日对全国16个省区市的37所盲、聋、培智学校或特殊教育学校的学前、义务教育阶段的所有学生家长统一用问卷星（问卷调查平台）进行了调查，其中涉及听力障碍儿童的学校有30所，最后得到听力障碍儿童的父母问卷共1832份问卷，包含1777个家庭，1831名听力障碍儿童。有55个家庭是父母双方都填写了问卷，而孩子的基本信息只统计一次；50份问卷中，46个家庭有两个听障儿童、4个家庭有三个听障儿童，故各有两个、三个孩子的性别、年龄信息。

在1832份问卷中，父母1690份，爷爷奶奶33份，外公外婆5份，其他亲戚104份。

在1690份父母问卷中，父亲593人，母亲1097人；年龄29岁及以下的46人，30—39岁的570人，40—49岁的706人，50—59岁的167人，60岁及以上的12人，189人不想透露年龄信息，年龄主要是在30—49岁；父母的学历分布以高中以下为主，小学或以下457人，初中806人，高中或中专276人，大专88人，本科46人，研究生7人，10人不想透露学历信息；父母的年收入主要在1.5万—6万，收入为负的2人，为0的221人，1—1.5万的622人，1.5万—6万的744人，6万—12万的71人，12万及以上的15人，15人不想透露收入信息（表3-1-1）。

表3-1-1　听力障碍儿童父母的基本信息

项目		人数（人）	百分比（%）
亲子关系	父亲	593	35.1
	母亲	1097	64.9
合计		1690	100.0
年龄段	29岁及以下	46	2.7
	30—39岁	570	33.7
	40—49岁	706	41.8
	50—59岁	167	9.9
	60岁及以上	12	0.7
	不想透露年龄	189	11.2
合计		1690	100.0
学历	小学或以下	457	27.1
	初中	806	47.7
	高中或中专	276	16.3
	大专	88	5.2
	本科	46	2.7
	研究生	7	0.4
	不想透露学历	10	0.6
合计		1690	100.0

续表

项目		人数（人）	百分比（%）
家长收入	收入为负	2	0.1
	收入为0	221	13.1
	1—1.5万	622	36.8
	1.5万—6万	744	44.0
	6万—12万	71	4.2
	12万及以上	15	0.9
	不想透露收入	15	0.9
合计		1690	100.0

1690名父母对应的儿童1683名，年龄主要在7—18岁；对应的1635个家庭中，有残疾证的1588个，无残疾证的47个，其中，一级残疾证1163个、二级残疾证270个、三级残疾证88个、四级残疾证27个、不知道的74个、不能确定残疾级别的13个（表3-1-2）。

表3-1-2 听力障碍儿童的基本信息

项目		人数（人）	百分比（%）
男女比例	男	886	52.6
	女	754	44.8
	性别缺失	43	2.6
合计		1683	100.0
年龄段	6岁及以下	92	5.5
	7—12岁	482	28.6
	13—18岁	881	52.4
	19岁及以上	187	11.1
	年龄缺失	41	2.4
合计		1683	100.0
残疾证	有	1588	97.1
	没有	47	2.9
合计		1635	100.0

续表

项目		人数（人）	百分比（%）
残疾程度	一级	1163	71.1
	二级	270	16.5
	三级	88	5.4
	四级	27	1.7
	不知道	74	4.5
	不确定	13	0.8
合计		1635	100.0

四、研究的结果与分析

（一）听力障碍儿童的父母过去对孩子的行为

在听力障碍儿童中，无论是感音性聋，还是传导性聋，在发病之初都可以进行传统的医学干预，包括佩戴助听器、填埋电子耳蜗等。当然，医学的结束就是教育的开始，助听器佩戴和耳蜗填埋之后，需要的是艰苦的语言训练。所以，从父母对孩子过去的对策能看出父母是否需要教育支持。

1. 是否对听力障碍孩子进行过治疗

1624个家庭①在回答"您的孩子上机构以前，去医院治疗过吗"时，回答"治疗过"的家庭1204个，占74.1%；回答"没有"的家庭364个，占22.4%；回答"不记得了"的家庭56个，占3.5%。

实际上，无论是传导性聋、感音性聋还是混合聋，只要不是皮层聋，20多年来，国内的医学都可以在听力损失或者听觉系统的干预上有所作为。然而，遗憾的是，超过20%的家庭并没有给孩子进行过治疗，这显然是不妥的。

检验发现，不同残疾程度的孩子的家庭是否给孩子治疗过差异不显著，即治疗或者没有治疗与一级残疾、二级残疾、三级残疾、四级残疾没有统计学的差异（因为篇幅的限制，具体数据不再呈现）。这说明听力障碍儿童的家庭需要相应的干预指导。

---

① 本数据是以家庭为单位的，1624是家庭总数。在1690份父母问卷中，44个家庭的88份问卷是夫妻双方都填写且内容一致，按一个家庭，即44个家庭计算；11个家庭的22份问卷是夫妻均填写了问卷，但内容不统一，不予统计。

2. 过去对听力障碍儿童最应该的对策

1690 名听障儿童的父母在回答"现在回想起来，您知道孩子有问题时，当时最应该做的事儿是什么"时，回答"医学或医院治疗"的 459 人，占 27.1%；回答"教育"的 179 人，占 10.6%；回答"治疗加教育"的 956 人，占 56.6%；回答"说不好"的 96 人，占 5.7%。

从前述家庭是否给孩子进行过治疗的分析可以发现，对于听力损失儿童而言，不管是原发的先天听力损失还是语前获得性听力损失，最佳的对策是先进行医学干预，接着开始教育干预，也就是说，最佳对策是治疗加教育，这和智力障碍、孤独症、脑瘫儿童的干预有很大差别。

但从父母的回答来看，仅有 56.6% 的父母做了最佳选择，这也说明接近一半的听力障碍儿童的父母在发现孩子是听力损失后需要正确的对策指导。

当然，对于那些医学无法干预的儿童而言，最好的对策仍旧是教育。比如，那些没法填埋电子耳蜗或佩戴助听器效果也不好的儿童，最佳的对策当然是教育，但这也是医学检查后的措施。医学的结束便是特殊教育的开始。因此，认为最佳对策是医学干预的父母还需要清楚，医学手段一旦结束了，跟着的教育是必不可少的，否则，医学措施的效果就会大打折扣。

检验发现，不同残疾程度的听力障碍儿童的父母之间差异不显著，但是有两个明显的特点。一是就"教育"而言，儿童残疾程度越轻的父母选择最佳对策是教育的比例越高；二是就"治疗加教育"而言，儿童残疾程度越重的其家长选择的比例越高（表 3-1-3）。这实际上也反映了一个事实，听力损失 70 分贝以下（三级、四级残疾）的儿童，确实可以不需要明显的医学干预只要加强教育措施即可使儿童获得最佳发展；相反，听力损失 90 分贝以上的儿童，只有在医学和教育措施的双重作用下，才可能获得最佳发展。

父母之间差异显著，就"教育"而言，父亲（12.8%）显著高于母亲（9.4%）；就"治疗加教育"而言，父亲（52.1%）显著低于母亲（59.0%），说明父亲比母亲更倾向于教育是最佳对策（表 3-1-4）。

不同学历的父母之间差异显著，也有两个明显的特点。一是就"治疗加教育"而言，学历越高，选择的比例越高，而且小学或以下学历者（49.9%）、初中学历者（57.0%）显著低于本科及以上学历者（77.4%），反映学历越高的父母可能更懂得如何对自己的孩子采取最好的对策，这应该符合现实情况。因为学历越高，知识可能越多，就越能找到恰当的对策，或越能寻求帮助。二是就

"说不好"而言，小学或以下学历者（10.1%）选择它的比例高于其他学历者且显著高于大专（2.3%），反映学历越低的父母越不知道如何对待自己的孩子（表3-1-5），也说明这些人最需要教育指导。

表3-1-3 不同残疾程度的儿童的父母回想过去最应该的对策比较（人数、百分数）

	一级	二级	三级、四级	合计
医学或医院治疗	320_a（26.8）	82_a（29.4）	27_a（23.5）	429（27.0）
教育	113_a（9.4）	31_a（11.1）	17_a（14.8）	161（10.1）
治疗加教育	700_a（58.6）	152_a（54.5）	62_a（53.9）	914（57.5）
说不好	62_a（5.2）	14_a（5.0）	9_a（7.8）	85（5.4）
合计	1195（100.0）	279（100.0）	115（100.0）	1589（100.0）

注：①101名父母不知道或父母双方不确定孩子的残疾程度，故总数为1589份，下同。

②$\chi^2=6.773$，df=6，Sig.（双侧）=0.342

③表中a、b、c代表多个列之间两两比较的显著性水平，数字后标记的字母相同则表示对应的两组数据无差异，字母不同的则表示差异有统计学意义，下同。

表3-1-4 父母对过去最应该的对策比较（人数、百分数）

	父亲	母亲	合计
医学或医院治疗	171_a（28.8）	288_a（26.2）	459（27.1）
教育	76_a（12.8）	103_b（9.4）	179（10.6）
治疗加教育	309_a（52.1）	647_b（59.0）	956（56.6）
说不好	37_a（6.3）	59_a（5.4）	96（5.7）
合计	593（100.0）	1097（100.0）	1690（100.0）

注：$\chi^2=8.929$，df=3，Sig.（双侧）=0.030

不同收入层次的父母之间差异显著。主要表现在收入0或负数的父母选择治疗加教育的比例（62.8%）显著高于收入1—1.5万的父母（52.3%），其他各项趋势不明显（表3-1-6）。为什么收入最低的父母反而更强调治疗加教育需要进一步研究。

总体而言，超过半数的听力障碍儿童的父母选择当孩子检查出有听力障碍时的最佳对策是治疗加教育，毫无疑问，这种做法是最恰当的。

表 3-1-5 不同学历的父母回想过去最应该的对策比较（人数、百分数）

	小学或以下	初中	高中或中专	大专	本科及以上	合计
医学或医院治疗	127$_a$ (27.7)	234$_a$ (29.0)	73$_a$ (26.5)	20$_{a, b}$ (22.7)	4$_b$ (7.5)	458 (27.3)
教育	56$_a$ (12.3)	87$_a$ (10.8)	23$_a$ (8.3)	8$_a$ (9.1)	4$_a$ (7.5)	178 (10.5)
治疗加教育	228$_a$ (49.9)	459$_a$ (57.0)	166$_{a, b}$ (60.1)	58$_{a, b}$ (65.9)	41$_b$ (77.4)	952 (56.7)
说不好	46$_a$ (10.1)	26$_b$ (3.2)	14$_{a, b}$ (5.1)	2$_{a, b}$ (2.3)	4$_{a, b}$ (7.5)	92 (5.5)
合计	457 (100.0)	806 (100.0)	276 (100.0)	88 (100.0)	53 (99.9①)	1680 (100.0)

注：①有 10 位父母不想透露学历信息，故总人数为 1680 人且本科及以上学历合并统计，下同。
②χ²=50.346, df=12, Sig.（双侧）=0.000

表 3-1-6 不同收入层次的父母回想过去最应该的对策比较（人数、百分数）

	收入为 0 或负	1—1.5 万	1.5 万—6 万	6 万及以上	合计
医学或医院治疗	60$_a$ (26.9)	168$_a$ (27.0)	207$_a$ (27.8)	22$_a$ (25.5)	457 (27.3)
教育	16$_a$ (7.2)	83$_a$ (13.3)	69$_a$ (9.3)	8$_a$ (9.3)	176 (10.5)
治疗加教育	140$_a$ (62.8)	325$_b$ (52.3)	429$_{a, b}$ (57.7)	55$_{a, b}$ (64.0)	949 (56.6)
说不好	7$_a$ (3.1)	46$_a$ (7.4)	39$_a$ (5.2)	1$_a$ (1.2)	93 (5.6)
合计	223 (100.0)	622 (100.0)	744 (100.0)	86 (100.0)	1675 (100.0)

注：①有 25 人不想透露自己的收入信息，故总人数为 1675 人，下同。
②χ²=23.784, df=9, Sig.（双侧）=0.005

① 数据矫正后仍旧不是 100.0%，特此说明。

概括来看,大多数家庭为听力障碍儿童做过治疗,但回顾当时的最佳对策时,仅有一半多一点的父母选择了治疗加教育。

(二) 听力障碍儿童的父母接受教育支持的经历和过去的教育支持需要

1. 听力障碍儿童的父母接受教育支持的经历

尽管听力障碍儿童的家庭给儿童治疗的比例很高,但父母接受教育指导的比例并不高。父母在回答"您的孩子上机构或上学以前,有人告诉过您孩子该怎么教育吗"时,1690人中,回答"有"的790人,仅占46.8%;回答"没有"的707人,占41.8%;回答"不记得了"的193人,占11.4%。

听障儿童的父母在孩子读书前接受教育指导的比例尽管高于视障儿童的父母,但仍不足一半,这就容易理解为什么国内语前聋的许多听力障碍者的口语能力较差了。父母缺少教育指导,就很难自觉地在家庭中利用日常生活的场景对孩子开展有效的言语训练。

检验发现,不同残疾程度的听力障碍儿童的父母之间差异不显著,也没有明显趋势,数据不再呈现。

父母之间差异显著 (表 3-1-7)。父亲有过教育指导的比例 (48.4%) 高于母亲 (45.9%);同时,父亲没有接受教育指导的比例 (37.4%) 则显著低于母亲 (44.2%),不记得了的父亲 (14.2%) 显著高于母亲 (9.9%),显示出父亲比母亲更多地寻求教育帮助,同时,一些父亲比母亲的记性差。

不同学历层次的父母之间差异显著,就有指导的父母而言,除本科及以上学历者外,学历越低接受教育指导的比例越低,而且小学或以下学历者 (39.4%) 显著低于高中或中专 (53.6%) 者。本科及以上学历的父母 (45.3%) 之所以低于大专 (53.4%)、高中或中专学历 (53.6%) 者,可能和高学历者自己能够获得支持有关。没有指导和不记得了两项选择没有明显趋势 (表 3-1-8)。

表 3-1-7 孩子上学前父母接受教育支持的比较 (人数、百分数)

	父亲	母亲	合计
有	287_a (48.4)	503_a (45.9)	790 (46.8)
没有	222_a (37.4)	485_b (44.2)	707 (41.8)
不记得了	84_a (14.2)	109_b (9.9)	193 (11.4)
合计	593 (100.0)	1097 (100.0)	1690 (100.0)

注:$\chi^2 = 10.785$, df = 2, Sig. (双侧) = 0.005

不同收入层次的父母之间差异显著，大致是收入越高的父母有教育指导的比例越高，而且收入 1—1.5 万的父母（42.1%）显著低于 1.5 万—6 万的父母（50.1%），这可能和收入越高越能投入经济寻求指导有关（表 3-1-9）。

总而言之，听力障碍的儿童的父母在孩子入学前有教育指导的不到一半（46.8%），父亲接受教育指导的比例高于母亲，学历越高接受教育指导的比例越高（本科及以上学历除外），收入越高的父母接受教育指导的比例越高。

2. 听力障碍儿童的父母过去是否需要教育支持

听力障碍儿童的父母在孩子确诊后，实际接受教育指导的比例不到一半。是他们没有需要还是有需要没有被满足呢？

（1）过去是否需要有人告诉怎么办

1690 名听力障碍儿童的父母在回答"现在回想起来，从您的孩子出生到知道孩子有问题时，是否需要有人告诉您孩子该怎么办"时，结果回答"是"的 1112 人，占 65.8%；回答"不是"的 285 人，占 16.9%；回答"忘记了"的 293 人，占 17.3%。

数据显示，听力障碍儿童的父母在知道孩子有听力损失时，需要告诉怎么办的比例并不高。或者说，样本中三级、四级听力障碍儿童的家庭合计不到 7%，即使这些听力损失较轻的儿童的家长不需要支持服务，但比例也达不到不需要的 16.9%。为什么会如此？是因为过去提供的服务满足不了父母的需求还是其他原因？从常理来看，因听力障碍早期干预的效果非常理想，父母应该有相应的需求才是。

检验发现，不同残疾程度的儿童的父母之间的选择差异不显著，但残疾程度越重的儿童的父母需要提供怎么办的比例越高，反之，不需要的比例越低。例如，一级听力残疾儿童的父母需要的占 68.0%，二级占 63.8%，三、四级则占 59.1%；而一级听力残疾儿童的父母不需要的占 15.7%，二级占 17.6%，三、四级占 24.4%，这反映听力残疾的程度是一个影响父母支持需求的因素（因篇幅限制，数据不再呈现）。

父母之间差异不显著，但大致上呈现母亲需要告诉怎么办的比例高于父亲，同时不需要的比例低于父亲（表 3-1-10），说明听力障碍儿童的母亲比父亲有更多的支持需求。

不同学历层次的父母之间差异显著，除本科及以上学历者外，学历越高，需要的比例越高，不需要的比例越低。就需要而言，小学或以下学历者（56.5%）显著低于初中（67.0%）、高中或中专（71.0%）、大专（79.6%）和本科及以上（77.4%）者，说明学历高低是决定需要与否的一个重要因素（表 3-1-11）。

表 3-1-8　孩子上学前不同学历的父母接受教育支持的比较（人数、百分数）

	小学或以下	初中	高中或中专	大专	本科及以上	合计
有	$180_{a, b}$ (39.4)	386_{b} (47.9)	148_{b} (53.6)	$47_{a, b}$ (53.4)	$24_{a, b}$ (45.3)	785 (46.7)
没有	209_{a} (45.7)	333_{a} (41.3)	100_{a} (36.2)	38_{a} (43.2)	24_{a} (45.3)	704 (41.9)
不记得了	68_{a} (14.9)	$87_{a, b}$ (10.8)	$28_{a, b}$ (10.2)	3_{b} (3.4)	$5_{a, b}$ (9.4)	191 (11.4)
合计	457 (100.0)	806 (100.0)	276 (100.0)	88 (100.0)	53 (100.0)	1680 (100.0)

注：$\chi^2 = 23.771$，df=8，Sig.（双侧）= 0.003

表 3-1-9　孩子上学前不同收入层次的父母接受教育支持的比较（人数、百分数）

	收入为0或负	1—1.5万	1.5万—6万	6万及以上	合计
有	$99_{a, b}$ (44.4)	262_{b} (42.1)	373_{a} (50.1)	$46_{a, b}$ (53.5)	780 (46.5)
没有	107_{a} (48.0)	274_{a} (44.1)	291_{a} (39.1)	31_{a} (36.0)	703 (42.0)
不记得了	17_{a} (7.6)	86_{a} (13.8)	80_{a} (10.8)	9_{a} (10.5)	192 (11.5)
合计	223 (100.0)	622 (100.0)	744 (100.0)	86 (100.0)	1675 (100.0)

注：$\chi^2 = 11.813$，df=6，Sig.（双侧）= 0.010

表3-1-10 听力障碍儿童父母当时需要支持的频率比较（人数、百分数）

	父亲	母亲	合计
是	382_a (64.4)	730_a (66.5)	1112 (65.8)
不是	93_a (15.7)	192_a (17.5)	285 (16.9)
忘记了	118_a (19.9)	175_b (16.0)	293 (17.3)
合计	593 (100.0)	1097 (100.0)	1690 (100.0)

注：$X^2 = 4.478$，df = 2，Sig.（双侧）= 0.107

不同收入层次的父母之间差异显著，其各项之间的显著性主要体现在"忘记了"选项上。但从"需要"选项看，除收入0或负数的父母外，其他三个收入段则体现收入越高，需要的比例越高（表3-1-12），说明收入越高的父母越可能有条件寻求帮助。

总体而言，听力障碍儿童的父母在回忆孩子从出生到知道孩子有听力障碍时，需要他人提供咨询支持的比例不到70%；残疾程度越重的儿童，其父母的需求越高，并且母亲比父亲的需求大；学历高的父母需求的比例越高；家庭收入越高，需要越大。

（2）过去是否需要有人帮助教育孩子

1690名听力障碍儿童的父母在回答"孩子出生后，在您的孩子上学或者去机构前，您需要有人帮您教育孩子吗"时，回答"需要"的1299人，占76.9%；"不需要"的243人，占14.4%；回答"说不好"的148人，占8.7%，说明大多数父母在当时需要教育帮助。

数据也显示，听力障碍儿童的父母在当时需要教育支持的比例高于一般支持的比例（65.8%），高出11.1个百分点。这可能和是否需要教育帮助明确具体父母容易选择，而笼统的怎么办不具体，父母也不好选择有关系；也可能与父母更多地对教育帮助有兴趣有关。实际上，怎么办包括医学措施，也包括教育措施。

检验发现，不同残疾程度的儿童的父母之间差异不显著，只是呈现一个微弱的趋势，就是残疾程度越重的父母需要教育帮助的比例越高，不需要的越低。如一级听力残疾儿童的父母需要的占77.9%，二级占77.8%，三级、四级占70.4%；一级听力残疾儿童的父母不需要的占13.8%，二级占13.6%，三级、四级占17.4%。

父母之间差异不显著，但听力障碍儿童的父亲需要教育支持的比例高于母亲，不需要的比例低于母亲，说明父亲更想寻求教育帮助。需要的父亲占79.4%，母亲占75.5%；不需要的父亲占11.6%，母亲占15.9%。

表3-1-11　不同学历的父母当时需要支持的比较（人数、百分数）

	小学或以下	初中	高中或中专	大专	本科及以上	合计
是	258a（56.5）	540b（67.0）	196b（71.0）	70b（79.6）	41b（77.4）	1105（65.8）
不是	96a（21.0）	128a（15.9）	43a（15.6）	9a（10.2）	7a（13.2）	283（26.8）
忘记了	103a（22.5）	138a,b（17.1）	37b（13.4）	9a,b（10.2）	5a,b（9.4）	292（17.4）
合计	457（100.0）	806（100.0）	276（100.0）	88（100.0）	53（100.0）	1680（100.0）

注：$\chi^2=33.149$，df=8，Sig.（双侧）=0.000

表3-1-12　不同收入层次的父母当时需要支持的比较（人数、百分数）

	收入为0或负	1—1.5万以内	1.5万—6万以内	6万及以上	合计
是	155a（69.5）	384a（61.7）	507a（68.1）	59a（68.6）	1105（66.0）
不是	41a（18.4）	110a（17.7）	116a（15.6）	16a（18.6）	283（16.9）
忘记了	27a（12.1）	128b（20.6）	121a,b（16.3）	11a,b（12.8）	287（17.1）
合计	223（100.0）	622（100.0）	744（100.0）	86（100.0）	1675（100.0）

注：$\chi^2=13.029$，df=6，Sig.（双侧）=0.043

不同学历层次的父母之间差异显著，主要表现在学历越高的父母需要的比例越高，而且小学或以下学历者（73.1%）显著低于本科及以上学历者（85.1%），学历是影响教育支持与否的重要因素（表3-1-13）。

不同收入层次的父母之间差异不显著，但收入为 0 或负数的父母需要教育支持的比例最高，达到80.3%，其他收入层次间无明显趋势。

总体而言，大多数听力障碍儿童的父母当时有教育支持的需要，听力残疾越重的儿童的父母需求越高，而且父亲比母亲的需求比例高；学历越高，需要的比例越高。

表3-1-13　不同学历的父母当时是否需要教育支持（人数、百分数）

	小学或以下	初中	高中或中专	大专、本科及以上	合计
需要	334_a（73.1）	$620_{a,b}$（76.9）	$218_{a,b}$（79.0）	120_b（85.1）	1292（76.9）
不需要	67_a（14.7）	123_a（15.3）	40_a（14.5）	12_a（8.5）	242（14.4）
说不好	56_a（12.3）	63_a（7.8）	18_a（6.5）	9_a（6.4）	146（8.7）
合计	457（100.0）	806（100.0）	276（100.0）	141（100.0）	1680（100.0）

注：$\chi^2 = 15.832$，df = 6，Sig.（双侧）= 0.015

（3）听力障碍儿童的父母当时需要的教育支持的内容

为了考察当时听力障碍儿童的父母们需要什么样的教育支持，也是为了对比孩子读书后父母需要的教育帮助的内容或方式是否有变化，本研究对那些需要教育帮助（教育支持）的父母，追问了需要哪些内容或形式的教育支持。

在1299位回答需要教育帮助的父母中，回答"有人告诉我怎么做就够了"的有341人，占26.3%；回答"有人定期来家里直接教孩子"的有96人，占7.4%；回答"有人告诉我怎么做同时来家里帮我教育孩子"的有685人，占52.7%；回答"说不好"的有177人，占13.6%（表3-1-14）。

对比发现，需要来家里直接教育孩子的比例最低，其次是"说不好"的父母，只告诉父母怎么做就好的位居第三，占26.3%，既需要指导又需要家教的父母比例最高，超过50%。

检验发现，不同残疾程度的儿童的父母在各选项上的差异不显著，也没有明显趋势。

父母之间的差异不显著，趋势亦不明显。

不同学历层次的父母之间总体差异显著而且有两个明显的趋势。一是就

"有人定期来家里直接教孩子"而言，学历越低需要的比例越高，反映低学历者可能缺乏教育听力障碍儿童的能力，也可能更缺少听力障碍儿童言语训练的能力；二是就"有人告诉我怎么做同时来家里帮我教育孩子"而言，学历越高，需要的比例越高，而且大专（64.8%）、本科及以上（69.6%）学历者显著高于小学或以下（45.2%）学历者，说明学历高的父母依然有较高的教育支持的需求（表3-1-15）。

表3-1-14 儿童入学前父母需要的教育支持内容

项目	人数（人）	百分比（%）
有人告诉我怎么做就够了	341	26.3
有人定期来家里直接教孩子	96	7.4
有人告诉我怎么做同时来家里帮我教育孩子	685	52.7
说不好	177	13.6
合计	1299	100.0

不同收入层次的父母之间差异显著，但差异主要表现在"有人定期来家里直接教孩子"的收入为 0 或负数者（2.8%）显著低于收入 1—1.5 万者（9.7%），其他项无显著差异的表现（表3-1-16）。

总体而言，听力障碍儿童的父母依然有较高的教育支持的需求，表现为超过一半的父母需要的是"家教加教育指导"的模式；学历越低的父母可能越不具备干预听力障碍儿童的能力。

综合各方面的数据，大多数听力障碍儿童的父母需要教育支持，其中需要教育支持的比例高于需要告诉怎么办的比例，需要教育帮助的人则主要是既需要告诉他们如何教育孩子又需要来家里帮助教育孩子，大大高于仅仅是告诉怎么教育孩子和来家里教孩子的比例。

（三）听力障碍儿童父母当下教育支持的愿望

前述已经看到听力障碍儿童的父母在孩子确认为听力障碍者后，多数父母还是需要支持或教育支持的。那孩子读书后还需要教育支持吗？需要什么样的教育支持？

1. 现在是否还需要他人帮助教育孩子

1690 名听力障碍儿童的父母在回答"您现在还需要他人帮助您教育孩子吗"时，回答"需要"的1279人，占75.7%；回答"不需要"的279人，占16.5%；回答"说不好"的132人，占7.8%。

表 3-1-15 不同学历的父母孩子入学前需要的教育支持内容（人数、百分数）

	小学或以下	初中	高中或中专	大专	本科及以上	合计
有人告诉我怎么做就够了	82$_a$ (24.5)	174$_a$ (28.1)	58$_a$ (26.6)	17$_a$ (23.0)	10$_a$ (21.7)	341 (26.4)
有人定期来家里直接教孩子	32$_a$ (9.6)	44$_a$ (7.1)	15$_a$ (6.9)	4$_a$ (5.4)	1$_a$ (2.2)	96 (7.4)
有人告诉我怎么做同时来家里帮我教育孩子	151$_a$ (45.2)	327$_{a,b}$ (52.7)	124$_{a,b}$ (56.9)	48$_b$ (64.8)	32$_b$ (69.6)	682 (52.8)
说不好	69$_a$ (20.7)	75$_b$ (12.1)	21$_b$ (9.6)	5$_b$ (6.8)	3$_{a,b}$ (6.5)	173 (13.4)
合计	334 (100.0)	620 (100.0)	218 (100.0)	74 (100.0)	46 (100.0)	1292 (100.0)

注：①1299 名选择需要的父母中，7 人不想透露学历信息，故总人数为 1292 人。
②x^2 = 34.993，df = 12，Sig.（双侧）= 0.000

表 3-1-16　不同收入层次的父母孩子入学前需要的教育支持内容（人数、百分数）

	收入为 0 或负	1—1.5 万	1.5 万—6 万	6 万及以上	合计
有人告诉我怎么做就够了	54a (30.2)	108a (23.4)	161a (27.7)	14a (20.8)	337 (26.1)
有人定期来家里直接教孩子	5a (2.8)	45b (9.7)	40a,b (6.9)	6a,b (9.0)	96 (7.4)
有人告诉我怎么做同时来家里帮我教育孩子	5a (54.7)	45b (52.8)	40a,b (50.8)	6a,b (64.2)	680 (52.8)
说不好	22a (12.3)	65a (14.1)	85a (14.6)	4a (6.0)	176 (13.7)
合计	179 (100.0)	462 (100.0)	581 (100.0)	67 (100.0)	1289 (100.0)

注：①1299 名选择需要的父母中有 10 人不想透露收入信息，故总人数为 1289 人。

②$\chi^2 = 20.529$, df = 9, Sig.（双侧）= 0.015

比较发现（表3-1-17），现在需要教育支持的父母少于过去需要的父母，是因为孩子读书后学校承担了相应责任父母的需求降低，还是因为父母已经掌握了教育听障儿童的知识和方法后需求降低？需要进一步研究。

表3-1-17　现在和当时是否需要教育帮助

		需要	不需要	说不好	合计
当时是否需要教育帮助	人数（人）	1299	243	148	1690
	百分数（%）	76.9	14.4	8.7	100.0
现在是否需要教育帮助	人数（人）	1279	279	132	1690
	百分数（%）	75.7	16.5	7.8	100.0

从学生的住校状况看，1690名学生中，住校的950人（56.2%），天天回家的609人（36.0%），其他为131人（7.8%）。检验发现，住校和天天回家学生的父母的教育支持的需求差异并不显著，只是天天回家的父母有教育支持需求的比例（78.0%）略高于住校的比例（75.8%）而已（表3-1-18）。这说明并非孩子天天回家与父母接触多，父母教育支持的需求就显著增高，进而说明，不管住校与否，父母教育支持的需求大致是一样的。

表3-1-18　听力障碍儿童住校与走读的状况（人数、百分数）

	住在学校	天天回家	合计
需要	720$_a$（75.8）	475$_a$（78.0）	1195（76.7）
不需要	153$_a$（16.1）	97$_a$（15.9）	250（16.0）
说不好	77$_a$（8.1）	37$_a$（6.1）	114（7.3）
合计	950（100.0）	609（100.0）	1559（100.0）

注：①1690名父母中，孩子住校和天天回家的儿童的父母合计1559人。
②$\chi^2 = 2.334$，$df = 2$，Sig.（双侧）= 0.311

数据显示，残疾程度越重的儿童，其父母需要教育支持的比例越高，不需要的比例越低，但没有达到统计学的差异显著程度。例如，一级听力残疾儿童的父母需要教育支持的比例是76.9%，二级就下降到了74.2%，三级、四级则为70.4%，逐渐减小。

父母之间差异不显著，但父亲需要的比例（77.7%）高于母亲（74.6%），父亲不需要的比例（14.2%）低于母亲（17.8%），父亲比母亲寻求教育支持的积极性更高。

不同学历层次父母的选择差异不显著，但除专科及以上学历者外，学历越低，需要的比例越低。小学或以下学历需要者 72.0%，初中 76.9%，高中 78.6%，专科 78.4%，本科及以上 69.8%，为什么会如此，需要进一步研究。值得关注的是，本科及以上学历者，不需要的比例很高，达到 24.5%，这可能和他们有较好的自学能力、已经获得有关的知识和能力有关，也有可能和过去提供的教育支持不能满足要求有关。

不同收入层次的父母之间差异不显著，也没有明显的趋势，说明父母的收入水平不是影响听力障碍儿童父母教育需求的一个显著因素。

总体而言，当下听力障碍儿童的父母依旧有较高的教育支持的需要，残疾程度越重的儿童的父母需求越大，并且父亲比母亲更有教育支持的需要；除本科及以上学历者外，学历越高，教育支持的需求越大。

2. 需要帮助的内容形式

在 1279 名选择现在需要教育帮助的听力障碍儿童的父母中，选择"有人告诉我怎么做就够了"的 386 人，占 30.2%；选择"有人定期来家里直接教孩子"的 95 人，占 7.4%；选择"有人告诉我怎么做同时来家里帮我教育孩子"的 640 人，占 50.0%；选择"说不好"的 158 人，占 12.4%（表 3-1-19）。

当下家长最大的教育支持的需求依然是"有人告诉我怎么做同时来家里帮我教育孩子"，人数刚好达到一半（50.0%）。"有人告诉我怎么做就够了"的比例比过去需要的有所上升，上升到 30.2%，上升了 3.9 个百分点。听力障碍儿童的父母当下教育支持的需要依然较高。

检验表明，不同残疾程度的儿童的父母差异不显著，但就一级残疾而言，选择"有人告诉我怎么做同时来家里帮我教育孩子"的比例最高，达到 50.1%；其次是"有人告诉我怎么做就够了"，达到 31.4%。就各级残疾而言，一级残疾选择"有人告诉我怎么做同时来家里帮我教育孩子"和"有人告诉我怎么做就够了"的比例高于其他级别。同时，残疾程度越重的儿童的父母，越不想有人单独来家里教孩子（表 3-1-20）。这是否和残疾程度越重越需要进入专门机构学习有关？需要进一步研究。

父母之间差异不显著，父亲比母亲更倾向于有人来家里教孩子，而母亲更倾向于教给怎么做，说明母亲比父亲有更高的教育孩子的主动性。

不同学历层次的父母之间差异显著，但显著性差异主要体现在说不好选项上，实际意义不大。

不同收入层次的父母之间差异不显著，也没有明显的趋势。

表 3-1-19　父母需要的教育支持内容

	过去需要的教育支持		现在需要的教育支持	
	人数（人）	百分数（%）	人数（人）	百分数（%）
有人告诉我怎么做就够了	341	26.3	386	30.2
有人定期来家里直接教孩子	96	7.4	95	7.4
有人告诉我怎么做并同时来家里帮我教育孩子	685	52.7	640	50.0
说不好	177	13.6	158	12.4
合计	1299	100.0	1279	100.0

表 3-1-20　不同残疾程度的儿童的父母现在需要教育支持的内容形式（人数、百分数）

	一级	二级	三级及以上	合计
有人告诉我怎么做就够了	289_a（31.4）	63_a（30.4）	21_a（25.9）	373（30.9）
有人定期来家里直接教孩子	58_a（6.3）	20_a（9.7）	10_a（12.3）	88（7.3）
有人告诉我怎么做并同时来家里帮我教育孩子	460_a（50.1）	103_a（49.8）	40_a（49.4）	603（50.0）
说不好	112_a（12.2）	21_a（10.1）	10_a（12.3）	143（11.8）
合计	919（100.0）	207（100.0）	81（100.0）	1207（100.0）

注：①1279 名父母中，72 人不能确定孩子的程度，故总人数是 1207 人。
②$\chi^2 = 7.018$，df＝6，Sig.（双侧）＝0.319

总体而言，听力障碍儿童的父母当下需要的教育支持的要求是很高的，一半的父母既需要告诉他们怎么教育孩子又需要来家里帮助教育孩子，只需要教育指导的比例为 30.2%；残疾程度越重的儿童的父母越不想支持者来家里教育孩子，认为只要告诉他怎么做就好；母亲比父亲教育孩子的主动性强。

3. 现在听力障碍儿童家长需要的教育形式

在教育支持的内容上，有 386 位父母回答"有人告诉我怎么做就够了"。可是该怎么做呢？调查给出了五种选择。选择"面对面地教我"的有 107 人，占27.7%；选择"通过阅读书籍、杂志学习"的有 23 人，占 6.0%；选择"通过手机、电视、网络学习"的有 85 人，占 22.0%；选择"通过面对面地教我，通过阅读书籍、杂志学习，通过手机、电视、网络学习三种途径"的有 148 人，占 38.3%；选择"说不好"的有 23 人，占 6.0%（表 3-1-21）。

表 3-1-21　父母接受教育指导的形式

项目	人数（人）	百分比（%）
面对面地教我	107	27.7
通过阅读书籍、杂志学习	23	6.0
通过手机、电视、网络学习	85	22.0
通过面对面地教我，通过阅读书籍、杂志学习，通过手机、电视、网络学习三种途径	148	38.3
说不好	23	6.0
合计	386	100.0

注：本题是以"有人告诉我怎么做就够了"为基数的，故总人数为 386 人。

数据显示，除"说不好"选项之外，其他四种方式中，选择最少的是通过传统的纸媒自学，选择此项的父母仅占 6.0%；其次是通过手机、电视、网络自学，选择此项的占 22.0%；选择面授的比例达到 27.7%；选择最高的是综合的学习方式。选择自学方式和面授方式的人数大致相当。

检验发现，不同残疾程度的儿童父母之间差异不显著，也没有明显趋势。

父母之间差异不显著，也没明显的趋势。

不同学历层次的父母之间差异显著，主要表现在"面授"上，小学或以下学历者（37.8%）明显高于其他学历层次而且显著高于高中或中专（14.1%）；同时，小学或以下学历者选择综合方式的比例显著低于其他学历层次（表 3-1-22）。

表 3-1-22　不同学历的家长现在需要的教育形式（人数、百分数）

	小学或以下	初中	高中或中专	大专、本科及以上	合计
面对面地教我	34$_a$（37.8）	57$_{a,b}$（29.2）	10$_b$（14.1）	5$_{a,b}$（17.9）	106（27.6）
通过阅读书籍、杂志学习	5$_a$（5.6）	12$_a$（6.2）	3$_a$（4.2）	3$_a$（10.7）	23（6.0）
通过手机、电视、网络学习	22$_a$（24.4）	40$_a$（20.5）	17$_a$（24.0）	5$_a$（17.9）	84（21.9）
通过面对面地教我，通过阅读书籍、杂志学习，通过手机、电视、网络学习三种途径	17$_a$（18.9）	77$_b$（39.5）	40$_b$（56.3）	14$_b$（50.0）	148（38.5）
说不好	12$_a$（13.3）	9$_{a,b}$（4.6）	1$_b$（1.4）	1$_{a,b}$（3.6）	23（6.0）
合计	90（100.0）	195（100.0）	71（100.0）	28（100.1①）	384（100.0）

注：①因 386 人中 2 人不想透露学历信息，故总人数为 384 人。

②$\chi^2 = 39.856$，df = 12，Sig.（双侧）= 0.000

不同收入层次的父母之间差异不显著，也没有明显的趋势。

总体而言，听力障碍儿童的父母最希望的指导方式是自学和面授结合的综合方式；其次是面授学习，选择网媒（现代信息技术手段）自学的比例居第三，最不想用纸媒自学；学历最低的父母要求的方式主要是面授。

五、研究结论

（一）听力障碍是否能"治疗"

样本中明确给听力障碍的孩子治疗过的家庭仅有 74.1%，未治疗者接近四分之一。这提示，在确认儿童有听力损失后，应该给家长提供正确的对策咨询，该治疗的先行治疗。尽管有时候治疗不一定有效，如中耳手术或助听器验配可

_____

① 保留到小数点后一位的矫正合计为 100.1%，特此说明。

能失败一样①。当然，即使佩戴了电子耳蜗，依然也需要教育，但必要的治疗是有必要的。

（二）听力障碍儿童父母过去接受的支持和愿望

听力障碍儿童的父母在孩子确诊为听力障碍者到孩子入学前，有过教育指导的人不到一半，仅为46.8%，但是有65.8%的父母需要被告诉怎么办，有76.9%的父母明确需要教育支持，而且需要的教育支持的要求很高。这就说明：

一是需要为一半多的父母提供基本的包括教育咨询在内的支持服务，尤其是教育支持服务，已有的服务从数量看不能满足需求。

二是为父母提供的支持服务的质量需要提高。因为对于听力障碍儿童而言，最符合"医学的结束就是教育的开始"这句话，对原发听障最初的最好的对策就是治疗加教育。接近一半的父母不知道这个对策，说明要提高支持的质量。

三是父母教育支持的愿望需要引导，不能仅仅看看他们的要求。

（三）当下听力障碍儿童父母教育支持的需要

当下大多数听力障碍儿童的父母依然有教育支持的需要，而且教育需求的要求依然较高，不仅仅是超过一半的父母需要来家里教育孩子并同时提供指导，而且父母通过自学获得支持的愿望并不强烈。这就需要注意，在提供教育支持满足父母的基本要求的前提下，还要引导满足需要的具体的方式方法，以达到效益最大化。

第二节　听力障碍儿童父母的教育素养研究

一、研究的方法与过程

本节的研究方法与过程同第二章第一节。

二、本节研究的内容

研究内容分为五方面：

一是父母对听力障碍儿童的态度和教育一致性，问卷中听力障碍儿童父母

---

① 王德平，苏俊波，骆文龙. 助听器验配失败58例原因分析［J］. 现代医药卫生，2016，32（12）：1813–1815.

专用问卷（附录一之23题，下同）的第6、7题；

二是父母对听力障碍儿童的身心特点的认知，主要是问卷中的第1、2题；

三是父母对听力障碍儿童能力和未来发展的预期，这实际上也是身心特点的知识，主要是问卷中的第3、4、5题；

四是父母对听力障碍儿童教育工具的认知，问卷第8题；

五是听力障碍儿童父母的教育方法，主要是问卷中的第9—13题。

三、样本的基本情况

样本的基本情况同本章第一节，本节不再赘述。

四、研究的结果与分析

（一）父母对听力障碍儿童的态度

1. 父母对听力障碍孩子任性的态度

1690名父母在回答"我觉得孩子听不到（听不清）声音，所以平时他想怎么着就怎么着，我由着他"时，回答"是"的有174人，占10.3%；回答"不是"的有1398人，占82.7%；回答"说不好"的有118人，占7.0%。

从听力障碍儿童的缺陷现实看，大多数父母的态度正确，表现了较高的态度素养。当然，超过15%的听力障碍儿童的父母态度并不正确，他们需要正确对待孩子任性的指导。

检验发现，总体上不同残疾程度的儿童的父母之间差异不显著（表3-2-1），但是就回答"是"的父母来看，残疾程度越轻，溺爱的比例反而越高，回答"是"的一级残疾占9.0%，二级残疾占10.4%，三级、四级残疾则达到16.5%，一级残疾儿童的父母显著低于三级、四级儿童的父母。为什么残疾程度越轻的儿童的父母反而溺爱孩子这需要进一步研究，其中的原因之一可能是一级残疾儿童的父母知道，由着孩子会对缺陷补偿没有任何益处。但对轻度听力损伤儿童的父母而言，损伤对孩子发展的影响不大，反而促使父母心软——他想怎么着就怎么着吧。

父母间差异显著，主要表现在"是"的选项上，父亲（12.1%）高于母亲（9.3%）；在"不是"的选项上父亲（79.1%）显著低于母亲（84.7%），说明父亲比母亲溺爱孩子（表3-2-2）。

不同学历层次的父母之间差异显著，表现在"是"的选项上，学历越高，选择的比例越小，而且小学或以下学历者（13.3%）显著高于高中或中专学历者（6.5%）；在"不是"的选项上，学历越高，选择的比例越高，而且小学或以下学历者（77.3%）显著低于其他学历者，说明学历越低的父母越溺爱孩子（表3-2-4）。

不同收入层次之间的父母差异显著（表3-2-4），差异主要表现在收入1—1.5万的家长选择"是"的（14.1%）显著高于收入1.5万—6万（7.9%）；收入1—1.5万的家长选择"不是"的（77.0%）显著低于收入1.5万—6万（85.6%），但总体趋势不明显。

总体而言，听力障碍儿童的大多数父母不溺爱孩子（82.7%）；残疾程度越轻的儿童的父母越溺爱孩子，并且父亲比母亲溺爱孩子；学历越低的父母越溺爱孩子。

表3-2-1　不同残疾程度的儿童的父母对孩子任性的态度（人数、百分数）

	一级	二级	三级、四级	合计
是	107_a（9.0）	$29_{a,b}$（10.4）	19_b（16.5）	155（9.7）
不是	1010_a（84.5）	227_a（81.4）	91_a（79.1）	1328（83.6）
说不好	78_a（6.5）	23_a（8.2）	5_a（4.4）	106（6.7）
合计	1195（100.0）	279（100.0）	115（100.0）	1589（100.0）

注：①1690名父母中101人不知道孩子的残疾级别，故总人数为1589人，下同。

②$x^2 = 8.866$，df=4，Sig.（双侧）= 0.065

表3-2-2　听力障碍儿童的父母对孩子任性的态度（人数、百分数）

	父亲	母亲	合计
是	72_a（12.1）	102_a（9.3）	174（10.3）
不是	469_a（79.1）	929_b（84.7）	1398（82.7）
说不好	52_a（8.8）	66_b（6.0）	118（7.0）
合计	593（100.0）	1097（100.0）	1690（100.0）

注：$x^2 = 8.657$，df=2，Sig.（双侧）= 0.013

2. 夫妻教育意见的一致性

1690名父母在回答"我们夫妻（或整个家庭）在教育听障孩子上的意见是一致的"时，回答"是"的1418人，占83.9%；回答"不是"的185人，占11.0%；回答"不知道"的87人，占5.1%。

表3-2-3 不同学历的父母对孩子任性的态度（人数、百分数）

	小学或以下	初中	高中或中专	大专	本科及以上	合计
是	61 $_a$ (13.3)	84 $_{a,b}$ (10.4)	18 $_b$ (6.5)	5 $_{a,b}$ (5.7)	3 $_{a,b}$ (5.7)	171 (10.2)
不是	353 $_a$ (77.3)	677 $_b$ (84.0)	238 $_b$ (86.2)	77 $_{a,b}$ (87.5)	48 $_{a,b}$ (90.5)	1393 (82.9)
说不好	43 $_a$ (9.4)	45 $_a$ (5.6)	20 $_a$ (7.3)	6 $_a$ (6.8)	2 $_a$ (3.8)	116 (6.9)
合计	457 (100.0)	806 (100.0)	276 (100.0)	88 (100.0)	53 (100.0)	1680 (100.0)

注：①1690名父母中，10人不想透露学历信息，故总人数为1680人，下同。
②χ^2=21.392，df=8，Sig.（双侧）=0.006

表3-2-4 不同收入层次的父母对孩子任性的态度（人数、百分数）

	收入为0或负	1—1.5万	1.5万—6万	6万及以上	合计
是	17 $_{a,b}$ (7.6)	88 $_b$ (14.1)	59 $_a$ (7.9)	9 $_{a,b}$ (10.4)	173 (10.3)
不是	196 $_a$ (87.9)	479 $_b$ (77.0)	637 $_a$ (85.6)	73 $_{a,b}$ (84.9)	1385 (82.7)
说不好	10 $_a$ (4.5)	55 $_a$ (8.9)	48 $_a$ (6.5)	4 $_a$ (4.7)	117 (7.0)
合计	223 (100.0)	622 (100.0)	744 (100.0)	86 (100.0)	1675 (100.0)

注：①因1690名父母中15人不想透露收入信息，故总人数为1675人，下同。
②χ^2=24.531，df=6，Sig.（双侧）=0.000

从家庭教育的效果看,夫妻意见一致就会使教育效果增加,意见一致是正确的做法。因为缺少可与本研究比较的普通教育和特殊教育中夫妻之间教育意见是否一致的定量数据,但从"是"的回答达到83.9%来看,大多数听力障碍儿童的父母的教育意见是否一致的素养是较高的。当然,包括不一致的和"不知道"在内的16.1%的父母需要接受教育指导。

检验发现,不同残疾程度的孩子的父母之间差异不显著,但残疾程度越高的父母选择一致的比例越高,选择不一致的比例越低(表3-2-5),说明残疾程度越重的,父母教育一致性越高。

表3-2-5 不同残疾程度的儿童的父母是否教育意见一致(人数、百分数)

	一级	二级	三级及以上	合计
是	1024_a(85.7)	230_a(82.4)	92_a(80.0)	1346(84.7)
不是	115_a(9.6)	38_a(13.6)	18_a(15.7)	171(10.8)
不知道	56_a(4.7)	11_a(4.0)	5_a(4.3)	72(4.5)
合计	1195(100.0)	279(100.0)	115(100.0)	1589(100.0)

注:$\chi^2 = 7.005$,$df = 4$,Sig.(双侧)= 0.136

不同学历层次的父母之间差异不显著,也没有明显的趋势(数据不再呈现)。

不同收入层次的父母之间差异总体上显著,在"是"的选项上表现为,除了收入0以下的父母,收入层次越高,选择的比例越高;在"不是"的选项上,除了0收入以下者,收入越高,选择比例越低(表3-2-6),显示收入越高的夫妻之间的一致性越高。

表3-2-6 不同收入层次的父母教育意见是否一致(人数、百分数)

	收入为0或负	1—1.5万	1.5万—6万	6万及以上	合计
是	186_a(83.4)	515_a(82.8)	631_a(84.8)	77_a(89.5)	1409(84.1)
不是	32_a(14.4)	64_a(10.3)	76_a(10.2)	8_a(9.3)	180(10.7)
不知道	5_a(2.2)	43_a(6.9)	37_a(5.0)	1_a(1.2)	86(5.2)
合计	223(100.0)	622(100.0)	744(100.0)	86(100.0)	1675(100.0)

注:$\chi^2 = 15.378$,$df = 6$,Sig.(双侧)= 0.018

总体上看,大多数听障儿童的父母教育孩子的意见应该是一致的,儿童残疾程度越高的父母，教育一致性越高；收入越高的父母，教育一致性越高。

（二）父母对听力障碍儿童的身心特点的认知

1. 父母对听障儿童听力特点的了解情况

1690 名听力障碍儿童的父母在回答"我觉得听力障碍的孩子一点声音也听不见"时，回答"对"的 598 人，占 35.3%；回答"不对"的 1008 人，占 59.7%；回答"不知道"的 84 人，占 5.0%。

根据我国听力障碍（残疾）的界定标准，两耳的听力损失大于 40 分贝就属于听力障碍的范畴，听力损失大于 90 分贝就属于一级听力残疾。但是，按照国家的规定，是否听力损失，主要看三个语言频率，即 500Hz、1000Hz、2000Hz 的听力损失的平均值是否达到标准。但是，人耳的听力范围是 16Hz—20000Hz，远远不是三个语言频率能覆盖的。这就是说，即使是一级听力残疾也照样可以听到声音——尽管这声音不一定是言语声。因此，就可能性而言，"听力障碍的孩子一点声音也听不到"这个说法是错的。但问题在于，确实存在部分听力损失严重的儿童，一点声音也听不到。所以，这时候说他们听不到声音又是对的。因此，只有回答"不知道"的父母才可能真正了解听力障碍儿童的残存听力的特点，回答"不对"的父母比回答"对"的父母更了解孩子的听力特点。但总体来说，大多数父母并不真能了解听力障碍儿童的听力特点。

检验发现，儿童的听力残疾程度是影响父母选择的显著因素。听力损失越轻的儿童的父母选择"不对"的比例越大；同时，显示听力损失越重的儿童的父母选择"对"的比例越大。从即使是一级残疾儿童的父母也仅有 37.3% 的父母选择"对"来看，一级听力损失的儿童中也并非都听不到声音。但从二级、三级、四级听力损失儿童的父母中仍旧有 27% 以上的父母选择"对"来看，他们是真的不了解听力障碍儿童的听力特点（表 3-2-7）。

表 3-2-7　不同听力损失儿童的父母对"孩子一点声音也听不到"的认知（人数、百分数）

	一级	二级	三级、四级	合计
对	445$_a$（37.3）	80$_b$（28.7）	32$_{a, b}$（27.8）	557（35.0）
不对	691$_a$（57.8）	187$_b$（67.0）	81$_b$（70.5）	959（60.4）
不知道	59$_a$（4.9）	12$_a$（4.3）	2$_a$（1.7）	73（4.6）
合计	1195（100.0）	279（100.0）	115（100.0）	1589（100.0）

注：$\chi^2 = 14.240$，df = 4，Sig.（双侧） = 0.007

听力残疾儿童的父母之间差异显著。选择"对"的父亲（39.6%）显著高于母亲（33.1%），选择"不对"的父亲（53.1）显著低于母亲（63.2%）（表3-2-8），说明父亲比母亲不了解孩子，进一步可以推论，母亲比父亲带孩子用心，同时说明，母亲比父亲更了解孩子。

表3-2-8　父母间对"孩子一点声音也听不到"的认知（人数、百分数）

	父亲	母亲	合计
对	235$_a$（39.6）	363$_b$（33.1）	598（35.4）
不对	315$_a$（53.1）	693$_b$（63.2）	1008（59.6）
不知道	43$_a$（7.3）	41$_b$（3.7）	84（5.0）
合计	593（100.0）	1097（100.0）	1690（100.0）

注：$\chi^2 = 20.734$，df＝2，Sig.（双侧）＝0.000

不同学历的听障儿童的父母之间差异显著，学历越高，选择"不对"的比例越高，选择"对"的比例越低（表3-2-9），反映学历越高的父母越有可能了解听力障碍的听力特点。学历和知识具有了相应的价值。

不同收入层次的父母之间差异显著，其差异特点主要体现在收入1—1.5万的父母既在"对"的选项上（41.3%）显著高于1.5万—6万（32.4%）、6万及以上（25.6%），又在"不对"的选项上（53.5%）显著低于收入为0或负数（65.0%）、1.5万—6万（62.4%）、6万及以上（72.1%）的父母（表3-2-10）。除去收入为0或负数的父母，大致上是收入越高，选择"对"的比例越低，选择"不对"的比例越高，显示了除去收入为0或负数的父母，收入越高的父母，越可能正确认识孩子的听力特点。

总体而言，大多数听力障碍儿童的父母对听力障碍儿童的听力特点不能正确认识；母亲比父亲更可能了解听障儿童的听力特点；学历越高，越可能正确了解听力障碍儿童的听力特点。

2. 对听障儿童言语特点的认识

1690名父母在回答"我觉得听力障碍的孩子说话有问题是正常的"时，回答"是"者1053人，占62.3%；回答"不是"者487人，占28.8%；回答"不知道"者150人，占8.9%。

表 3-2-9 不同学历的父母对"孩子一点声音也听不到"的认知（人数、百分数）

	小学或以下	初中	高中或中专	大专	本科及以上	合计
对	213_a（46.6）	286_b（35.5）	$73_{b,c}$（26.4）	15_c（17.0）	6_c（11.3）	593（35.3）
不对	216_a（47.3）	481_b（59.7）	191_c（69.2）	69_c（78.4）	46_c（86.8）	1003（59.7）
不知道	28_a（6.1）	39_a（4.8）	12_a（4.4）	4_a（4.6）	1_a（1.9）	84（5.0）
合计	457（100.0）	806（100.0）	276（100.0）	88（100.0）	53（100.0）	1680（100.0）

注：$\chi^2 = 73.690$，df＝8，Sig.（双侧）＝0.000

表 3-2-10 不同收入层次的父母对"孩子一点声音也听不到"的认知（人数、百分数）

	收入为0或负	1—1.5万以内	1.5万—6万以内	6万及以上	合计
对	$70_{a,b}$（31.4）	257_b（41.3）	241_a（32.4）	22_a（25.6）	590（35.2）
不对	145_a（65.0）	333_b（53.5）	464_a（62.4）	62_a（72.1）	1004（60.0）
不知道	8_a（3.6）	32_a（5.2）	39_a（5.2）	2_a（2.3）	81（4.8）
合计	223（100.0）	622（100.0）	744（100.0）	86（100.0）	1675（100.0）

注：$\chi^2 = 22.034$，df＝8，Sig.（双侧）＝0.001

传统上把听力障碍称作"聋哑"，还有"十聋九哑"的说法，似乎哑是聋的必然。实际上，听力系统和言语系统是两个独立的系统。听力损伤或听力障碍是听觉系统的问题，哑是言语系统的问题。从原理看，聋和哑，没有必然的联系。或者说，即使是语前聋，也可以通过特殊教育使听力障碍儿童获得标准的口语，更不用说他们即使不能获得口语也能"咿咿呀呀"的发声了。因此，说听力障碍儿童言语有问题是错误的。正是从这个角度看，1690 名父母中，只有 28.8% 的父母对听力障碍儿童的言语能力或言语特点能够正确把握，其他大多数父母的认识不正确。

检验发现，不同残疾程度的儿童父母之间差异不显著，也没有明显的趋势（数据不再呈现），说明听力障碍儿童的父母对听障儿童的言语特点或言语能力的认知与孩子的残疾程度关系不大，或者说，无论是哪种程度的听力障碍儿童的父母，对孩子的言语特点的认知都没有差异。

父母之间差异显著，父亲正确认知的比例（30.4%）高于母亲（28.0%），不正确认知的比例（58.0%）显著低于母亲（64.6%），说明父亲比母亲对孩子的言语特点更能正确认知（表 3-2-11）。

表 3-2-11　父母对"听力障碍的孩子说话有问题是正常的"认知（人数、百分数）

	父亲	母亲	合计
是	344$_a$（58.0）	709$_b$（64.6）	1053（62.3）
不是	180$_a$（30.4）	307$_a$（28.0）	487（28.8）
不知道	69$_a$（11.6）	81$_b$（7.4）	150（8.9）
合计	593（100.0）	1097（100.0）	1690（100.0）

注：$\chi^2 = 11.298$，df = 2，Sig.（双侧）= 0.004

不同学历层次的父母之间差异显著，除了高中学历，大致上是学历越高，正确认知的比例越高，不正确认知的比例越低，而且小学或以下学历者正确认知的比例（24.3%）显著低于高中学历者（36.2%），大致呈现学历越高对言语特点的正确认知越高的特点（表 3-2-12）。

不同收入层次的听障儿童的父母间差异显著，大致上呈现收入层次越高，正确的比例越高（表 3-2-13）。

总体而言，大多数父母对听力障碍儿童的说话有问题的认知不正确，这种不正确和孩子的残疾程度的差异不显著；父亲正确认知的比例高于母亲。

表 3-2-12 不同学历父母对"听力障碍的孩子说话有问题是正常的"认知（人数、百分数）

	小学或以下	初中	高中或中专	大专	本科及以上	合计
是	295$_a$ (64.6)	510$_a$ (63.3)	153$_a$ (55.4)	56$_a$ (63.6)	34$_a$ (64.1)	1048 (62.4)
不是	111$_a$ (24.3)	224$_{a,b}$ (27.8)	100$_b$ (36.2)	29$_{a,b}$ (33.0)	18$_{a,b}$ (34.0)	482 (28.7)
不知道	51$_a$ (11.1)	72$_a$ (8.9)	23$_a$ (8.4)	3$_a$ (3.4)	1$_a$ (1.9)	150 (8.9)
合计	457 (100.0)	806 (100.0)	276 (100.0)	88 (100.0)	53 (100.0)	1680 (100.0)

注：$X^2 = 23.025$, df = 8, Sig.（双侧）= 0.003

表 3-2-13 不同收入父母对"听力障碍的孩子说话有问题是正常的"认知（人数、百分数）

	收入为 0 或负	1—1.5万	1.5万—6万	6万及以上	合计
是	144$_a$ (64.6)	381$_a$ (61.3)	465$_a$ (62.5)	56$_a$ (65.1)	1046 (62.5)
不是	62$_a$ (27.8)	170$_a$ (27.3)	222$_a$ (29.8)	29$_a$ (33.7)	483 (28.8)
不知道	17$_{a,b}$ (7.6)	71$_b$ (11.4)	57$_{a,b}$ (7.7)	1$_a$ (1.2)	146 (8.7)
合计	223 (100.0)	622 (100.0)	744 (100.0)	86 (100.0)	1675 (100.0)

注：$X^2 = 14.025$, df = 2, Sig.（双侧）= 0.029

（三）父母对听力障碍儿童能力和未来发展的预期

对听力障碍儿童能力和未来发展的预期实际上也是对听力障碍儿童的身心特点尤其是能力特点的认知。当然，听力障碍儿童的能力形成、未来发展和社会文化的发展、教育的关系也极为密切。

1. 父母对听障儿童和普通儿童一起玩耍的预期

父母在回答"我觉得听力障碍的孩子完全能和普通孩子一起玩耍"时，回答"对"的1173人，占69.4%；回答"不对"的377人，占22.3%；回答"不知道"的140人，占8.3%。

听障儿童没有行动的障碍，所以从可能性看，完全可以和普通儿童一起玩耍，不管是普通的游戏，还是运动。实际上，已有的经验也证明了这种玩耍的现实性。也就是说，回答"对"的父母是正确的。但是，回答正确的父母不到70%，或者说，有30%的父母觉得不能或者没有信心。当然，包括听障儿童在内的残障儿童最后是否能够实现与普通儿童玩耍的完全融合还要看社会氛围、家庭教育的效果等，但从可能性看，这些父母的观点需要矫正。

检验发现，不同残疾程度的儿童的父母之间差异不显著，但残疾程度越重的父母，回答正确（"对"）的比例越小，反映残疾程度对父母的回答有影响。但从回答不正确（"不对"）的比例看，二级残疾儿童的父母比例最大，而且三级、四级听力残疾儿童的父母认为"不对"的比例达到了21.8%（表3-2-14），这就说明是因为父母不懂孩子的特点而非孩子残疾程度的原因导致父母选择不对。

表3-2-14　不同残疾程度的儿童的父母对孩子完全能与普通儿童玩耍的预期

（人数、百分数）

	一级	二级	三级、四级	合计
对	833$_a$（69.7）	195$_a$（69.9）	81$_a$（70.4）	1109（69.8）
不对	267$_a$（22.3）	67$_a$（24.0）	25$_a$（21.8）	359（22.6）
不知道	95$_a$（8.0）	17$_a$（6.1）	9$_a$（7.8）	121（7.6）
合计	1195（100.0）	279（100.0）	115（100.0）	1589（100.0）

注：$\chi^2=1.359$，$df=4$，Sig.（双侧）$=0.851$

父母之间差异显著，父亲正确回答的比例（64.9%）显著低于母亲（71.8%），不正确的比例（25.5%）显著高于母亲（20.6%），说明父亲比母亲对孩子与普通儿童玩耍的信心更低或更不了解听障儿童的特点（表3-2-15）。

不同学历层次的父母之间差异显著，高中以上学历者回答正确的比例高于初中及以下学历者，而且本科及以上学历者（79.2%）比小学或以下学历者（62.8%）高出 16.4 个百分点，小学或以下学历者显著低于高中或中专学历者（76.6%）；回答不正确的比例则是小学或以下学历者（28.7%）显著高于初中（20.7%）、高中（15.9%）学历者（表 3-2-16）。学历对于回答正确与否有一定的影响。

表 3-2-15 听障儿童父母对孩子完全能与普通儿童玩耍的预期（人数、百分数）

	父亲	母亲	合计
对	385$_a$（64.9）	788$_b$（71.8）	1173（69.4）
不对	151$_a$（25.5）	226$_b$（20.6）	377（22.3）
不知道	57$_a$（9.6）	83$_a$（7.6）	140（8.3）
合计	593（100.0）	1097（100.0）	1690（100.0）

注：$\chi^2=8.671$，$df=2$，Sig.（双侧）$=0.013$

不同收入层次的父母之间差异显著，大致呈现收入层次越高的父母，正确回答的比例越高，不正确回答的比例越低的特点（表 3-2-17）。

总体而言，大多数父母认为听力障碍儿童能与普通儿童玩耍，反映大多数父母对听障儿童的交往能力的期望较高；残疾程度越重的父母，正确期望的比例越低，父亲比母亲的期望低，最高学历层次和最高收入层次的父母，正确期望的比例高于其他层次。

2. 父母对听障儿童说话能力的预期

父母在回答"听障孩子完全可以学会说话"时，回答"是"的 1085 人，占 64.2%；回答"不是"的 362 人，占 21.4%；回答"不知道"的 243 人，占 14.4%。

前述已经谈到听力系统和言语系统是两个完全不同的系统，即使完全失去听力也可以说好母语。让听力障碍儿童获得口语是特殊教育的重要任务之一。因此，回答"是"的父母才是正确的，能够对听障儿童的言语能力或说话能力正确认知。这样样本中有超过 30% 的人需要进行正确的指导或提高信心。

表 3-2-16　不同学历的父母对孩子完全能与普通儿童玩耍的预期（人数、百分数）

	小学或以下	初中	高中或中专	大专	本科及以上	合计
对	287_a (62.8)	$567_{a,b}$ (70.4)	211_b (76.5)	$63_{a,b}$ (71.6)	$42_{a,b}$ (79.2)	1170 (69.6)
不对	131_a (28.7)	167_b (20.7)	44_b (15.9)	$20_{a,b}$ (22.7)	$9_{a,b}$ (17.0)	371 (22.1)
不知道	39_a (8.5)	72_a (8.9)	21_a (7.6)	5_a (5.7)	2_a (3.8)	139 (8.3)
合计	457 (100.0)	806 (100.0)	276 (100.0)	88 (100.0)	53 (100.0)	1680 (100.0)

注：$X^2 = 23.568$, df=8, Sig. （双侧）= 0.003

表 3-2-17　不同收入层次的父母对孩子完全能与普通儿童玩耍的预期（人数、百分数）

	收入为0或负	1—1.5万	1.5万—6万	6万及以上	合计
对	$157_{a,b}$ (70.4)	399_b (64.1)	546_a (73.4)	$65_{a,b}$ (75.6)	1167 (69.7)
不对	$45_{a,b}$ (20.2)	162_b (26.1)	149_a (20.0)	$16_{a,b}$ (18.6)	372 (22.2)
不知道	21_a (9.4)	61_a (9.8)	49_a (6.6)	5_a (5.8)	136 (8.1)
合计	223 (100.0)	622 (100.0)	744 (100.0)	86 (100.0)	1675 (100.0)

注：$X^2 = 16.641$, df=6, Sig. （双侧）= 0.011

　　检验发现，不同听力残疾程度的儿童的父母之间差异显著，残疾程度越重，回答"是"的比例越低，而且一级残疾（63.0%）显著低于三级、四级残疾儿童的父母（75.7%）；残疾程度越重，回答"不是"的比例越高，而且一级残疾（23.0%）显著高于二级残疾（14.7%），显示父母正确回答的比例受孩子残疾程度的影响。但从三级、四级残疾中依然有16.5%的人认为不能学会说话来看，父母们缺少相应的知识，因为缺少了知识，期望才降低了（表3-2-18）。

　　听力障碍儿童的父母之间差异显著，父亲认为孩子能说话的比例（57.3%）显著低于母亲（67.9%）；同时，父亲认为不是的比例（25.6%）显著高于母亲（19.1%），说明父亲比母亲的期望水平显著的低（表3-2-19），或者父亲比母亲对听障儿童的言语能力的正确认知不了解。

　　不同学历层次的父母之间差异显著，学历最高的父母正确认知的比例最高；反之，不正确认知的比例最低（表3-2-20）。反映学历最高的父母期望高。

表3-2-18　不同残疾程度的儿童的父母对"听障孩子完全可以学会说话"的预期

（人数、百分数）

	一级	二级	三级、四级	合计
是	753$_a$（63.0）	190$_{a,b}$（68.1）	87$_b$（75.7）	1030（64.8）
不是	275$_a$（23.0）	41$_b$（14.7）	19$_{a,b}$（16.5）	335（21.1）
不知道	167$_{a,b}$（14.0）	48$_b$（17.2）	9$_a$（7.8）	224（14.1）
合计	1195（100.0）	279（100.0）	115（100.0）	1589（100.0）

注：$\chi^2 = 16.924$，df = 4，Sig.（双侧）= 0.002

表3-2-19　父母对"听障孩子完全可以学会说话"的预期（人数、百分数）

	父亲	母亲	合计
是	340$_a$（57.3）	745$_b$（67.9）	1085（64.2）
不是	152$_a$（25.6）	210$_b$（19.1）	362（21.4）
不知道	101$_a$（17.1）	142$_b$（10.0）	243（14.4）
合计	593（100.0）	1097（100.0）	1690（100.0）

注：$\chi^2 = 18.748$，df = 2，Sig.（双侧）= 0.000

　　不同收入层次的父母之间差异显著，收入6万以上的父母（73.3%）正确回答的比例最高，不正确回答的比例最低，反映这些父母对听障儿童的期望比其他收入段高（表3-2-21）。

表 3-2-20　不同学历的父母对"听障孩子完全可以学会说话"的预期（人数、百分数）

	小学或以下	初中	高中或中专	大专	本科及以上	合计
是	252$_a$ (55.1)	522$_b$ (64.8)	203$_b$ (73.6)	65$_b$ (73.9)	42$_b$ (79.2)	1084 (64.5)
不是	112$_a$ (24.5)	176$_a$ (21.8)	47$_a$ (17.0)	16$_a$ (18.1)	6$_a$ (11.3)	357 (21.3)
不知道	93$_a$ (20.4)	108$_b$ (13.4)	26$_b$ (9.4)	7$_{a, b}$ (8.0)	5$_{a, b}$ (9.5)	239 (14.2)
合计	457 (100.0)	806 (100.0)	276 (100.0)	88 (100.0)	53 (100.0)	1680 (100.0)

注：$X^2 = 40.476$，df = 8，Sig.（双侧）= 0.000

表 3-2-21　不同收入层次的父母对"听障孩子完全可以学会说话"的预期（人数、百分数）

	收入为0或负	1—1.5万	1.5万—6万	6万及以上	合计
是	162$_a$ (72.6)	372$_b$ (59.8)	483$_{a, b}$ (64.9)	63$_{a, b}$ (73.3)	1080 (64.5)
不是	35$_a$ (15.7)	143$_a$ (23.0)	162$_a$ (21.8)	16$_a$ (18.6)	356 (21.2)
不知道	26$_a$ (11.7)	107$_a$ (17.2)	99$_a$ (13.3)	7$_a$ (8.1)	239 (14.3)
合计	223 (100.0)	622 (100.0)	744 (100.0)	86 (100.0)	1675 (100.0)

注：$X^2 = 17.529$，df = 6，Sig.（双侧）= 0.008

总体而言，父母对听力障碍儿童完全可以学会说话的期望较高，有 64.2% 认为听力障碍儿童完全可以学会说话，孩子残疾程度是影响父母回答的因素，残疾程度越重，回答正确的比例越低，母亲比父亲对孩子说话的期望高，最高学历和最高收入群体的父母，对孩子说话的期望高。

3. 父母对孩子工作类别的期望

传统上，中国接受过学校教育的听力障碍者的工作主要集中在缝纫、绘画、木工和农业等少数传统领域或工种，后来随着听力障碍者高等教育的开展，计算机等新兴行业也是从业的方向。为考察基础教育阶段的父母们对听障儿童工作的预期，本研究设置了"听力障碍的孩子将来可以从事多种工作"这样的问题，结果发现，回答"同意"的有 1126 人，占总人数的 66.6%；回答"不同意"的有 198 人，占总人数的 11.7%；回答"不知道"的有 366 人，占总人数的 21.7%。

听力障碍者和视力障碍者、肢体障碍者不同，他们没有任何行动上的不便；也和智力障碍者不同，他们的智力是常态的。他们理论上唯一的限制是，可能因为听力或听觉表象的不完整从而影响到和听有关的工作，除此之外，绝大多数工作他们是可以做的。因此，听力障碍的孩子将来是可以从事多种工作的，回答"同意"的才是正确的。但调查发现，回答正确的父母仅仅是 66.6%，显然低于应有的比例。反过来说，相当一部分听力障碍儿童的父母对孩子将来的工作期望过低。

检验表明，不同听力残疾的儿童的父母之间差异不显著，各残疾级别间也没有明显的趋势。但是，尽管各残疾级别的儿童的父母选择"同意"的比例大致相当，但三级、四级残疾的儿童的父母选择"不同意"的比例（17.4%）高于二级残疾（10.4%）、一级残疾（11.7%），为什么会如此，需要进一步研究。

父母之间差异不显著，但是父亲"不同意"的比例（12.8%）略高于母亲（11.1%），说明母亲比父亲更拿不定主意。

不同学历层次的父母之间差异显著（表 3-2-22），主要表现在小学或以下学历者选择"同意"的比例（61.0%）低于其他学历层次，而且显著低于高中（73.2%）和本科及以上学历（86.8%）者；选择"不知道"的比例（26.7%）高于其他学历层次而且显著高于高中或中专（16.3%）和本科及以上学历（7.5%）者，说明学历最低的父母不仅期望低，而且更不知道孩子未来可能从事的工作（表 3-2-22）。

表3-2-22 不同学历的父母对听障儿童成年后是否可以从事多种工作的期望（人数、百分数）

	小学或以下	初中	高中或中专	大专	本科及以上	合计
同意	279$_a$ (61.0)	537$_{a,b}$ (66.7)	202$_{b,c}$ (73.2)	59$_{a,b,c}$ (67.0)	46$_c$ (86.8)	1123 (66.8)
不同意	56$_a$ (12.3)	97$_a$ (12.0)	29$_a$ (10.5)	11$_a$ (12.5)	3$_a$ (5.7)	196 (11.7)
不知道	122$_a$ (26.7)	172$_{a,b}$ (21.3)	45$_b$ (16.3)	18$_{a,b}$ (20.5)	4$_b$ (7.5)	361 (21.5)
合计	457 (100.0)	806 (100.0)	276 (100.0)	88 (100.0)	53 (100.0)	1680 (100.0)

注：$X^2=23.421$，df=8，Sig.（双侧）=0.003

表3-2-23 不同收入层次的父母对听障儿童成年后是否可以从事多种工作的预期（人数、百分数）

	收入为0或负	1—1.5万	1.5万—6万	6万及以上	合计
同意	146$_a$ (65.5)	398$_a$ (64.0)	518$_a$ (69.6)	59$_a$ (68.6)	1121 (66.9)
不同意	23$_a$ (10.3)	68$_a$ (10.9)	88$_a$ (11.8)	16$_a$ (18.6)	195 (11.7)
不知道	54$_{a,b}$ (24.2)	156$_b$ (25.1)	138$_a$ (18.6)	11$_{a,b}$ (12.8)	359 (21.4)
合计	223 (100.0)	622 (100.0)	744 (100.0)	86 (100.0)	1675 (100.0)

注：$X^2=16.480$，df=6，Sig.（双侧）=0.011

不同收入层次的父母之间差异显著，显著性主要体现在收入层次在 1—1.5 万的父母选择"不知道"的比例（25.1%）显著高于收入 1.5 万—6 万的父母（18.6%），收入 6 万及以上的父母选择"不同意"的比例最高（18.6%），为什么会如此，需要进一步研究（表 3-2-23）。

总体而言，超过半数的父母（66.6%）认为听力障碍儿童的工作类别是多样的，但 1/3 的父母不同意或者说不好，因此他们需要指导来提高他们对听力障碍儿童工作多样性的期望。

（四）父母对听力障碍儿童教育工具的认知

对于全聋的儿童而言，手语是必要的甚至是最重要的交流手段。家长在儿童的言语训练时期，掌握一定的手语还能有助于孩子获得口语和书面语。但是，1690 名父母在回答"我懂手语"时，回答"是"的 259 名（15.3%），回答"不是"的 1161 名（68.7%），回答"说不好"的 270 名（占 16.0%），说明会手语的父母并不多。

实际上，样本家庭中，超过 70% 的听障儿童是一级听力残疾，因研究目的的原因，本研究并未调查这些孩子的听力补偿情况，也未调查他们是否都掌握了口语。但仅仅从现实来看，70% 的孩子中需要手语的比例不应该低于 15.3%，如果这些父母不掌握手语，那么很难与孩子进行充分的交流。

检验发现，不同残疾程度的儿童的父母之间差异显著，但残疾程度越重的儿童的父母并非掌握手语的比例就越高，相反，倒是三级、四级残疾的儿童的父母掌握手语的比例（23.4%）显著高于二级残疾（12.9%）、一级残疾（14.6%）儿童的父母，一级残疾儿童的父母仅仅比二级残疾儿童的父母高 1.7 个百分点，并没有统计学上的显著差异意义（表 3-2-24）。这就说明，父母是否掌握手语并没有以孩子的残疾程度为依据，至于以什么为依据，需要进一步研究。

父母之间差异不显著，也没有明显的趋势。

不同学历层次的父母之间差异不显著，也无明显趋势。

不同收入层次的父母之间差异显著，显著性主要表现在收入 1—1.5 万的父母选择"是"的（19.9%）显著高于 1.5 万—6 万的父母（12.5%），选择"不是"的比例（64.0%）显著低于 1.5 万—6 万的父母（71.2%），其他各项差异不明显（表 3-2-25）。

总体而言，听力障碍儿童的父母懂手语的比例较低，仅有 15.3%，听力损失越重的父母反而掌握手语的比例越低；对比一级听力残疾占样本的 70% 以上的现实，大量父母需要掌握手语才能更好地开展家庭教育或沟通。

表 3-2-24 不同听力损失儿童的父母懂手语的比较（人数、百分数）

	一级	二级	三级、四级	合计
是	175_a（14.6）	36_a（12.9）	27_b（23.4）	238（15.0）
不是	823_a（68.9）	198_a（71.0）	77_a（67.0）	1098（69.1）
说不好	197_a（16.5）	45_a（16.1）	11_a（9.6）	253（15.9）
合计	1195（100.0）	279（100.0）	115（100.0）	1589（100.0）

注：$\chi^2 = 9.829$，$df = 4$，Sig.（双侧）= 0.043

（五）父母对教育方法的认知

本部分中父母使用的教育方法和其他四类一致，主要分成三个部分，包括正强化的方法（表扬）、惩罚的方法（批评、骂人、打人）和塑造（鼓励）的方法。

1. 父母正强化方法的使用

1690 名父母在回答"我教育听障孩子时用表扬的方法"时，回答"经常用"的 992 人（58.7%），回答"偶尔用"的 637 人（37.7%），回答"没用过"的 61 人（3.6%）。

尽管超过一半的听力障碍儿童的父母经常使用表扬，但仍旧有 41.3% 的父母仅仅是偶尔用或者没用过。实际上，在听障儿童的家庭教育尤其是听障儿童的听力语言训练中，需要父母的表扬，只有不断地使用正强化的方法才能增强他们正确使用言语的信心。当然，强调多使用正强化的表扬，并非不用其他方法，而是要根据教育内容、具体场景等选择恰当的方法，这就涉及另外一个问题，不在此赘述。

检验发现，不同残疾程度的儿童的父母之间差异不显著，趋势也不明显。

父母之间的差异显著，主要表现在"经常用"上父亲（55.0%）显著低于母亲（60.7%），在"没用过"上父亲（5.7%）显著高于母亲（2.5%）（表3-2-26）。说明，听力障碍儿童的母亲比父亲常使用表扬的方法。

不同学历层次的父母之间差异显著，大专及以上学历的父母经常使用表扬的比例（83.0%、79.2%）显著高于初中（57.3%）和小学或以下学历（48.4%）的父母，小学或以下、初中学历的父母经常使用表扬的比例也显著低于高中或中专学历的父母（68.1%）（表3-2-27），显示大学学历的父母比大学以下学历者拥有更多使用表扬的方法。

表 3-2-25 不同收入层次的父母懂手语的比较（人数、百分数）

	收入为0或负	1—1.5万	1.5万—6万	6万及以上	合计
是	$28_{a,b}$ (12.6)	124_b (19.9)	93_a (12.5)	$11_{a,b}$ (12.7)	256 (15.3)
不是	$162_{a,b}$ (72.6)	398_b (64.0)	530_a (71.2)	$63_{a,b}$ (73.3)	1153 (68.8)
说不好	33_a (14.8)	100_a (16.1)	121_a (16.3)	12_a (14.0)	266 (15.9)
合计	223 (100.0)	622 (100.0)	744 (100.0)	86 (100.0)	1675 (100.0)

注：$\chi^2 = 17.926$, df = 6, Sig.（双侧）= 0.006

表 3-2-26 听力障碍儿童父母间表扬方法的使用比较（人数、百分数）

	父亲	母亲	合计
经常用	326_a (55.0)	666_b (60.7)	992 (58.7)
偶尔用	233_a (39.3)	404_a (36.8)	637 (37.7)
没用过	34_a (5.7)	27_b (2.5)	61 (3.6)
合计	593 (100.0)	1097 (100.0)	1690 (100.0)

注：$\chi^2 = 14.197$, df = 2, Sig.（双侧）= 0.001

表 3-2-27　不同学历的父母表扬方法的使用比较（人数、百分数）

	小学或以下	初中	高中或中专	大专	本科及以上	合计
经常用	221$_a$（48.4）	462$_b$（57.3）	188$_c$（68.1）	73$_c$（83.0）	42$_c$（79.2）	986（58.7）
偶尔用	207$_a$（45.3）	319$_{a, b}$（39.6）	82$_c$（29.7）	15$_c$（17.0）	11$_{b, c}$（20.8）	634（37.7）
没用过	29$_a$（6.3）	25$_a$（3.1）	6$_a$（2.2）	0$_a$（0.0）	0$_a$（0.0）	60（3.6）
合计	457（100.0）	806（100.0）	276（100.0）	88（100.0）	53（100.0）	1680（100.0）

注：$\chi^2 = 74.378$，df=8，Sig.（双侧）= 0.000

不同收入层次的父母之间差异不显著，但除去收入为 0 或负数的父母，收入层次越高的父母经常使用表扬的比例越高，即收入为 0 或负数的经常用表扬的占 61.9%，1—1.5 万的占 55.0%，1.5 万—6 万的占 59.9%，6 万及以上的占 66.3%（数据不再呈现）。

总体而言，听力障碍儿童的父母中 58.7%的经常使用表扬这种正强化的方法，母亲比父亲经常使用的比例高，大学学历者比其他学历者更多地使用表扬，收入层次越高的父母经常使用表扬的比例越大。

2. 父母惩罚方法的使用

（1）听力障碍儿童父母批评方法的使用

父母在回答"我教育听障孩子时用批评的方法"时，回答"经常用"的 220 人（13.0%），回答"偶尔用"的 1220 人（72.2%），回答"没用过"的 250 人（14.8%）。

批评的方法可以被看成惩罚法的一种，在家庭教育中是经常被用到的方法，尤其是当听障儿童的行为和非言语训练相关的社会行为表现不恰当时要用到的方法。但是，具体用还是不用批评，不仅要看听障儿童行为的性质和量，还要看行为发生的情境或背景。从数据看，听障儿童的父母经常使用批评方法的比例并不高，这说明听障儿童的父母在经常使用批评上比较慎重。

从检验来看，不同残疾程度的儿童的父母，在偶尔使用批评上差异显著①，一级残疾儿童的父母（75.2%）显著高于二级残疾（66.7%）、三级和四级残疾儿童的父母（62.6%）。需要注意的是，残疾程度越重的父母，经常使用批评的比例越低。但是，没用过的父母也是随着孩子残疾程度的加重而减少，为什么会如此，需要进一步研究。

父母之间差异显著，父亲"经常用"批评的比例（13.5%）高于母亲（12.8%），父亲"没用过"的比例（17.7%）高于母亲（13.2%），父亲"偶尔用"的比例（68.8%）显著低于②母亲（74.0%）。

不同学历层次的父母之间差异显著，显著性主要表现在偶尔使用上。小学或以下学历的父母（67.6%）显著低于③高中学历的父母（80.1%），其他各项趋势不明显。

不同收入层次的父母之间差异显著，显著性主要表现在经常使用上。收入

---

① $\chi^2 = 14.742$，df=4，Sig.（双侧）= 0.005

② $\chi^2 = 14.742$，df=4，Sig.（双侧）= 0.005

③ $\chi^2 = 24.133$，df=8，Sig.（双侧）= 0.002

为 1.5 万—6 万的父母（10.1%）显著低于① 1—1.5 万的父母（15.9%），其他各项趋势不明显。

总体而言，听力障碍儿童的父母经常使用批评的比例不高，只有 13.0%，残疾程度越重的儿童的父母使用批评的比例越低，父亲比母亲经常使用批评；从学历看，本科及以上学历的父母经常使用的比例最高。

（2）听力障碍儿童父母骂人方法的使用

父母在回答"我教育听障孩子时用骂人的方法"时，回答"经常用"的 59 人（3.5%），回答"偶尔用"的 565 人（33.4%），回答"没用过"的 1066 人（63.1%）。

数据显示，没用过骂人方法的听力障碍儿童的父母占多数，经常使用的比例很小，但偶尔用的达到了 1/3。骂人往往是在"熊孩子"行为发生时使用的方法，偶尔使用也符合实际。当然，听障儿童可能没有孤独症、智力障碍儿童那么高的异常行为的发生率，父母生气的情况也较少。

统计检验表明，不同残疾程度的儿童的父母差异之间显著，显著性主要表现在②一级残疾儿童的父母经常使用的比例（3.1%）显著低于三级、四级儿童的父母（7.8%），但因经常使用的总比例较低，这个显著性差异没实际意义。不过，残疾程度越轻的儿童的父母，没用过的比例越高（一级 62.9%，二级 63.1%，三级、四级 67.8%）。

父母之间差异显著，父亲"经常用"骂人的比例（5.1%）显著高于③母亲（2.7%），父亲"没用过"的比例（61.9%）低于母亲（63.7%），父亲"偶尔用"的比例（33.0%）低于母亲（33.6%），说明父亲比母亲更多地使用骂人的方法。

不同学历层次的父母之间差异显著，小学或以下学历的父母经常使用骂人的比例（5.0%）高于初中（3.7%）、大专（2.3%）、本科及以上（1.9%），而且显著高于④高中或中专学历的父母（0.7%），其他各项趋势不明显。

不同收入层次的父母之间差异不显著，亦无明显趋势（数据不再呈现）。

总体而言，听力障碍儿童的父母经常使用骂人方法的比例很小，仅有 3.5%，多数人没用过，比例达 63.1%，残疾程度越轻的儿童的父母，没用过的比例越高，父亲比母亲经常用的比例高，小学或以下学历者经常用的比例最高。

---

① $\chi^2 = 14.319$，df=6，Sig.（双侧）= 0.026

② $\chi^2 = 12.890$，df=4，Sig.（双侧）= 0.012

③ $\chi^2 = 6.677$，df=2，Sig.（双侧）= 0.035

④ $\chi^2 = 16.352$，df=8，Sig.（双侧）= 0.038

（3）听力障碍儿童父母打人方法的使用

父母在回答"我教育听障孩子时用打人的方法"时，回答"经常用"的54人（3.2%），回答"偶尔用"的545人（32.2%），回答"没用过"的1091人（64.6%）。

从父母的回答可以看出，多数听力障碍儿童的父母没用过打人的教育方法，偶尔用和经常用的合计起来也仅仅是35.4%，说明打人的这种强烈的惩罚方法不是听力障碍儿童父母的常用方法。

统计检验表明，不同残疾程度的儿童的父母选择的差异不显著，但残疾程度越轻的儿童的父母，没用过骂人方法的比例越高（一级63.8%，二级65.2%，三级、四级68.7%），偶尔用骂人的比例也越低（一级33.1%，二级32.6%，三级、四级27.0%），尽管三级、四级残疾儿童的父母经常用批评的比例最高（一级3.1%，二级2.2%，三级、四级4.3%），但经常用的总比例很低。故总体而言，残疾程度越轻的父母，越不使用打人的教育方法。

父母之间差异显著。显著性主要体现在"没用过"的比例父亲（68.0%）显著高于母亲（62.7%），"偶尔用"的比例父亲（28.1%）显著低于母亲①（34.5%），总体上母亲比父亲更多地使用骂人方法。

不同学历层次的父母之间差异显著，但总体趋势不明显，仅是小学或以下学历者偶尔用的比例（28.5%）显著低于大学本科及以上者（50.9%），高中或中专没用过的（69.2%）显著高于②本科及以上者（47.2%）。

不同收入层次的父母之间差异显著，在"没用过"选项上，收入为0或负的父母（54.7%）显著低于③收入1—1.5万（66.1%）、1.5万—6万（67.2%）的父母，与收入6万及以上的父母（55.8%）差异不显著。其他各项趋势不明显。

总体而言，听力障碍儿童的父母很少使用打人的方法，多数父母没用过打人的方法，残疾程度越轻的儿童的父母越不使用打人的方法，父亲没用过的比例高于母亲。

概括而言，听力障碍儿童的父母经常使用惩罚法的比例不高，只有13.0%的父母经常使用批评的方法，3.5%的父母经常使用骂人的方法，3.2%的父母经常使用打人的方法；没用过批评的父母占14.8%，没用过骂人的占63.1%，没用过打人的占64.6%。惩罚法的选择与其他残疾儿童的父母大致相当。

---

① $\chi^2 = 7.705$，df=2，Sig.（双侧）= 0.021

② $\chi^2 = 26.989$，df=8，Sig.（双侧）= 0.001

③ $\chi^2 = 37.431$，df=6，Sig.（双侧）= 0.000

3. 父母塑造方法的使用

本节的塑造方法是指听障儿童的父母在教育孩子时使用鼓励的方法，即"我教育听障孩子时用鼓励的方法"，与行为矫正中的塑造策略不完全一致。

父母回答"经常用"的 1046 人（61.9%），回答"偶尔用"的 584 人（34.5%），回答"没用过"的 60 人（3.6%）。

数据显示，多数听力障碍儿童的父母在教育孩子时经常使用鼓励的方法，经常使用和偶尔使用的比例接近97%，没用过的比例很低。

检验表明，不同残疾程度的儿童的父母之间差异不显著，但残疾程度越轻的儿童的父母，经常使用鼓励的比例越高（一级 62.4%，二级 63.1%，三级、四级 66.1%）。

父母之间差异显著，父亲经常使用的比例（57.7%）显著低于母亲（64.1%），没用过的比例（5.4%）显著高于①母亲（2.6%），说明父亲不如母亲经常使用鼓励的方法。

不同学历层次的父母之间差异显著，小学或以下学历的父母经常使用鼓励的比例（54.3%）低于初中（60.7%），而且显著低于高中或中专（68.9%）、大专（81.8%）和本科及以上（79.2%）学历者；小学或以下学历的父母偶尔使用的比例（40.7%）高于初中学历者（35.7%），显著高于高中或中专（29.3%）、大专（18.2%）和本科及以上（18.9%）② 学历者；小学或以下学历者没用过的比例（5.0%）均高于其他学历层次。说明低学历父母应该更多地使用鼓励的方法。

不同收入层次的父母之间差异显著，差异主要在"没用过"选项上，收入 1—1.5 万的父母没用过（5.3%）显著低于③收入 1.5 万—6 万者（2.6%），其他各项没有明显趋势。

总体而言，大多数父母经常使用鼓励的方法，残疾程度越低的父母越多地使用鼓励的方法，母亲比父亲更经常使用鼓励，大学学历者比其他学历层次的父母更多地使用鼓励，小学或以下学历者应该更多地使用鼓励的方法。

五、研究结论

（一）多数父母的教育态度正确

听力障碍儿童和其他儿童比起来没有日常生活的障碍，但因为他们的听力

---

① $\chi^2 = 12.889$，df = 2，Sig.（双侧）= 0.002

② $\chi^2 = 46.438$，df = 8，Sig.（双侧）= 0.000

③ $\chi^2 = 13.531$，df = 6，Sig.（双侧）= 0.035

损失，与外界会有语言交流的异常。这种异常可能会导致他人对他们的同情，进而产生对策的异常。但从本调查看，多数听障儿童父母的教育态度是正确或端正的。当然，无论是在是否由着孩子上，还是夫妻的教育一致性上，均有超过 15% 的父母存在不正确的认知，这种现象是应该予以纠正的。

（二）听障儿童的父母有较高的教育方法的素养

总体而言，听障儿童的父母具有较好的教育方法的素养，超过 50% 的父母经常使用表扬和鼓励的方法，超过 60% 的父母未用过骂人和打人的方法，经常使用骂人、打人的比例不到 4%，经常使用批评的比例也仅仅是在 13.0%，反映多数父母对教育方法的使用合乎基本要求。

（三）听障儿童的父母缺少听障教育的工具知识

对于听障儿童而言，尤其是对那些听力损失超过 90 分贝的听障儿童而言，手语是重要的交流和学习工具，尤其是口语和书面语的获得手段。因此，家长掌握手语，会对孩子的发展具有重要的积极作用。然而，调查发现，只有少量父母懂得手语，显示应该在教育支持中，尤其是在教育知识的支持中，把手语的学习作为一个支持内容，尤其是对那些听力损失一级的儿童的父母。

（四）父母缺乏听力障碍儿童身心特点的知识

对听障儿童身心特点的把握是对他们进行教育的基础，也是对他们有正确认识的基础。但调查发现，绝大多数的父母对听障儿童的听力特点不能准确把握，只有少数父母对他们的言语特点能正确地把握，父母们对听力障碍儿童的身心特点的认知可能仅仅是从自己孩子的特点出发，而非从整个听力障碍儿童的群体的应然特点出发。因此，需要给予父母正确的听力障碍儿童身心特点的知识支持，以便提高其认识水平。

（五）父母对听力障碍儿童有较好的期望

无论是对听障孩子的说话能力，还是对听障孩子与普通儿童是否能一起玩耍和对听障孩子未来工作的种类，听力障碍儿童的父母均有较好的期望，超过 60% 的父母给出了肯定的回答。但是，本研究数据也显示，接近 40% 的父母需要提高期望水平，即通过知识的掌握、现实的例证、科技的力量提高父母对听障儿童的期望水平。

第四章

智力障碍儿童父母的教育需求研究

第一节　智力障碍儿童家庭教育支持的需求研究

一、研究的方法与过程

本章的研究方法与过程同第二章第一节。

二、本节研究的内容

本节研究的内容共分为三个部分。

一是智力障碍儿童父母过去的行为，包括他们回溯过去发生的行为和过去应该的行为（问卷第13、14题，见附录一，下同）并通过这些行为或对策探讨家长在儿童出生后需要什么支持，尤其是需要什么样的教育支持。

二是过去对智力障碍儿童父母的支持状况，包括回溯过去的教育支持经历（问卷第12题）、由现在看过去是否需要教育支持（问卷第15、16题）、需要什么样的教育支持（问卷第17题），来探讨智力障碍家庭教育支持的一般对策。

三是当下智力障碍儿童的父母是否还需要教育支持（问卷第19题）、需要什么样的教育支持（问卷第20、21题）。

三、样本情况

课题组于2020年3月17日至2020年4月15日对全国16个省区市的37所盲、聋、培智学校或特殊教育学校的学前、义务教育阶段的所有学生家长进行了自编问卷调查，其中涉及智力障碍儿童的学校有32所，最终获得智力障碍儿童的家庭合格问卷1639份，计入统计的问卷1624份，父母问卷1510份。1510名父母中，父亲449人，母亲1061人，各占29.7%和70.3%；他们的年龄主要集中在30—49岁，学历以高中或高中以下为主，家庭年收入主要是在6万元以下（表4-1-1）。

表 4-1-1 智力障碍儿童父母的基本信息

项目		人数（人）	百分比（%）
亲子关系	父亲	449	29.7
	母亲	1061	70.3
合计		1510	100.0
年龄段	29 岁及以下	16	1.1
	30—39 岁	488	32.3
	40—49 岁	710	47.0
	50—59 岁	147	9.7
	60 岁及以上	5	0.3
	不想透露年龄	144	9.6
合计		1510	100.0
学历	小学或以下	187	12.4
	初中	527	34.9
	高中或中专	376	24.9
	大专	218	14.4
	本科	184	12.2
	研究生	16	1.1
	不想透露学历	2	0.1
合计		1510	100.0
家长收入	收入为负	2	0.1
	收入为 0	280	18.5
	1—1.5 万	358	23.7
	1.5 万—6 万	661	43.8
	6 万—12 万	155	10.3
	12 万及以上	46	3.1
	不想透露收入	8	0.5
合计		1510	100.0

由于有的家庭有一个以上的智力障碍儿童，所以样本中的儿童共 1524 人，其中男生 931 人，女生 576 人（另有 17 人未填写性别）；年龄主要分布在 7—18

岁，学前（6岁以下）和19岁以上的比例很低；其中二级残疾，即重度智力障碍的比例最高；超过90%的学生有残疾证（表4-1-2）。

表4-1-2 智力障碍儿童的基本信息

项目		人数（n）	百分比（%）
男女比例	男	931	61.1
	女	576	37.8
	性别缺失	17	1.1
合计		1524	100.0
年龄段	6岁及以下	72	4.7
	7—12岁	710	46.6
	13—18岁	665	43.6
	19岁及以上	58	3.8
	年龄缺失	19	1.3
合计		1524	100.0
残疾证	有	1403	92.9
	没有	107	7.1
合计		1510	100.0
残疾程度	一级	235	15.6
	二级	732	48.5
	三级	322	21.3
	四级	96	6.3
	不知道	125	8.3
合计		1510	100.0

四、研究的结果与分析

（一）父母过去对智力障碍儿童的行为对策和应该的行为对策

在确定智力障碍儿童进入机构（早期教育机构或者义务教育阶段类学校）之前，父母是否需要教育支持、需要什么样的教育支持。

1. 智力障碍儿童的治疗

智力障碍儿童的父母在回答"您的孩子上机构以前，去医院治疗过吗"时，回答"治疗过"的1115个家庭，占76.0%；回答"没有"的331个家庭，占22.6%；回答"不记得"的21个家庭，占1.4%，大多数家庭①是给孩子做过医院的"治疗"的。

很显然，家长的这个对策并不明智，因为"治疗"对绝大多数智力障碍儿童而言是无效的，只有极个别的如PKU（苯丙酮尿症）患者，才可以在出生后即开始的食物干预中获得智力的改善，其他绝大多数儿童的对策应该是在正常养育下的早期教育。

这也就是说，从样本来看，超过3/4的家长就应该在孩子出生后，包括出生时就确定为高危儿或者未入机构前诊断为智力障碍时，获得如何教育孩子而非治疗的帮助或者指导。

检验发现，不同残疾程度的儿童的父母差异不显著，但呈现残疾程度越重治疗的比例越高的特点。一级残疾儿童的家庭治疗的占82.2%，二级占75.9%，三级占74.9%，四级占70.2%；反之，没有治疗过的比例，随着残疾程度的加重而减小，从一级到四级残疾的比例依次是16.5%、23.0%、23.8%、28.7%，这说明残疾程度越重的智力障碍儿童家长越需要正确的对策指导。

2. 过去对智力障碍儿童最应该的对策

1510名父母在回答"现在回想起来，您知道孩子有问题时，当时最应该做的事儿是什么"时，回答"医学或医院治疗"的384人，占25.4%；回答"教育"的130人，占8.6%；回答"治疗加教育"的900人，占59.6%；回答"说不好"的96人，占6.4%。

样本中孩子的年龄主要是在7—12岁（46.6%）和13—18岁（43.6%），但仍旧有85%的父母现在回想起来觉得当时最佳对策是医院治疗或治疗加教育，没有把教育放在首选。父母们已经是或者应该是有经验的智力障碍儿童父母了，但是这些经验或者磨难或者说失败并没有使他们自然地积累关于智力障碍的正确知识，这就要求给予他们正确的对策指导或支持。

检验发现，不同残疾程度的儿童的父母之间差异不显著，但残疾程度越重，医学或医院治疗的比例越高（一级29.6%，二级25.3%，三级24.6%，四级

---

① 1467表示以家庭为单位统计的数据，在1510份父母问卷中，有23个家庭的父母双方对该题回答一致，故只统计一次，有10个家庭的父母双方对该题回答意见不统一，故都不计入统计。

24.2%），教育对策的比例大致越低（一级8.3%，二级8.8%，三级8.7%，四级9.5%）。残疾程度重的儿童的父母更想通过治疗干预孩子。

父母之间差异不显著，亦无明显趋势。

不同学历层次的父母之间差异显著，主要表现在"治疗加教育"上小学或以下学历的父母（46.0%）显著低于其他学历层次的父母；在"说不好"上，小学或以下学历者显著高于高中（中专）和本科及以上学历者。说明学历越高越觉得治疗加教育最好，学历越高越对自己怎么做有信心（表4-1-3）。这也说明，这些学历高的父母需要更多的正确指导。

不同收入层次的父母之间差异不显著，也无明显趋势。

总体而言，智力障碍儿童的父母在孩子入学后仍旧认为医院治疗或治疗加教育是当时最好的对策，而且学历越高越明显，说明这些父母需要正确的教育指导。

（二）智力障碍儿童的父母教育支持的经历和过去的需要

1. 智力障碍儿童的父母在过去教育支持的经历

父母在回答"您的孩子上机构或上学以前，有人告诉过您孩子该怎么教育吗"时，回答"有"的611人，占40.5%；回答"没有"的740人，占49.0%；回答"不记得了"的159人，占10.5%。有过教育支持的父母不到一半。

检验发现，不同残疾程度的智力障碍儿童的父母接受教育支持的差异不显著，但显示了一种趋势，就是残疾程度越轻的儿童的父母接受教育支持的比例越低（一级残疾儿童的父母有教育支持的43.1%，二级42.1%，三级37.4%，四级34.8%），没有接受教育支持的比例越高（一级残疾儿童的父母没有教育支持的46.5%，二级47.5%，三级54.5%，四级52.6%），这可能和残疾程度越重时父母越重视孩子的现状改变有关。

父母之间的选择差异不显著，也没有明显的趋势。

不同学历层次的父母之间差异显著，主要表现在"有"上，小学或以下学历的父母显著低于大专和本科及以上学历者；在"没有"上，初中以下学历者显著高于大专和本科及以上学历者（表4-1-4）。基本上是学历越高接受支持的比例越高，这可能和学历高的父母知识丰富、容易寻求帮助有关。

不同收入层次的父母之间差异显著，表现为收入1.5万以下的父母有教育支持的比例显著低于收入12万及以上的父母，没有教育支持的比例显著高于收入12万及以上的父母（表4-1-5）。父母收入成为影响教育支持的显著因素。

表 4-1-3 父母学历对当时最应该采取对策的影响（人数、百分数）

	小学或以下	初中	高中或中专	大专	本科及以上	合计
医学或医院治疗	58$_a$ (31.0)	124$_a$ (23.5)	106$_a$ (28.2)	57$_a$ (26.2)	39$_a$ (19.5)	384 (25.4)
教育	22$_a$ (11.8)	50$_a$ (9.5)	28$_a$ (7.4)	13$_a$ (6.0)	15$_a$ (7.5)	128 (8.5)
治疗加教育	86$_a$ (46.0)	311$_b$ (59.0)	227$_b$ (60.4)	137$_b$ (62.8)	139$_b$ (69.5)	900 (59.7)
说不好	21$_a$ (11.2)	42$_{a,b}$ (8.0)	15$_b$ (4.0)	11$_{a,b}$ (5.0)	7$_b$ (3.5)	96 (6.4)
合计	187 (100.0)	527 (100.0)	376 (100.0)	218 (100.0)	200 (100.0)	1508 (100.0)

注：①1510 名父母中，2 名父母不想透露学历信息，故总人数为 1508 人，下同。
②$\chi^2 = 37.435$, df = 12, Sig.（双侧）= 0.000
③表中 a、b、c、d 代表多个列之间两两比较的显著性水平，数字后标记的字母相同则表示对应的两组数据无差异，字母不同的则表示差异有统计学意义，下同。

表 4-1-4 家长学历对入学前家长教育支持的影响（人数、百分数）

	小学或以下	初中	高中或中专	大专	本科及以上	合计
有	61$_a$ (32.6)	180$_a$ (34.2)	156$_{a,b}$ (41.5)	108$_b$ (49.6)	106$_b$ (53.0)	611 (40.5)
没有	109$_a$ (58.3)	282$_a$ (53.5)	185$_{a,b}$ (49.2)	89$_{b,c}$ (40.8)	73$_c$ (36.5)	738 (48.9)
不记得了	17$_a$ (9.1)	65$_a$ (12.3)	35$_a$ (9.3)	21$_a$ (9.6)	21$_a$ (10.5)	159 (10.6)
合计	187 (100.0)	527 (100.0)	376 (100.0)	218 (100.0)	200 (100.0)	1508 (100.0)

注：$\chi^2 = 37.847$, df = 8, Sig.（双侧）= 0.000

总体而言，孩子入学前接近一半（49.0%）的父母没有接受教育支持，孩子残疾程度越轻，父母接受教育支持的比例越低；学历越低，收入越低，接受教育支持的比例越低。

2. 智力障碍儿童的父母过去是否需要教育支持

（1）过去是否需要有人告诉怎么办

父母在回答"现在回想起来，从您的孩子出生到知道孩子有问题时，是否需要有人告诉您孩子该怎么办"时，回答"是"（需要）的1029人，占68.1%；回答"不是"（不需要）的264人，占17.5%；回答"忘记了"（说不好）的217人，占14.4%。这里的怎么办就是家长看到问题时第一反应的答案，可能是养的问题，也可能是育的问题，还可能是医和教的问题，反映当时最需要的东西。从父母的回答看，大多数父母需要支持。

检验发现，不同残疾程度的儿童的父母之间差异不显著，也没有明显趋势。

父母之间差异不显著，趋势也不明显。

不同学历层次的父母间差异显著，主要表现在初中学历（60.9%）选择"是"的比例显著低于高中或中专（73.1%）、大专（72.9%）、本科及以上（75.5%）学历者；选择"忘记了"的比例，初中（20.9%）显著高于高中或中专（9.6%）、大专（10.1%）、本科及以上（8.5%），反映学历越高越有支持的需要（表4-1-6）。不同收入层次的父母差异不显著，但大致是收入越高的父母，需要的比例越高，收入越低不需要的比例和忘记了的比例越高，收入成为影响需要的因素（表4-1-7）。

（2）过去是否需要有人帮助教育孩子

智力障碍儿童的父母在回答"孩子出生后，在您的孩子上学或者去机构前，您需要有人帮您教育孩子吗"时，回答"需要"的1247人，占82.6%；回答"不需要"的142人，占9.4%；回答"说不好"的121人，占8.0%。

很明显，回答当时需要帮助教育孩子的比例（82.6%）明显高于需要告诉怎么办的比例（68.1%），高出14.5个百分点。说明父母更需要具体的支持措施，而非一般意义上的怎么办。

检验发现，孩子的残疾程度轻重没有影响父母需要与否的选择，差异不显著，说明智力残疾的程度不是父母选择教育支持的影响因素。

父母之间差异也不显著，只是父亲比母亲更有教育支持的倾向而已。父亲需要的比例（83.5%）略高于母亲（82.2%）。

表 4-1-5　家长收入对入学前家长教育支持的影响（人数、百分数）

	收入为0或负债	1—1.5万	1.5万—6万	6万—12万	12万及以上	合计
有	94_a (33.3)	$127_{a,b}$ (35.5)	$283_{a,b,c}$ (42.8)	$74_{b,c}$ (47.7)	28_c (60.9)	606 (40.3)
没有	159_a (56.4)	$191_{a,b}$ (53.3)	$310_{a,b,c}$ (46.9)	$64_{b,c}$ (41.3)	13_c (28.2)	737 (49.1)
不记得了	29_a (10.3)	40_a (11.2)	68_a (10.3)	17_a (11.0)	5_a (10.9)	159 (10.6)
合计	282 (100.0)	358 (100.0)	661 (100.0)	155 (100.0)	46 (100.0)	1502 (100.0)

注：①1510名父母中，8名父母不想透露收入信息，故总人数为1502人，下同。
②$\chi^2 = 24.877$，df=8，Sig.（双侧）= 0.002

表 4-1-6　家长学历对过去支持需求的影响（人数、百分数）

	小学或以下	初中	高中或中专	大专	本科及以上	合计
是	$121_{a,b}$ (64.7)	321_b (60.9)	275_a (73.1)	159_a (72.9)	151_a (75.5)	1027 (68.1)
不是	34_a (18.2)	96_b (18.2)	65_a (17.3)	37_a (17.0)	32_a (16.0)	264 (17.5)
忘记了	$32_{a,b}$ (17.1)	110_b (20.9)	36_a (9.6)	22_a (10.1)	17_a (8.5)	217 (14.4)
合计	187 (100.0)	527 (100.0)	376 (100.0)	218 (100.0)	200 (100.0)	1508 (100.0)

注：$\chi^2 = 38.614$，df=8，Sig.（双侧）= 0.000

表 4-1-7 家长收入对过去支持需求的影响（人数、百分数）

	收入为0或负	1—1.5万	1.5万—6万	6万—12万	12万及以上	合计
是	184$_{a,b}$（65.2）	227$_b$（63.4）	456$_{a,b}$（69.0）	118$_a$（76.1）	37$_{a,b}$（80.4）	1022（68.0）
不是	54$_a$（19.2）	66$_a$（18.4）	116$_a$（17.5）	23$_a$（14.9）	5$_a$（10.9）	264（17.6）
忘记了	44$_a$（15.6）	65$_a$（18.2）	89$_a$（13.5）	14$_a$（9.0）	4$_a$（8.7）	216（14.4）
合计	282（100.0）	358（100.0）	661（100.0）	155（100.0）	46（100.0）	1502（100.0）

注：$X^2=14.798$，df=8，Sig.（双侧）=0.063

表 4-1-8 父母学历对当时教育支持需求的影响（人数、百分数）

	小学或以下	初中	高中或中专	大专	本科及以上	合计
需要	154$_{a,b}$（82.4）	416$_b$（79.0）	330$_a$（87.8）	174$_{a,b}$（79.8）	171$_{a,b}$（85.5）	1245（82.6）
不需要	18$_a$（9.6）	55$_a$（10.4）	26$_a$（6.9）	25$_a$（11.5）	18$_a$（9.0）	142（9.4）
说不好	15$_{a,b}$（8.0）	56$_b$（10.6）	20$_a$（5.3）	19$_{a,b}$（8.7）	11$_{a,b}$（5.5）	121（8.0）
合计	187（100.0）	527（100.0）	376（100.0）	218（100.0）	200（100.0）	1508（100.0）

注：$X^2=16.176$，df=8，Sig.（双侧）=0.040

不同学历层次的父母之间差异显著，但差异主要是在"说不好"选项上，初中学历的父母（10.6%）显著高于高中或中专学历的父母（5.3%），如表4-1-8所示。差异的实际意义不大。

不同收入层次的父母间差异不显著，也没有明显的趋势。

（3）过去父母需要的教育帮助的内容

1247名过去需要教育帮助的父母，在回答"需要哪些内容或形式的教育支持"时，回答"有人告诉我怎么做就够了"的有289人，占23.2%；回答"有人定期来家里直接教孩子"的有97人，占7.8%；回答"有人告诉我怎么做并同时来家里帮我教育孩子"的有747人，占59.9%；回答"说不好"的有114人，占9.1%（表4-1-9）。

表4-1-9　儿童入学前父母需要的教育支持内容

	人数（人）	百分比（%）
有人告诉我怎么做就够了	289	23.2
有人定期来家里直接教孩子	97	7.8
有人告诉我怎么做并同时来家里帮我教育孩子	747	59.9
说不好	114	9.1
合计	1247	100.0

数据显示，超过一半的父母既希望得到自己怎么教育孩子的指导，又有人能来家里帮助教育孩子，加上希望有人定期来家里直接教孩子的父母，总比例接近70%，说明大多数父母更多地选择了孩子入学前也是以他人教育为主的愿望，而非自己教育孩子。

检验发现，不同残疾程度的父母之间的差异不显著，也没明显趋势。

父母之间差异显著，母亲在希望有人告诉如何教育孩子又来家里帮助教育孩子选项上（62.6%）显著高于父亲（53.6%），如表4-1-10所示，说明母亲过去对教育支持的要求比父亲高。

表4-1-10　父母当时需要教育支持的内容比较（人数、百分数）

	父亲	母亲	合计
有人告诉我怎么做就够了	96_a（25.6）	193_a（22.1）	289（23.2）
有人定期来家里直接教孩子	35_a（9.3）	62_a（7.1）	97（7.8）
有人告诉我怎么做并同时来家里帮我教育孩子	201_a（53.6）	546_b（62.6）	747（59.9）

	父亲	母亲	合计
说不好	43$_a$（11.5）	71$_a$（8.2）	114（9.1）
合计	375（100.0）	872（100.0）	1247（100.0）

注：$\chi^2 = 9.754$，df=3，Sig.（双侧）= 0.021

不同学历层次的父母之间，各项选择的差异显著，大致上显示学历越高的父母越想既有指导又能来家里帮助教育孩子，如在既需要指导又需要来家里的选项上，小学或以下的父母是50.0%，初中是55.3%，高中或中专是60.3%，大专是64.9%，本科及以上是74.9%，依次增高且高中以下各学历层次显著低于本科及以上学历，说明学历越低越说不出自己需要什么（表4-1-11），反映了学历的重要性。

不同收入层次的父母之间选择差异显著，收入越高的父母"说不好"的比例越少，希望来家里指导和教育孩子的比例越高，而且收入12万及以上的父母显著高于收入6万以下的（表4-1-12），这和不同学历父母选择的趋势相同。

总体来看，在智力障碍儿童进入学校或者进入训练机构之前，接受教育指导的比例不高；孩子残疾程度越轻，父母接受教育指导的比例越低；学历越低，收入越低，没有接受指导的越多。

尽管儿童在进入学校或者机构前，家长接受教育指导的比例不高，却有68.1%的父母需要被告诉怎么办，更是有82.6%的父母需要教育帮助，说明需要和需要的满足之间存在较大的差距，或者说一半以上想寻求教育帮助的父母没有获得帮助。

从帮助的方式看，那些需要教育帮助的父母，最需要的教育支持方式是"有人告诉我怎么做并同时来家里帮我教育孩子"，占59.9%，父母们不满足仅仅是告诉他们怎么教育，而且学历越高、收入越高的父母越显示了这种倾向。

（三）父母当下教育支持的愿望

1. 现在是否还需要他人帮助教育孩子

父母在回答"您现在还需要他人帮助您教育孩子吗"时，回答"是"的1232人，占81.6%；回答"不是"的170人，占11.3%；回答"说不好"的108人，占7.1%（表4-1-13）。

数据显示，尽管智力障碍儿童已经入学，但需要家庭教育支持的父母依然很多，达到81.6%，说明即使孩子已经读书了，给父母提供教育支持依然意义重大。

表4-1-11 不同学历的父母当时需要教育支持的内容比较（人数、百分数）

	小学或以下	初中	高中或中专	大专	本科及以上	合计
有人告诉我怎么教孩子就够了	39$_a$ (25.3)	102$_a$ (24.5)	89$_a$ (27.0)	37$_{a,b}$ (21.3)	21$_b$ (12.3)	288 (23.1)
有人定期来家里直接教孩子	12$_a$ (7.8)	39$_a$ (9.4)	23$_a$ (7.0)	13$_a$ (7.5)	10$_a$ (5.8)	97 (7.8)
有人告诉我怎么教孩子并同时来家里帮我教育孩子	77$_a$ (50.0)	230$_a$ (55.3)	199$_a$ (60.3)	113$_{a,b}$ (64.9)	128$_b$ (74.9)	747 (60.0)
说不好	26$_a$ (16.9)	45$_{a,b}$ (10.8)	19$_b$ (5.7)	11$_b$ (6.3)	12$_{a,b}$ (7.0)	113 (9.1)
合计	154 (100.0)	416 (100.0)	330 (100.0)	174 (100.0)	171 (100.0)	1245 (100.0)

注：①1247 名需要支持的父母中，2 名父母不想透露学历信息，故总人数为 1245 人。
②$\chi^2 = 43.306$，df=12，Sig.（双侧）= 0.000

表4-1-12 不同收入层次的父母当时需要教育支持的内容比较（人数、百分数）

	收入为0或负	1—1.5万	1.5万—6万	6万—12万	12万及以上	合计
有人告诉我怎么教孩子就够了	60ₐ (26.7)	52ₐ (18.5)	144ₐ (25.7)	29ₐ (21.8)	3ₐ (7.7)	288 (23.2)
有人定期来家里直接教孩子	13ₐ (5.8)	30ₐ (10.7)	46ₐ (8.2)	6ₐ (4.5)	1ₐ (2.6)	96 (7.8)
有人告诉我怎么教孩子并同时来家里帮我教育孩子	131ₐ (58.2)	165ₐ (58.7)	323ₐ (57.6)	90ₐ,ᵦ (67.7)	33ᵦ (84.6)	742 (59.9)
说不好	21ₐ (9.3)	34ₐ (12.1)	48ₐ (8.5)	8ₐ (6.0)	2ₐ (5.1)	113 (9.1)
合计	225 (100.0)	281 (100.0)	561 (100.0)	133 (100.0)	39 (100.0)	1239 (100.0)

注：①1247名需要支持的父母中，8名父母不想透露收入信息，故总人数为1239人。

②$\chi^2 = 29.694$，df=12，Sig.（双侧）= 0.003

比较发现，现在需要教育帮助的分布和孩子出生后、在孩子上学或者去机构前，需要有人帮忙教育孩子的分布大致相同。现在"需要"的比当时小了1个百分点；"不需要"的高了1.9个百分点；"忘记了"或者"说不好"的低了0.9个百分点。为了测谎，这两个题目出现的顺序不在一起。这说明父母的回答是可信的，并经过自己的实践，父母们已经有了一些经验或者学校已开展了相关工作，所以需要的百分比降低、不需要的百分比增高反映了可能的事实。

表 4-1-13　父母现在和当时是否需要教育支持（人数，百分比）

	需要	不需要	说不好	合计
当时是否需要教育帮助	1247（82.6）	142（9.4）	121（8.0）	1510（100.0）
现在是否需要教育帮助	1232（81.6）	170（11.3）	108（7.1）	1510（100.0）

但是，数据也反映了即使孩子在学校里读书了，绝大多数的父母也需要教育帮助。这说明过去提供的教育支持要么数量不够，要么质量不够，也就是提示要提供合格的教育支持。

检验发现，不同残疾程度的儿童的父母、父母间、不同学历和不同收入层次的父母之间差异不显著（因篇幅限制，数据不再呈现）。

2. 需要帮助的内容

1232名认为需要支持的父母中，选择"有人告诉我怎么做就够了"的295人，占23.9%；选择"有人定期来家里直接教孩子"的108人，占8.8%；选择"有人告诉我怎么做并同时来家里帮我教育孩子"的713人，占57.9%；选择"说不好"的116人，占9.4%（表4-1-14）。

表 4-1-14　父母过去和现在需要的教育支持的内容比较

	过去需要的教育支持		现在需要的教育支持	
	人数（人）	百分数（%）	人数（人）	百分数（%）
有人告诉我怎么做就够了	289	23.2	295	23.9
有人定期来家里直接教孩子	97	7.8	108	8.8
有人告诉我怎么做并同时来家里帮我教育孩子	747	59.9	713	57.9
说不好	114	9.1	116	9.4
合计	1247	100.0	1232	100.0

目前家长的最大教育支持需求依然是"有人告诉我怎么做并同时来家里帮我教育孩子"。这可能是家长对智力障碍儿童的身心特点和教育特点不了解所致，也可能是对现有的教育效果不满意所致。

检验发现，不同残疾程度的儿童的父母之间的选择差异不显著，趋势不明显。

父亲与母亲之间的选择差异显著（表4-1-15），但没有明显的趋势，差异显著的实际意义不大。

表4-1-15　父母现在需要的教育支持的内容比较（人数、百分数）

	父亲	母亲	合计
有人告诉我怎么做就够了	95_a（26.0）	200_a（23.1）	295（23.9）
有人定期来家里直接教孩子	43_a（11.8）	65_b（7.5）	108（8.8）
有人告诉我怎么做并同时来家里帮我教育孩子	187_a（51.2）	526_b（60.7）	713（57.9）
说不好	40_a（11.0）	76_a（8.7）	116（9.4）
合计	365（100.0）	867（100.0）	1232（100.0）

注：$\chi^2 = 11.580$，df=3，Sig.（双侧）= 0.009

不同学历层次的父母之间，总体在0.05水平上差异显著，但在各项交叉上不显著，大致显示学历越高的父母越希望有指导同时来家里帮助教育孩子；学历越低，越不知道需要什么，从小学或以下学历到本科及以上的占比分别是13.5%、12.0%、7.2%、6.7%、5.4%（表4-1-16）。

不同收入层次的父母之间总体上差异显著，但趋势不明显（表4-1-17）。

比较发现，目前选择教育支持方式的分布和过去孩子入学或进入机构前家长需要的教育支持的方式大致相当。

3. 家长需要的教育形式

对295名回答"如果您现在需要有人告诉您怎么教育孩子，您最希望用哪种方式"的家长给出了五种具体的教育选择形式，结果选择"面对面地教我"的有82人，占27.8%；选择"通过阅读书籍、杂志学习"的有17人，占5.8%；选择"通过手机、电视、网络学习"的有65人，占22.0%；选择"通过面对面地教我，通过阅读书籍、杂志学习，通过手机、电视、网络学习三种途径"的有106人，占35.9%；选择"说不好"的有25人，占8.5%（表4-1-18）。

表 4-1-16 不同学历层次的父母现在需要的教育支持的内容比较（人数、百分数）

	小学或以下	初中	高中或中专	大专	本科及以上	合计
有人告诉我怎么教孩子就够了	37$_a$ (23.9)	108$_a$ (25.3)	85$_a$ (26.7)	35$_a$ (21.3)	29$_a$ (17.5)	294 (23.9)
有人定期来家里直接教孩子	14$_a$ (9.0)	36$_a$ (8.4)	25$_a$ (7.9)	15$_a$ (9.2)	18$_a$ (10.8)	108 (8.8)
有人告诉我怎么教孩子并同时来家里帮我教育孩子	83$_a$ (53.6)	232$_a$ (54.3)	185$_a$ (58.2)	103$_a$ (62.8)	110$_a$ (66.3)	713 (58.0)
说不好	21$_a$ (13.5)	51$_a$ (12.0)	23$_a$ (7.2)	11$_a$ (6.7)	9$_a$ (5.4)	115 (9.3)
合计	155 (100.0)	427 (100.0)	318 (100.0)	164 (100.0)	166 (100.0)	1230 (100.0)

注：①1232 名需要支持的父母中，2 名父母不想透露学历信息，故总人数为 1230 人。
②χ^2 = 21.554，df = 12，Sig.（双侧）= 0.043

表 4-1-17 不同收入层次的父母现在需要的教育支持的内容比较（人数、百分数）

	收入为0或负	1—1.5万	1.5万—6万	6万—12万	12万及以上	合计
有人告诉我怎么教孩子就够了	62_a (27.2)	62_a (20.8)	132_a (24.5)	31_a (24.8)	7_a (19.4)	294 (24.0)
有人定期来家里直接教孩子	9_a (3.9)	$30_{a,b}$ (10.1)	55_b (10.2)	$10_{a,b}$ (8.0)	$2_{a,b}$ (5.6)	106 (8.6)
有人告诉我怎么教孩子并同时来家里帮我教育孩子	136_a (59.7)	167_a (56.0)	298_a (55.4)	82_a (65.6)	26_a (72.2)	709 (57.9)
说不好	$21_{a,b,c,d}$ (9.2)	$39_{c,d}$ (13.1)	$53_{b,d}$ (9.9)	2_a (1.6)	$1_{a,b,c,d}$ (2.8)	116 (9.5)
合计	228 (100.0)	298 (100.0)	538 (100.0)	125 (100.0)	36 (100.0)	1225 (100.0)

注：①1232名需要支持的父母中，7名父母不想透露收入信息，故总人数为1225人。
②$\chi^2=34.640$，df=12，Sig.（双侧）=0.001

比较发现，除"说不好"之外，其他四种方式中，父母最不想自学，即通过阅读书籍、杂志学习的比例最低。这实际上是一个大问题。应该说，准确的知识和方法都在书报文章里，最好的方法就是自己慢慢地看书学习。可惜父母们没有意识到这一点，这也提示了要引导父母通过自学获得支持。

表 4-1-18　父母接受教育指导的形式

	人数（人）	百分比（%）
面对面地教我	82	27.8
通过阅读书籍、杂志学习	17	5.8
通过手机、电视、网络学习	65	22.0
通过面对面地教我，通过阅读书籍、杂志学习，通过手机、电视、网络学习三种途径	106	35.9
说不好	25	8.5
合计	295	100.0

注：本题是 20 题选择"有人告诉我怎么做就够了"的家长，故合计是 295 人。

通过手机、电视、网络学习，这实际上也是一种自学，只是载体由传统媒介转变为现代媒介。22.0% 的比例既说明了时代的强大影响，又说明了父母们对自学的不甘心或不放心。

有趣的是，自学的两种方式——通过阅读书籍、杂志学习和通过手机、电视、网络学习的总比例为 27.8%，恰好是选择"面对面地教我"的比例。

但是，选择三种方式皆用的（通过面对面地教我，通过阅读书籍、杂志学习，通过手机、电视、网络学习三种途径）父母的比例也仅仅是 35.9%，超过 1/3 多一点而已。撇开三种综合方式的选择比例，就单一选项看，父母还是最倾向"面对面地教我"的学习方式。

因此可以说，父母在选择具体的接受教育的方式上，面授排第一，同时出现了多种选择并存的局面，但家长不乐意自学。

检验发现，不同残疾程度的父母之间差异不显著，也没有明显的趋势。

父母之间差异不显著，也没有明显的趋势。

表4-1-19　家长学历对家长教育指导形式需求的影响（人数、百分数）

	小学或以下	初中	高中或中专	大专	本科及以上	合计
面对面地教我	17$_a$ (46.0)	31$_{a,b}$ (28.7)	22$_{a,b}$ (25.9)	8$_{a,b}$ (22.9)	3$_b$ (10.3)	81 (27.5)
通过阅读书籍、杂志学习	1$_a$ (2.7)	8$_a$ (7.4)	5$_a$ (5.9)	1$_a$ (2.9)	2$_a$ (6.9)	17 (5.8)
通过手机、电视、网络学习	7$_{a,b}$ (18.9)	18$_b$ (16.7)	23$_a$ (27.0)	4$_b$ (11.4)	13$_a$ (44.8)	65 (22.1)
通过面对面地教我，通过阅读书籍、杂志学习，通过手机、电视、网络学习三种途径	6$_a$ (16.2)	40$_{a,b}$ (37.0)	30$_{a,b}$ (35.3)	20$_b$ (57.1)	10$_{a,b}$ (34.5)	106 (36.1)
说不好	6$_a$ (16.2)	11$_a$ (10.2)	5$_a$ (5.9)	2$_a$ (5.7)	1$_a$ (3.5)	25 (8.5)
合计	37 (100.0)	108 (100.0)	85 (100.0)	35 (100.0)	29 (100.0)	294 (100.0)

注：①295名需要有人告诉怎么教育孩子的父母中，1名家长不想透露学历信息，故总人数为294人。
②χ^2=33.712，df=16，Sig.（双侧）=0.006

不同学历层次的父母之间差异显著，大致是学历越低越需要面对面地教，学历越高越可以通过自学的方式学习，而且小学或以下学历者（46.0%）在面对面教的选择上显著高于本科及以上学历者（10.3%）；初中学历者通过手机、电视、网络学习的选择者（16.7%）显著低于本科及以上学历者（44.8%）；小学或以下者选择综合方式的比例（16.2%）显著低于大专学历者（57.1%），大致反映了学历高者自学渠道的选择比例高，学历低者面对面渠道的选择比例高（表4-1-19）。

不同收入层次的父母之间差异不显著，也无明显趋势。

总体而言，当下大多数（81.6%）智力障碍儿童的父母仍旧需要教育支持，这和过去提供的教育支持的数量和质量不能满足父母需要有关；父母的教育需求仍然很高，表现为超过一半（57.9%）的父母需要"有人告诉我怎么做并同时来家里帮我教育孩子"；就接受教育支持的形式或方法看，希望面授的比例最高，通过传统纸媒学习的需求最低，依然表现了较高的要求。这需要引导。

五、研究结论

（一）智力障碍是否能够"治疗"

从智力障碍儿童在进入机构接受教育或者训练前，有高达76.0%的父母曾经送孩子去医院接受治疗看，大多数家长以为或者曾经以为，传统的医学"治疗"能解决智力障碍的问题，或者对智力障碍儿童有帮助。

实际上，除极个别的智力障碍的类型——如PKU（苯丙酮尿症）可以在四岁前进行食物干预有效外，绝大多数智力障碍儿童的"医疗"是无效的。因此，应该给予智力障碍儿童的父母正确对策的指导，使之转变观念，采取综合对策，而非把希望寄托在治疗上。

（二）父母过去教育支持的经历或愿望

在孩子进入机构前大多数父母需要教育指导，尽管父母对教育指导的要求较高，但过去提供的指导机会不足，指导的质量也未必能满足父母的需求。

因此，应该从孩子确认为智力障碍开始，就要给予智力障碍儿童的家长必要的、充足的教育支持或指导；同时，针对不同的需求，提供多种指导内容或方式。

（三）父母现在教育指导的愿望

孩子读书后的当下，大多数父母（81.6%）仍旧有教育指导（支持）的需要，而且要求依然很高。

因此，一方面要提供父母基本的免费的教育指导，同时要引导父母通过多种方式尤其是自学的方式满足教育支持的需求。

第二节 智力障碍儿童父母的教育素养研究

一、研究的方法与过程

本节的研究方法与过程同第二章第一节。

二、本节研究的内容

本节研究的内容分为五个方面。

一是父母对智力障碍儿童的态度和教育一致性，问卷中智力障碍儿童父母专用问卷（附录一之 24 题，下同）的第 6、7 题。

二是父母对智力障碍儿童的身心特点的认知，主要是问卷中的第 1、2、3 题。

三是父母对智力障碍儿童未来发展的预期，这也是期望或态度，问卷第 4、5 题。

四是父母对对智力障碍儿童的文化学习的对策，问卷第 8 题。

五是父母对智力障碍儿童的教育方法或能力，主要是问卷中的第 9—13 题。

三、样本基本情况

样本基本情况见本章第一节。

四、研究的结果与分析

（一）父母对智力障碍儿童的态度

1. 父母对智力障碍孩子任性的态度

1510 名父母在回答"我觉得孩子是智力障碍，所以平时他想怎么着就怎么着，我由着他"时，回答"是"的仅占 5.4%，回答"说不好"的也只有 9.0%，回答"不是"的为 85.6%，占了绝大多数，说明大多数父母对孩子任性的态度是正确的。

检验发现，不同残疾程度的儿童的父母在选择是否由着孩子的三个选项上差异不显著，也没有明显趋势。

父母之间差异显著，在"是"的选项上父亲（8.2%）显著高于母亲（4.2%），在"不是"的选项上父亲（82.0%）显著低于母亲（87.1%），显示了父亲比母亲更由着孩子（表4-2-1）。

表4-2-1 亲子关系对父母是否由着孩子的影响（人数、百分数）

	父亲	母亲	合计
是	37$_a$（8.2）	45$_b$（4.2）	82（5.4）
不是	368$_a$（82.0）	924$_b$（87.1）	1292（85.6）
说不好	44$_a$（9.8）	92$_a$（8.7）	136（9.0）
合计	449（100.0）	1061（100.0）	1510（100.0）

注：$\chi^2 = 10.708$，$df = 2$，Sig.（双侧）= 0.005

不同学历层次的父母之间差异显著，小学或以下学历的父母（11.2%）选择"是"的比例显著高于高中或中专（4.3%）、本科及以上（1.5%）的父母，小学或以下选择"不是"的父母（76.5%）显著低于高中或中专（88.3%）、本科及以上（90.0%）的父母，显示了学历最低的群体反而由着孩子的比例高（表4-2-2）。

不同收入层次的父母之间差异不显著，也无明显趋势。

2. 夫妻在教育孩子上的意见是否一致

父母在回答"我们夫妻（或整个家庭）在教育智力障碍孩子上的意见是一致的"时，回答"是"的有1136人，占75.2%；回答"不是"的有281人，占18.6%；回答"不知道"的有93人，占6.2%。

数据显示，大多数智力障碍儿童的家庭教育是一致的，但接近四分之一的智力障碍儿童的家长需要进行正确的教育观或儿童态度的教育。

检验发现，不同残疾程度的孩子的父母差异不显著，但残疾程度越轻的家庭，不一致的比例越高，从一级残疾到四级残疾不一致的比例依次是16.1%、17.6%、19.6%、22.1%，这可能和轻度智力障碍（四级）的教育比极重度智力障碍（一级）容易一些有关系。

不同学历层次的父母之间差异不显著，但大致是学历越高，越觉得应该意见一致（从一级到四级残疾的占比分别是70.6%、75.0%、76.6%、80.5%），反映了学历对正确的教育观一致有影响。

不同收入层次的父母之间差异不显著，但除了收入为0或负数的，收入层次越高的父母，家庭一致性越高（收入为 0 或负数的选择"是"的占比 76.9%，1—1.5 万的占比 72.1%，1.5 万—6 万的占比 75.3%，6 万—12 万的占比 78.0%，12 万及以上的占比 78.3%）。

总体而言，大多数家长对孩子任性行为的态度是正确的，对孩子的教育意见基本是一致的。父亲比母亲更觉得应该由着孩子，学历越高越觉得不应该由着孩子。当然，是否由着孩子或教育意见是否一致，和父母各自对孩子的认识多少、知识深浅有关，这也恰恰说明超过 15%的父母需要相关教育支持。

（二）父母对智力障碍儿童的身心特点的认知

1. 父母对智力障碍儿童行为特点的认知

在家长回答"我觉得智力障碍的孩子行为上有问题是正常的"时，回答"对"的有 812 人，占 53.8%；回答"不对"的有 467 人，占 30.9%；回答"不知道"的有 231 人，占 15.3%。

应该说，每个父母可能仅仅是从自己孩子的角度来"觉得"，但这种"觉得"往往是狭隘的，甚至是错误的。因为智力障碍儿童的行为缺陷与智力障碍的程度、成因和类型密切相关；同时，除了一些与生理相关的行为，大多数"不知道"不良行为是可以干预的。因此，就该题而言，回答"对"或"不对"都是错误的，只有回答"不知道"的才可能是正确的。从回答"不知道"只有15.3%的人看，父母能正确认知智力障碍儿童行为特点的很少。

检验发现，不同残疾程度的儿童的父母之间差异不显著，但基本上是残疾程度越重的父母越觉得孩子的行为有问题，一级残疾回答"对"的占 58.3%，二级 54.5%，三级 53.6%，四级 53.7%。

父与母之间差异不显著，但父亲（56.3%）比母亲（52.7%）更觉得孩子行为有问题是正常的。

不同学历层次的父母之间差异不显著，趋势不明显。

不同收入层次的父母之间差异不显著，趋势不明显。

2. 父母对智力障碍儿童言语特点的认知

父母在回答"我觉得智力障碍的孩子说话有问题是正常的"时，回答"是"者 925 人，占 61.3%；回答"不是"者 403 人，占 26.7%；回答"不知道"者 182 人，占 12.0%。

实际上，受残疾程度、成因等因素的影响，智力障碍儿童言语——语言是否有障碍的差异很大，单纯回答"是"或"不是"都不正确，只有回答"不知道"的才有可能是正确的。这就是说，父母对智力障碍儿童的言语特点能正确认识的比例较低。

检验发现，不同残疾程度的儿童的父母之间差异不显著，也没有明显趋势。

父母之间差异不显著，但父亲比母亲更倾向于认为智力障碍儿童的言语有问题。因为回答"是"的父亲（60.6%）低于母亲（61.6%），回答"不是"的父亲（28.7%）高于母亲（25.8%）。

不同学历和不同收入层次的父母之间差异不显著，也没有明显的趋势。

3. 父母对智力障碍儿童动作能力特点的认知

父母在回答"我觉得智力障碍的孩子动作能力差是正常的"时，回答"是"者946人，占62.6%；回答"不是"者383人，占25.4%；回答"不知道"者181人，占12.0%。

智力障碍儿童的动作能力是否差和他们的障碍程度、损伤原因、损伤部位关系密切，简单回答是与否都是错误的。

检验发现，不同残疾程度的儿童的父母差异不显著，父母之间差异不显著，也没有明显的趋势。

不同学历层次的父母之间差异显著①，但差异主要体现在"不知道"选项上，而且主要是小学或以下学历（7.0%）显著低于初中学历（15.4%），其他各项不显著，其实际意义不大。

基本结论是，样本中的父母，无论是对智力障碍儿童的行为、言语还是动作能力，正确认知的比例很小。即智力障碍儿童的父母对智力障碍身心特点的正确认识是非常缺乏的。

（三）父母对智力障碍儿童未来发展的预期

1. 父母对智力障碍儿童独立生活的期望

父母在回答"智力障碍孩子成年后完全可以独立生活"时，回答"是"的有261人，占17.3%；回答"不是"的有707人，占46.8%；回答"不知道"的有542人，占35.9%。

智力障碍儿童是否可以独立生活和儿童自身的障碍程度、成因、损伤性质关系密切，也和教育的关系极为密切。可以这样认为，如果教育得当、效益较高，除极少数动作受限的重度、极重度智力障碍（就是二级、一级智力障碍）外，绝大多数智力障碍者还是能够独立生活的。

当然，这里关系到如何界定独立生活的问题。本研究的独立生活主要是指

---

① $\chi^2 = 18.805$，df=8，Sig.（双侧）= 0.016

吃喝拉撒睡方面的基本的生活能力。

调查中，只有 17.3% 的父母觉得孩子能够独立生活，反映多数家长对孩子的信心是不足的。或者说，样本中的父母对孩子独立生活的期望过低。

检验发现，不同残疾程度的儿童的父母差异显著（表 4-2-3），显著性主要体现在认为孩子能独立生活的父母随着残疾程度的加重而减少，而且一级残疾显著低于三级、四级残疾，这和事实是吻合的。

父母之间、不同学历的父母之间差异不显著，也没有明显趋势。

不同收入层次的父母之间差异显著，在回答"是"上，大致上收入越高人数越多，而且收入 6 万—12 万的父母显著高于收入为 0 或负数的父母，其他各收入等级和各选项间差异不显著（表 4-2-4）。

总体上，父母对智力障碍孩子的期望过低，残疾程度越重的儿童的父母期望越低，收入层次越高的期望越高。

2. 父母对智力障碍儿童将来工作的期望

父母在回答"智力障碍的孩子将来可以工作"时，回答"同意"的有 628 人，占 41.6%；回答"不同意"的有 214 人，占 14.2%；回答"不知道"的有 668 人，占 44.2%。

能否工作和残疾程度有关，更和受教育有程度关。与独立生活一样，除小部分动作受限的极重度智力障碍外，大部分智力障碍是可以在包括庇护工场在内的单位工作的，更不用说四级、三级、部分二级残疾了。因此，相当一部分父母对孩子工作的期望显得较低。

检验发现，不同残疾程度的儿童的父母之间差异显著（表 4-2-5），大致是残疾程度越重的儿童的父母同意孩子独立工作的比例越低，不同意的比例越高，并且一级残疾显著低于二级、三级残疾儿童的父母。

父母之间差异不显著，父亲（43.2%）比母亲（40.9%）更同意孩子能独立工作。

不同学历层次的父母之间差异显著，大体是学历较高的父母比学历较低的父母更同意孩子能够独立工作，而且初中学历的父母显著低于本科及以上学历者；"不知道"的初中学历的父母显著高于大专学历者（表 4-2-6）。

不同收入层次的父母之间差异显著，在"同意"可以工作上，收入为 0 或负数的父母显著低于收入 6 万及以上的父母；在"不知道"上，收入 1—1.5 万的父母显著高于收入 1.5 万—6 万的父母，其他各收入层级间的差异不显著，反映收入高的父母更觉得孩子能独立工作（表 4-2-7）。

表4-2-2 父母学历对父母是否由着孩子的影响（人数、百分数）

	小学或以下	初中	高中或中专	大专	本科及以上	合计
是	21_a (11.2)	$28_{a,b}$ (5.3)	16_b (4.3)	$12_{a,b}$ (5.5)	3_b (1.5)	80 (5.3)
不是	143_a (76.5)	$447_{a,b}$ (84.8)	332_a (88.3)	$190_{a,b}$ (87.2)	180_b (90.0)	1292 (85.7)
说不好	23_a (12.3)	52_a (9.9)	28_a (7.4)	16_a (7.3)	17_a (8.5)	136 (9.0)
合计	187 (100.0)	527 (100.0)	376 (100.0)	218 (100.0)	200 (100.0)	1508 (100.0)

注：①1510名父母中，2名父母不想透露学历信息，故总人数为1508人，下同。
②χ^2=25.742, df=8, Sig.（双侧）= 0.001

表4-2-3 儿童残疾程度对父母判断孩子独立生活的影响（人数、百分数）

	一级	二级	三级	四级	合计
是	23_a (10.0)	$123_{a,b}$ (16.9)	61_b (19.0)	21_b (22.1)	228 (16.6)
不是	134_a (58.3)	$352_{a,b}$ (48.4)	141_b (43.9)	38_b (40.0)	665 (48.4)
不知道	73_a (31.7)	252_a (34.7)	119_a (37.1)	36_a (37.9)	480 (35.0)
合计	230 (100.0)	727 (100.0)	321 (100.0)	95 (100.0)	1373 (100.0)

注：①1510份问卷中，由于137份问卷的父母不知道或父母双方不确定孩子的残疾程度，故这部分家长没有计入统计，最后统计的家长问卷数为1373份，下同。
②χ^2=17.601, df=6, Sig.（双侧）= 0.007

表 4-2-4 收入对父母判断孩子独立生活的影响（人数、百分数）

	收入为 0 或负	1—1.5 万	1.5 万—6 万	6 万—12 万	12 万及以上	合计
是	33$_a$ (11.7)	62$_{a,b}$ (17.3)	111$_{a,b}$ (16.8)	41$_b$ (26.5)	12$_{a,b}$ (26.1)	259 (17.2)
不是	135$_a$ (47.9)	168$_a$ (46.9)	318$_a$ (48.1)	62$_a$ (40.0)	21$_a$ (45.6)	704 (46.9)
不知道	114$_a$ (40.4)	128$_a$ (35.8)	232$_a$ (35.1)	52$_a$ (33.5)	13$_a$ (28.3)	539 (35.9)
合计	282 (100.0)	358 (100.0)	661 (100.0)	155 (100.0)	46 (100.0)	1502 (100.0)

注：①1510 名父母中，8 名父母不想透露收入信息，故总人数为 1502 人，下同。
②$\chi^2 = 19.378$，df=8，Sig.（双侧）= 0.013

表 4-2-5 儿童残疾程度对孩子将来工作能力预期的影响（人数、百分数）

	一级	二级	三级	四级	合计
同意	78$_a$ (33.9)	289$_a$ (39.7)	144$_a$ (44.9)	42$_a$ (44.2)	553 (40.3)
不同意	52$_a$ (22.6)	106$_b$ (14.6)	36$_b$ (11.2)	10$_{a,b}$ (10.5)	204 (14.8)
不知道	100$_a$ (43.5)	332$_a$ (45.7)	141$_a$ (43.9)	43$_a$ (45.3)	616 (44.9)
合计	230 (100.0)	727 (100.0)	321 (100.0)	95 (100.0)	1373 (100.0)

注：$\chi^2 = 18.075$，df=6，Sig.（双侧）= 0.006

表 4-2-6 父母学历对智力障碍孩子将来工作能力预期的影响（人数、百分数）

	小学或以下	初中	高中或中专	大专	本科及以上	合计
同意	72$_{a,b}$ (38.5)	189$_b$ (35.9)	165$_{a,b}$ (43.9)	101$_{a,b}$ (46.3)	100$_a$ (50.0)	627 (41.6)
不同意	26$_a$ (13.9)	78$_a$ (14.8)	47$_a$ (12.5)	39$_a$ (17.9)	24$_a$ (12.0)	214 (14.2)
不知道	89$_{a,b}$ (47.6)	260$_b$ (49.3)	164$_{a,b}$ (43.6)	78$_a$ (35.8)	76$_{a,b}$ (38.0)	667 (44.2)
合计	187 (100.0)	527 (100.0)	376 (100.0)	218 (100.0)	200 (100.0)	1508 (100.0)

注：$\chi^2=22.217$, df=8, Sig.（双侧）=0.005

表 4-2-7 父母收入对智力障碍孩子将来工作能力预期的影响（人数、百分数）

	收入为0或负	1—1.5万	1.5万—6万	6万及以上	合计
同意	99$_a$ (35.1)	140$_{a,b}$ (39.1)	287$_{a,b}$ (43.4)	98$_b$ (48.8)	624 (41.5)
不同意	45$_a$ (16.0)	42$_a$ (11.7)	107$_a$ (16.2)	20$_a$ (9.9)	214 (14.3)
不知道	138$_{a,b}$ (48.9)	176$_b$ (49.2)	267$_a$ (40.4)	83$_{a,b}$ (41.3)	664 (44.2)
合计	282 (100.0)	358 (100.0)	661 (100.0)	201 (100.0)	1502 (100.0)

注：$\chi^2=18.897$, df=6, Sig.（双侧）=0.004

父母同意孩子可以工作的比例超过40%，大大高于独立生活的17.3%。但总体而言，家长对孩子独立生活、工作的肯定期望仍旧较低。这反映家长对智力障碍儿童的特点、能力缺乏了解，也反映社会应该更进一步给予相应的包括提高学校教育效益在内的各种支持。

（四）父母对智力障碍儿童文化学习的对策

智力障碍儿童学习文化也是重要的，尽管这些文化不一定是文化课的文化。为了考察家长的对策，专门设置了一个问题，就是"我曾经一遍一遍地教智力障碍的孩子写字"。结果发现：在1510名父母中，选择"是"的有1222名（80.9%）；选择"不是"的有171名（11.3%）；选择"说不好"的有117名（7.8%）。

数据反映大多数家长在孩子文化的获得上是不遗余力的用功的。应该说，这种态度是好的，或者说愿望是好的，但方法不一定可取。因为一遍一遍地练习不一定解决问题。所以，不是这么做的家长恰恰可能是正确的。因为，儿童能学习什么、学到什么程度、怎么学，并非仅仅是一遍一遍地练习就能解决的，还和儿童的障碍程度、身心特点有关系，这就是所谓的因材施教。

检验发现，不同残疾程度的儿童的父母差异不显著，也没有明显趋势。

父母之间差异显著，母亲在一遍遍教孩子上的比例显著高于父亲，说明母亲更注重孩子的文化学习；母亲在"说不好"上的比例（6.5%）显著低于父亲的比例（10.7%），说明母亲对孩子更上心（表4-2-8）。

不同学历和不同收入层次的父母之间差异不显著，也没有明显趋势。

总体而言，大多数父母很执着地教孩子一遍一遍地写字，母亲比父亲更执着。

表4-2-8 父母间对一遍遍教孩子写字的不同（人数、百分数）

	父亲	母亲	合计
是	347_a（77.3）	875_b（82.5）	1222（80.9）
不是	54_a（12.0）	117_a（11.0）	171（11.3）
说不好	48_a（10.7）	69_b（6.5）	117（7.8）
合计	449（100.0）	1061（100.0）	1510（100.0）

注：$\chi^2 = 8.465$，df = 2，Sig.（双侧）= 0.015

（五）智力障碍儿童的父母的教育方法

同第二章第一节，选择了五种教育方法，看智力障碍儿童的父母的使用情况。

1. 正强化方法的使用

在正强化方法的使用上，父母在回答"我教育智力障碍孩子时用表扬的方法"时，回答"经常用"的 1064 人（70.5%），回答"偶尔用"的 425 人（28.1%），回答"没用过"的 21 人（1.4%）。

大多数父母经常使用表扬，极少数父母没用过。

检验发现，不同残疾程度的儿童的父母之间差异不显著，趋势不明显。

父母之间差异不显著，趋势不明显。

不同学历层次的父母之间差异显著，在"经常用"上，学历越高比例越大而且小学或以下学历者显著低于高中及以上各学历层级；在"偶尔用"和"没用过"上，学历越低比例越大而且小学或以下学历者"偶尔用"的比例显著低于大专和本科及以上者，小学或以下"没用过"的比例显著高于高中或中专和大专者。反映学历越高越用表扬的方法（表4-2-9）。

不同收入层次的父母之间差异显著，收入层级越高的父母"经常用"的比例越高，而且收入为 0 或负数、1—1.5 万的父母显著低于收入 6 万以上的父母；收入层级越低的父母"偶尔用"的比例越高，而且收入 1.5 万以下者显著高于 6 万以上者（表4-2-10）。

2. 惩罚方法的使用

（1）批评方法的使用

父母在回答"我教育智力障碍孩子时用批评的方法"时，回答"经常用"的 183 人，占 12.1%；回答"偶尔用"的 1170 人，占 77.5%；回答"没用过"的 157 人，占 10.4%。反映父母们总体是"批评不能不用但不要多用"的这种倾向。

检验发现，不同残疾程度的儿童的父母之间差异显著[1]，在"经常用"上，二级残疾儿童的父母（9.4%）显著低于三级、四级残疾儿童的父母（14.2%），但总体趋势不明显。

父母之间差异显著，父亲"经常用"批评的比例显著高于母亲，"偶尔用"的比例显著低于母亲，说明父亲比母亲多用批评的方法（表4-2-11）。

不同学历层次的父母之间差异显著，显著性主要在"偶尔用"上，小学或以下学历者低于本科及以上者，但显示学历越高"经常用"批评的比例越低的趋势（表4-2-12），说明学历越高，越少用批评。

———————

[1] $x^2 = 6.895$，df = 2，Sig.（双侧）= 0.032

表4-2-9 父母学历对对表扬方法使用的影响（人数、百分数）

	小学或以下	初中	高中或中专	大专	本科及以上	合计
经常用	107a (57.2)	338a,b (64.1)	268b (71.3)	178c (81.6)	172c (86.0)	1063 (70.5)
偶尔用	71a (38.0)	181a (34.4)	106a (28.2)	39b (17.9)	27b (13.5)	424 (28.1)
没用过	9a (4.8)	8a,b (1.5)	2b (0.5)	1b (0.5)	1a,b (0.5)	21 (1.4)
合计	187 (100.0)	527 (100.0)	376 (100.0)	218 (100.0)	200 (100.0)	1508 (100.0)

注：$\chi^2 = 74.532$，df=8，Sig.（双侧）= 0.000

表4-2-10 父母收入对表扬方法使用的影响（人数、百分数）

	收入为0或负	1—1.5万	1.5万—6万	6万—12万	12万及以上	合计
经常用	187a (66.3)	238a (66.5)	467a,b (70.6)	126b (81.3)	41b (89.1)	1059 (70.5)
偶尔用	91a (32.3)	110a (30.7)	189a,b (28.6)	28b,c (18.1)	4c (8.7)	422 (28.1)
没用过	4a (1.4)	10a (2.8)	5a (0.8)	1a (0.6)	1a (2.2)	21 (1.4)
合计	282 (100.0)	358 (100.0)	661 (100.0)	155 (100.0)	46 (100.0)	1502 (100.0)

注：$\chi^2 = 30.641$，df=8，Sig.（双侧）= 0.000

表 4-2-11 父母间使用批评的频率比较（人数、百分数）

	父亲	母亲	合计
经常用	69_a （15.4）	114_b （10.7）	183 （12.1）
偶尔用	331_a （73.7）	839_b （79.1）	1170 （77.5）
没用过	49_a （10.9）	108_a （10.2）	157 （10.4）
合计	449 （100.0）	1061 （100.0）	1510 （100.0）

注：$\chi^2 = 6.895$，df = 2，Sig.（双侧）= 0.032

不同收入层次的父母之间差异显著[1]，但差异主要在"偶尔用"上，收入1—1.5 万的父母（71.2%）显著低于收入 1.5 万—6 万（79.4%）、6 万—12 万（84.5%）的父母，总体趋势不明显。

（2）骂人方法的使用

父母在回答"我教育智力障碍孩子时用骂人的方法"时，回答"经常用"的 58 人，占 3.8%；回答"偶尔用"的 793 人，占 52.5%；回答"没用过"的659 人，占 43.7%，反映绝大多数家长拒绝经常用骂人的方法教育孩子，接近一半的家长不用骂人这种教育方法。

检验发现，不同残疾程度的儿童的父母间差异显著，但总体趋势不明显。在"偶尔用"上，三级及以上残疾儿童的父母（59.1%）显著高于二级残疾（50.1%）和一级残疾（47.8%）；在"没用过"上，三级及以上残疾儿童的父母（37.5%）显著低于二级残疾（46.6%）和一级残疾（47.4%），如何解释需要进一步研究（表 4-2-13）。

父母之间差异显著。在"经常用"上，父亲（5.6%）显著高于母亲（3.1%），"没用过"的比例父亲（39.4%）显著低于母亲（45.4%），说明父亲比母亲更容易使用骂人的方法（表 4-2-14）。

---

[1] $\chi^2 = 20.081$，df = 8，Sig.（双侧）= 0.010

表 4-2-12 不同学历的父母使用批评的频率比较（人数、百分数）

	小学或以下	初中	高中或中专	大专	本科及以上	合计
经常用	36$_a$ (19.3)	61$_a$ (11.6)	43$_a$ (11.4)	24$_a$ (11.0)	19$_a$ (9.5)	183 (12.1)
偶尔用	133$_a$ (71.1)	394$_{a,b}$ (74.8)	299$_{a,b}$ (79.5)	175$_{a,b}$ (80.3)	168$_b$ (84.0)	1169 (77.5)
没用过	18$_a$ (9.6)	72$_a$ (13.6)	34$_a$ (9.1)	19$_a$ (8.7)	13$_a$ (6.5)	156 (10.4)
合计	187 (100.0)	527 (100.0)	376 (100.0)	218 (100.0)	200 (100.0)	1508 (100.0)

注：$X^2 = 22.192$，$df = 8$，Sig.（双侧）$= 0.005$

表 4-2-13 不同残疾程度的儿童的父母使用骂人方法的频率比较（人数、百分数）

	一级	二级	三级及以上	合计
经常用	11$_a$ (4.8)	24$_a$ (3.3)	14$_a$ (3.4)	49 (3.6)
偶尔用	110$_a$ (47.8)	364$_a$ (50.1)	246$_b$ (59.1)	720 (52.4)
没用过	109$_a$ (47.4)	339$_a$ (46.6)	156$_b$ (37.5)	604 (44.0)
合计	230 (100.0)	727 (100.0)	416 (100.0)	1373 (100.0)

注：$X^2 = 12.152$，$df = 4$，Sig.（双侧）$= 0.016$

不同学历和不同收入层次的父母之间差异不显著，也没有明显趋势。

（3）打人方法的使用

父母在回答"我教育智力障碍孩子时用打人的方法"时，回答"经常用"者45人，占3.0%；回答"偶尔用"者759人，占50.3%；回答"没用过"者706人，占46.7%，这与用骂人方法的趋势大致相当。反映差不多一半的家长觉得不要用骂人和打人这两种惩罚的方法。

检验发现，不同残疾程度的儿童的父母之间差异不显著，但残疾程度越重的儿童的父母使用打人的比例越高（由一级残疾到四级残疾的比例分别是3.0%、2.9%、2.8%和1.1%）。总体使用打人方法的比例很低，其价值不明显。

表4-2-14　父母间使用骂人方法的频率比较（人数、百分数）

	父亲	母亲	合计
经常用	25_a （5.6）	33_b （3.1）	58 （3.8）
偶尔用	247_a （55.0）	546_a （51.5）	793 （52.5）
没用过	177_a （39.4）	482_b （45.4）	659 （43.7）
合计	449 （100.0）	1061 （100.0）	1510 （100.0）

注：$\chi^2 = 8.328$，df=2，Sig.（双侧）= 0.016

父亲与母亲之间差异显著[1]，父亲偶尔用的比例（46.3%）显著低于母亲（51.9%）。

不同学历和不同收入层次的父母之间差异不显著，趋势不明显。

3. 塑造方法的使用

父母在回答"我教育智力障碍孩子时用鼓励的方法"时，回答"经常用"的占71.1%，回答"偶尔用"的占27.2%，回答"没用过"的占1.7%。说明大多数父母经常使用鼓励这种塑造的方法。

检验发现，不同残疾程度的儿童的父母之间，使用鼓励的选项上差异不显著，趋势也不明显。

父亲与母亲之间使用鼓励的差异不显著，趋势不明显。

不同学历层次的父母之间差异显著，大致是学历越高的父母越经常用鼓励的方法，学历越低的父母越没用过鼓励的方法（表4-2-15）。

不同收入层次的父母之间差异显著，但各交叉项之间无显著差异项。因总体趋势不明显，故其差异显著的意义不明显（表4-2-16）。

---

[1]　$\chi^2 = 6.319$，df=2，Sig.（双侧）= 0.042

表 4-2-15　父母学历对使用鼓励方法的影响（人数、百分数）

	小学或以下	初中	高中或中专	大专	本科及以上	合计
经常用	107a (57.2)	346a,b (65.6)	275b,c (73.2)	175c,d (80.3)	170d (85.0)	1073 (71.2)
偶尔用	71a (38.0)	170a,b (32.3)	96b,c (25.5)	43c,d (19.7)	29d (14.5)	409 (27.1)
没用过	9a (4.8)	11a,b (2.1)	5a,b (1.3)	0b (0.0)	1a,b (0.5)	26 (1.7)
合计	187 (100.0)	527 (100.0)	376 (100.0)	218 (100.0)	200 (100.0)	1508 (100.0)

注：$X^2=64.530$，df=8，Sig.（双侧）= 0.000

表 4-2-16　父母收入对使用鼓励方法的影响（人数、百分数）

	收入为0或负	1—1.5万	1.5万—6万	6万—12万	12万及以上	合计
经常用	202a (71.6)	244a (68.2)	461a (69.7)	123a (79.4)	40a (87.0)	1070 (71.3)
偶尔用	73a (25.9)	106a (29.6)	190a (28.8)	31a (20.0)	6a (13.0)	406 (27.0)
没用过	7a (2.5)	8a (2.2)	10a (1.5)	1a (0.6)	0a (0.0)	26 (1.7)
合计	282 (100.0)	358 (100.0)	661 (100.0)	155 (100.0)	46 (100.0)	1502 (100.0)

注：$X^2=16.973$，df=8，Sig.（双侧）= 0.030

　　总体而言，无论是正强化的表扬还是塑造的鼓励，经常使用的比例都超过70%；相反，惩罚方法中的骂人、打人的方法，父母经常用的比例不到4%，即使批评，经常使用的比例也仅有12.1%，反而超过40%的父母没用过骂人、打人，超过10%的父母没用过批评。说明多数智力障碍儿童的父母基本能正确使用具体的教育方法。

五、研究结论

　　（1）在教育态度上，大多数智力障碍儿童的父母对孩子任性的态度和夫妻教育意见是否一致的认知是正确的，但是仍旧有超过15%的父母，儿童的任性观、夫妻的教育一致观不正确，他们需要正确的教育指导。

　　（2）大多数家长对智力障碍儿童身心特点的认知不正确，不能客观地认知整个智力障碍儿童群体的身心特点，说明应该给予智力障碍儿童的父母正确的智力障碍儿童身心特点的知识。

　　（3）父母对孩子未来独立生活和工作的期望或预期不高。因此，应该给予父母正确的智力障碍儿童身心特点的知识，并以此提升他们对孩子的期望值。

　　（4）父母在对智力障碍儿童进行文化教育或认知能力教育时不遗余力，表现为80%以上的父母可以不厌其烦地一遍遍教孩子写字，没有残疾程度的差异，母亲比父亲更有耐心。这种精神是宝贵的，但反映了父母不能因材施教。

　　（5）从具体的教育方法看，大多数家长（超过70%）经常用表扬和鼓励这样的正强化和塑造的方法，13%以下的家长经常用批评、骂人和打人的惩罚方法，反映家长对具体教育方法的认知大多数是正确的。

第五章

孤独症儿童父母的教育需求研究

第一节 孤独症儿童家庭教育支持的需求研究

一、研究的方法与过程

本章研究的方法与过程同第二章第一节。

二、本节研究的内容

本节研究的内容分为三个部分。

一是孤独症儿童父母过去的行为,包括他们回溯过去发生的行为和过去应该的行为(问卷第 13、14 题,见附录一,下同),并通过这些行为或对策探讨家长在儿童出生后需要什么支持,尤其是需要什么样的教育支持。

二是过去对孤独症儿童父母的支持状况,包括回溯过去的教育支持经历(问卷第 12 题)、由现在看过去是否需要教育支持(问卷第 15、16 题)、需要什么样的教育支持(问卷第 17 题),来探讨孤独症儿童家庭教育支持的一般对策。

三是当下孤独症儿童的父母是否还需要教育支持(问卷第 19 题)、需要什么样的教育支持(问卷第 20、21 题)。

三、样本的基本情况

按照第二章的方法得到合格问卷 662 份,包含 645 个家庭,651 名孤独症儿童。因 17 个家庭是父母双方都填写了问卷,有 6 份问卷的 6 个家庭均有两个孤独症孩子。

在 662 份问卷中,父母 636 份,爷爷奶奶 16 份,外公外婆 5 份,其他亲属 5 份。

在 636 份父母问卷中,父亲 154 人,母亲 482 人;年龄 29 岁及以下的 10

人，30—39 岁的 280 人，40—49 岁的 265 人，50—59 岁的 28 人，60 岁及以上的 1 人，52 人不想透露年龄信息，年龄主要是在 30—49 岁；父母的学历分布较均匀，其中小学或以下 31 人，初中 123 人，高中或中专 166 人，大专 125 人，本科 166 人，研究生 25 人；父母的年收入主要是在 1.5 万—6 万，收入为 0 的 158 人，1—1.5 万的 106 人，1.5 万—6 万的 216 人，6 万—12 万的 120 人，12 万及以上的 34 人，2 人不想透露收入信息（表 5-1-1）。

636 名父母对应 619 个家庭，共 625 名孤独症儿童，其中 6 个家庭中有两个孤独症孩子；儿童的年龄主要是在 7—18 岁；509 个家庭的孩子均有残疾证，孩子以二级残疾最多，有 116 个家庭不知道或不能确定孩子残疾的级别（表 5-1-2）。

表 5-1-1 孤独症儿童父母的基本信息

项目		人数（人）	百分比（%）
亲子关系	父亲	154	24.2
	母亲	482	75.8
合计		636	100.0
年龄段	29 岁及以下	10	1.6
	30—39 岁	280	44.0
	40—49 岁	265	41.6
	50—59 岁	28	4.4
	60 岁及以上	1	0.2
	不想透露年龄	52	8.2
合计		636	100.0
学历	小学或以下	31	4.9
	初中	123	19.
	高中或中专	166	26.1
	大专	125	19.7
	本科	166	26.1
	研究生	25	3.9
	不想透露学历	0	0.0
合计		636	100.0

项目		人数（人）	百分比（%）
家长收入	收入为负	0	0.0
	收入为 0	158	24.8
	1 万—1.5 万	106	16.7
	1.5 万—6 万	216	34.0
	6 万—12 万	120	18.9
	12 万及以上	34	5.3
	不想透露收入	2	0.3
合计		636	100.0

表 5-1-2 孤独症儿童的基本信息

项目		人数（n）	百分比（%）
男女比例	男	534	85.5
	女	83	13.2
	性别缺失	8	1.3
合计		625	100.0
年龄段	6 岁及以下	87	13.9
	7—12 岁	303	48.5
	13—18 岁	214	34.2
	19 岁及以上	13	2.1
	年龄缺失	8	1.3
合计		625	100.0
残疾证	有	509	82.2
	没有	110	17.8
合计		619	100.0
残疾程度	一级	94	15.2
	二级	296	47.8
	三级	91	14.7
	四级	22	3.5

项目		人数（n）	百分比（%）
残疾程度	不知道	115	18.6
	不确定	1	0.2
合计		619	100.0

注：①636 名父母对应 625 名儿童，故儿童数为 625 人。

②636 名父母对应的是 619 个家庭，残疾证的有无根据家庭数统计。

③儿童的残疾程度按每个儿童所在家庭统计，2 个家庭父母均填一级残疾、4 个家庭父母均填二级残疾、3 个家庭父母均填三级残疾、1 个家庭残疾程度不统一（不知道和三级残疾），均按一个家庭统计。

四、研究的结果与分析

（一）孤独症儿童的父母过去对孩子的行为

孤独症儿童的父母和其他类别儿童的父母不同，有很多人渴望能够治疗好孩子。但现实是这样的吗？

1. 是否对孤独症孩子进行过治疗

当问及"您的孩子上机构以前，去医院治疗过吗"时，孤独症儿童的父母们回答①"治疗过"的 409 人，占 66.7%；回答"没有"的 197 人，占 32.2%；回答"不记得了"的 7 人，占 1.1%。

数据显示，治疗过孤独症的儿童家庭的比例明显低于智力障碍儿童家庭的比例，说明样本家庭中孤独症儿童的治疗行为和传说的家长们到处求医问药的印象不一致，实际治疗的比例低于印象的比例。或者说，现实中的孤独症儿童的父母要明智得多。因为作为全面的发育障碍的孤独症儿童，目前的医学应该没办法从根本上对其治疗，或没有能改变其根本的医学手段。最佳的干预对策是教育。

当然，相比于 32.2% 的没有治疗过的家庭，66.7% 的有过治疗的家庭还是多了一倍，即多数家庭还是有过治疗经历的，这说明家长们仍旧需要正确对策的指导。

检验发现，不同残疾程度的孩子的家庭治疗孤独症儿童的差异不显著（表

---

① 是否治疗过以家庭为计算单位，619 个家庭中因 6 个家庭是夫妻双方都填写了问卷且是否治疗的选择不一致，这 6 个家庭未计入统计，故实际家庭数为 613 个。

5-1-3）。但从具体的数据排列看，治疗孩子的家庭不一定是因为孩子的残疾程度重，反之，轻度的家庭也不一定治疗少。所以，需要进一步研究治疗的原因。

表 5-1-3　不同残疾程度的孤独症儿童去医院治疗的差异

	一级	二级	三级	四级	合计
治疗过	71_a （76.3）	199_a （67.2）	63_a （70.8）	14_a （63.7）	347 （69.4）
没有	22_a （23.7）	91_a （30.8）	26_a （29.2）	7_a （31.8）	146 （29.2）
不记得了	0_a （0.0）	6_a （2.0）	0_a （0.0）	1_a （4.5）	7 （1.4）
合计	93 （100.0）	296 （100.0）	89 （100.0）	22 （100.0）	500 （100.0）

注：①613 个治疗过的家庭中有 113 个家庭不知道或不能确定孩子的残疾程度，故计入统计的家庭 500 个，下同。

②$\chi^2 = 9.093$，$df = 6$，Sig.（双侧）= 0.168

③表中 a、b、c 代表多个列之间两两比较的显著性水平，数字后标记的字母相同则表示对应的两组数据无差异，字母不同的则表示差异有统计学意义，下同。

2. 过去对孤独症儿童最应该的对策

父母在回答"现在回想起来，您知道孩子有问题时，当时最应该做的事儿是什么"时，回答"医学或医院治疗"的 79 人，占 12.4%；回答"教育"的 90 人，占 14.2%；回答"治疗加教育"的 438 人，占 68.9%，回答"说不好"的 29 人，占 4.6%。

孤独症儿童有 66.7% 的曾经接受过治疗，从这个角度看，现在回想起来最应该治疗的比例已经大大下降了。但是，最应该做的教育的比例还是很低，倒是大部分父母觉得"治疗加教育"是最好的，寄希望于医疗的总人数达到 81.3%（含"治疗加教育"）。这显然还是错误的认知。是因为父母们接受了错误信息的引导，还是看到教育没有给孩子带来他们希望的变化所致，抑或是两者均有需要进一步研究，但可以肯定的是只有 14.2% 的父母回答的当时的最佳对策是正确的，这个比例很低。说明父母仍旧迫切需要正确的引导。

检验发现，不同残疾程度的孤独症儿童的父母之间差异不显著，也没有明显的趋势。

父母之间的差异不显著，亦无明显趋势。

不同学历层次的父母之间差异亦不显著，但就"医学或医院治疗"选项而言，学历越高，比例越低。

不同收入层次的父母之间差异显著。大致上是收入越高的父母，想给孩子治疗的比例反而越低，收入越高选择教育对策的比例越高，且收入 1.5 万—6 万（10.6%）的显著低于收入 12 万及以上（29.4%）的父母，显示收入高的父母更多地选择教育干预的措施（表 5-1-4）。

综合孤独症儿童出生后家庭的较高治疗比例和父母目前仍旧觉得当时最好的对策是"治疗加教育"的现实，父母们迫切需要正确的教育指导。

（二）孤独症儿童父母教育支持的经历和过去的教育需要

1. 孤独症儿童父母过去教育支持的经历

父母在回答"您的孩子上机构或上学以前，有人告诉过您孩子该怎么教育吗"时，回答"有"的 348 人，占 54.7%；回答"没有"的 235 人，占 37.0%；回答"不记得了"的 53 人，占 8.3%。有过教育指导的超过了一半。

检验表明，不同残疾程度的孤独症儿童的父母之间差异不显著，趋势不明显。

父母之间差异不显著，但父亲有过教育指导的比例（55.2%）高于母亲（54.6%）；同时，父亲没有接受教育指导的比例（32.5%）则低于母亲（38.4%），显示父亲比母亲更多地寻求帮助。

不同学历层次的父母之间差异显著。学历越高接受教育指导的比例越高，而且初中学历（48.8%）、高中或中专（48.8%）、大专（49.6%）都显著低于本科及以上学历者（68.6%）；学历越低没有接受教育指导的比例越高，而且小学或以下学历者（51.6%）、初中（40.6%）、高中或中专（42.2%）、大专（42.4%）均显著高于本科及以上学历者（24.1%），说明学历高低是寻求帮助与否的显著因素（表 5-1-5）。

不同收入层次的父母之间差异不显著，但大致上显示收入层次越高的父母接受教育指导的比例越高（从收入为 0 或负数到 12 万及以上的比例分别是 46.2%、55.7%、53.3%、64.2%、64.7%），收入层次越低的父母没有接受教育指导的比例越高（从收入为 0 或负数到 12 万及以上的比例分别是 45.6%、36.8%、37.0%、29.1%、26.5%）。

总体而言，孩子入学前超过一半（54.7%）的父母有教育指导，父母的学历越低，收入越低，有教育指导的比例越低；相反，学历越高、收入越高的父母接受教育指导的比例越高，父亲比母亲更多地寻求指导。

表 5-1-4 不同收入层次的父母过去最该对策的比较（人数、百分比）

	收入为 0 或负	1—1.5 万	1.5 万—6 万	6 万—12 万	12 万及以上	合计
医学或医院治疗	27_a（17.1）	18_a（17.0）	23_a（10.6）	8_a（8.8）	3_a（8.8）	79（12.4）
教育	$20_{a,b}$（12.7）	$19_{a,b}$（17.9）	23_b（10.6）	$18_{a,b}$（15.0）	10_a（29.4）	90（14.2）
治疗加教育	107_a（67.7）	62_a（58.5）	156_a（72.3）	91_a（75.8）	20_a（58.8）	436（68.8）
说不好	4_a（2.5）	7_a（6.6）	14_a（6.5）	3_a（2.5）	1_a（3.0）	29（4.6）
合计	158（100.0）	106（100.0）	216（100.0）	120（100.0）	34（100.0）	634（100.0）

注：①有 2 人不想透露自己的收入信息，故总人数为 634 人，下同。

②$\chi^2=25.621$，$df=12$，Sig.（双侧）$=0.012$

表 5-1-5 不同学历的父母过去接受教育支持的比较（人数、百分比）

	小学或以下	初中	高中或中专	大专	本科及以上	合计
有	$14_{a,b}$（45.2）	60_b（48.8）	81_b（48.8）	62_b（49.6）	131_a（68.6）	348（54.7）
没有	16_a（51.6）	50_a（40.6）	70_a（42.2）	53_a（42.4）	46_b（24.1）	235（37.0）
不记得了	1_a（3.2）	13_a（10.6）	15_a（9.0）	10_a（8.0）	14_a（7.3）	53（8.3）
合计	31（100.0）	123（100.0）	166（100.0）	125（100.0）	191（100.0）	636（100.0）

注：$\chi^2=25.550$，$df=8$，Sig.（双侧）$=0.001$

2. 孤独症儿童的父母过去是否需要教育支持

（1）过去是否需要有人告诉怎么办

孤独症儿童的父母在回答"现在回想起来，从您的孩子出生到知道孩子有问题时，是否需要有人告诉您孩子该怎么办"时，回答"需要"的492人，占77.4%；回答"不需要"的98人，占15.4%；回答"忘记了"的46人，占7.2%。数据说明大多数孤独症儿童的父母在孩子从出生到知道孩子是孤独症时，就需要有人清楚地告诉他们该怎么办。当然，这个"怎么办"肯定是正确的做法。

检验发现，不同残疾程度的儿童的父母之间差异不显著，也没有明显的趋势。

从父母来看，尽管差异不显著，但父亲需要的比例（77.9%）略高于母亲（77.2%），反之，父亲不需要的比例（13.6%）低于母亲（16.0%），显示父亲的求助心更强。

不同学历层次的父母之间差异显著，学历最低的父母需要的比例最低；相反，不需要的比例最高，并且显示小学或以下学历的父母（58.0%）需要的比例显著低于大专（84.0%），小学或以下学历（35.5%）不需要的比例显著高于初中（12.2%）、高中或中专（13.9%）、大专（12.8%）（表5-1-6），显示最低学历的群体反而对帮助的需要程度小。这个结果是因为学历低的父母往往是在农村地区，而农村地区孤独症更易适应所致，还是因为学历低导致的其他原因，需要进一步研究。

就不同收入层次的父母看，尽管差异不显著，但大致显示了收入层次越高的父母需要越多，收入越低的需要越少（表5-1-7）。这是否和这些活动要收费而收入低者无力承担有关？这需要进一步研究。如果真是如此，说明社会要提供基本的免费咨询支持。

总体而言，回溯孩子从出生到知道其是孤独症时，需要他人告诉怎么办的比例达到了77.4%；孩子的残疾程度不是影响父母回答的显著因素；父亲比母亲的求助心更强；最低学历的父母需要的比例最低，不需要的比例最高；收入越高的父母需要的比例也越高，提示要提供基本的免费支持咨询。

（2）过去是否需要有人帮助教育孩子

当孤独症儿童的父母回答"孩子出生后，在您的孩子上学或者去机构前，您需要有人帮您教育孩子吗"时，回答"需要"的557人，占87.6%；回答"不需要"的45人，占7.1%；回答"说不好"的34人，占5.3%，说明绝大多数父母在当时需要教育帮助。

表 5-1-6　不同学历的父母回忆过去的教育支持（人数、百分比）

	小学或以下	初中	高中或中专	大专	本科及以上	合计
需要	18$_a$ (58.0)	89$_{a,b}$ (72.4)	129$_{a,b}$ (77.7)	105$_b$ (84.0)	151$_{a,b}$ (79.0)	492 (77.4)
不需要	11$_a$ (35.5)	15$_b$ (12.2)	23$_b$ (13.9)	16$_b$ (12.8)	33$_{a,b}$ (17.3)	98 (15.4)
忘记了	2$_{a,b}$ (6.5)	19$_b$ (15.4)	14$_{a,b}$ (8.4)	4$_a$ (3.2)	7$_a$ (3.7)	46 (7.2)
合计	31 (100.0)	123 (100.0)	166 (100.0)	125 (100.0)	191 (100.0)	636 (100.0)

注：$\chi^2 = 27.510$，df = 8，Sig.（双侧）= 0.001

表 5-1-7　不同收入层次的父母回忆过去的教育支持（人数、百分比）

	收入为0或负	1—1.5万	1.5万—6万	6万—12万	12万及以上	合计
需要	118$_a$ (74.7)	74$_a$ (69.8)	170$_a$ (78.7)	99$_a$ (82.5)	30$_a$ (88.2)	491 (77.4)
不需要	27$_a$ (17.1)	20$_a$ (18.9)	33$_a$ (15.3)	15$_a$ (12.5)	2$_a$ (5.9)	97 (15.3)
忘记了	13$_a$ (8.2)	12$_a$ (11.3)	13$_a$ (6.0)	6$_a$ (5.0)	2$_a$ (5.9)	46 (7.3)
合计	158 (100.0)	106 (100.0)	216 (100.0)	120 (100.0)	34 (100.0)	634 (100.0)

注：$\chi^2 = 10.058$，df = 8，Sig.（双侧）= 0.261

很明显，回答"需要教育帮助"的父母比回答"需要告诉怎么办"的父母多出 10.2 个百分点。这说明父母们可能需要含义明确的帮助类型，而非宽泛的怎么办。

检验发现，不同残疾程度的儿童的父母之间差异显著，但各交叉项之间没有显著差异项，也无趋势（表 5-1-8）。

表 5-1-8 不同残疾程度的儿童的父母当时需要教育支持的比较（人数、百分比）

	一级	二级	三级	四级	合计
需要	91_a (94.8)	256_a (85.3)	79_a (83.1)	21_a (95.5)	447 (87.1)
不需要	3_a (3.1)	21_a (7.0)	13_a (13.7)	1_a (4.5)	38 (7.4)
说不好	2_a (2.1)	23_a (7.7)	3_a (3.2)	0_a (0.0)	28 (5.5)
合计	96 (100.0)	300 (100.0)	95 (100.0)	22 (100.0)	513 (100.0)

注：$\chi^2 = 17.006$，$df = 6$，Sig.（双侧）= 0.009

父母之间差异不显著，但父亲需要的比例（85.1%）低于母亲（88.4%），不需要的比例（8.4%）高于母亲（6.6%），这与前述的需要告诉怎么办的情况相反。是否父亲的需求中"医学的需要"更多才导致教育需求下降，需要进一步研究。

不同学历层次的父母之间差异不显著，但大致是学历越高，需要的比例越高，从小学或以下学历到本科及以上者需要的比例依次是 77.4%、87.0%、83.7%、89.6%、91.6%，这与前述的需要告诉怎么办的趋势相同。

不同收入层次的父母之间差异不显著，但大致是收入越高的父母需要的比例越高，从收入为 0 或负数到 12 万及以上依次需要的比例是 83.5%、82.1%、91.2%、90.0%、94.1%。

总体而言，大多数父母有教育支持的需要，母亲比父亲的需要强烈，这和是否需要告诉怎么办的情形相反；同时，学历越高、收入越高的父母需要教育支持的比例越大。（3）孤独症儿童的父母当时需要的教育帮助的内容

为了考察当时父母们需要什么样的教育帮助，也是为了对比孩子读书后父母需要的教育帮助的内容或方式是否有变化，对那些需要教育帮助（教育支持）的父母，追问了需要哪些内容或形式的教育支持。

在 557 位回答需要教育帮助的父母中，回答"有人告诉我怎么做就够了"的有 83 人，占 14.9%；回答"有人定期来家里直接教孩子"的有 27 人，占

4.8%；回答"有人告诉我怎么做并同时来家里帮我教育孩子"的有417人，占74.9%；回答"说不好"的有30人，占5.4%（表5-1-9）。

数据显示，需要来家里直接教育孩子的比例最低，其次是说不好的父母，只告诉父母怎么教就好的人也不到15%，大多数父母是既需要告诉他们怎么教孩子又需要来家里帮助教育孩子，父母们的期望很高。

检验发现，各级残疾儿童的父母、父母之间、不同学历层次的父母之间差异不显著，也没有明显趋势。

不同收入层次的父母间差异显著，但没有明显的趋势（表5-1-10）。

总体而言，大多数父母既需要告诉他们如何教孩子又需要有人来家里具体帮助教育孩子，仅仅告诉怎么教育孩子的仅有14.9%，仅需来家里教育孩子的比例也很低。

综合三方面的数据，大多数父母需要教育支持，其中需要教育支持的比例高于需要告诉怎么办的比例，需要教育帮助的人，则主要是既需要告诉如何教育孩子又需要来家里帮助教育孩子，大大高于仅仅是告诉怎么教育孩子和来家里帮助教育孩子的比例。

（三）孤独症儿童父母当下教育支持的愿望

1. 现在是否还需要他人帮助教育孩子

孤独症儿童的父母在回答"您现在还需要他人帮助您教育孩子吗"时，回答"需要"的536人，占84.3%；回答"不需要"的49人，占7.7%；回答"说不好"的51人，占8.0%（表5-1-11）。

数据显示，尽管孤独症儿童已经入学，但需要家庭教育支持或家庭教育指导的父母依然很多，达到84.3%，说明孤独症儿童的父母依然有很多教育的问题没有解决，为其提供教育支持依旧有意义。

比较发现，现在仍旧需要教育帮助的孤独症儿童的父母和孩子出生后、在孩子上学或者去机构前，需要有人帮助教育的比例大致相同。现在"需要"的比当时低了3.3个百分点；"不需要"的高了0.6个百分点；"说不好"的低了2.7个百分点（表5-1-11）。说明部分家长已经在养育孩子中了解了孩子，在战斗中学会了战斗，或者是在以往的教育指导中获得了自己需要的，抑或是综合结果，使教育支持的需要减少。当然，"需要"教育帮助的百分比降低、"不需要"和"说不好"比例的增加说明恰恰不是父母需求的摇摆不定，而是孤独症教育的复杂所致。

表5-1-9 儿童入学前父母需要的教育支持内容

	人数（人）	百分比（%）
有人告诉我怎么教孩子就够了	83	14.9
有人定期来家里直接教孩子	27	4.8
有人告诉我怎么教孩子并同时来家里帮我教育孩子	417	74.9
说不好	30	5.4
合计	557	100.0

表5-1-10 不同收入层次的父母当时需要的教育支持的内容（人数、百分比）

	收入为0或负	1—1.5万	1.5万—6万	6万—12万	12万及以上	合计
有人告诉我怎么教孩子就够了	17$_a$ (12.9)	12$_a$ (13.8)	39$_a$ (19.8)	10$_a$ (9.2)	5$_a$ (15.6)	83 (14.9)
有人定期来家里直接教孩子	6$_a$ (4.5)	7$_a$ (8.1)	7$_a$ (3.5)	3$_a$ (2.8)	4$_a$ (12.5)	27 (4.9)
有人告诉我怎么教孩子并同时来家里帮我教育孩子	102$_{a,b,c,d}$ (77.3)	59$_{c,d}$ (67.8)	140$_{b,d}$ (71.1)	93$_a$ (86.1)	22$_{a,b,c,d}$ (68.8)	416 (74.8)
说不好	7$_a$ (5.3)	9$_a$ (10.3)	11$_a$ (5.6)	2$_a$ (1.9)	1$_a$ (3.1)	30 (5.4)
合计	132 (100.0)	87 (100.0)	197 (100.0)	108 (100.0)	32 (100.0)	556 (100.0)

注：①557名选择需要的父母中有1人不想透露收入信息，故总人数为556人。
②χ^2=21.964, df=12, Sig.（双侧）=0.038

表 5-1-11　现在和当时是否需要教育帮助（人数、百分比）

	需要	不需要	说不好	合计
当时是否需要教育帮助	557（87.6）	45（7.1）	34（5.3）	636（100.0）
现在是否需要教育帮助	536（84.3）	49（7.7）	51（8.0）	636（100.0）

其实，这两个问题具有互为测谎的功能。结果说明，孤独症儿童的父母的回答是可信的。

但是，数据也反映了即使孤独症儿童已经在学校里读书了，仍旧有绝大多数的父母需要教育帮助。一方面说明我们没提供有力的教育支持，同时说明有限的教育支持不给力，父母们需要更具专业性的教育支持。从有 93.6% 的孤独症孩子不住校天天回家（表 5-1-12）来看，对孤独症儿童的父母进行教育支持使其正确教育孩子仍旧有重大意义。

检验发现，不同残疾程度的儿童的父母差异显著，但总体趋势不明显（表 5-1-13）。

父母之间差异不显著，但父亲需要的比例（82.5%）低于母亲（84.5%）；同时，父亲不需要的比例（7.8%）高于母亲（7.7%），说明母亲比父亲更需要教育指导。

不同学历层次的父母之间差异不显著，趋势不明显。

不同收入层次的父母之间差异不显著，趋势不明显。

总体而言，当下孤独症儿童的父母需要教育支持的比例依旧很高，母亲比父亲更有教育支持的需要。

表 5-1-12　孤独症学生住校与走读状况的分布

	住在学校	天天回家	其他	合计
人数（人）	28	595	13	636
百分数（%）	4.4	93.6	2.0	100.0

表 5-1-13　不同残疾程度的儿童的父母对现在需要教育支持的比较（人数、百分比）

	一级	二级	三级	四级	合计
需要	79$_a$（82.3）	257$_a$（85.7）	74$_a$（77.9）	16$_a$（72.7）	426（83.0）

	一级	二级	三级	四级	合计
不需要	5_a（5.2）	27_a（9.0）	7_a（7.4）	4_a（18.2）	43（8.4）
说不好	$12_{a,b}$（12.5）	16_b（5.3）	14_a（14.7）	$2_{a,b}$（9.1）	44（8.6）
合计	96（100.0）	300（100.0）	95（100.0）	22（100.0）	513（100.0）

注：$\chi^2 = 13.554$，df=6，Sig.（双侧）= 0.035

2. 需要帮助的内容形式

在536名选择需要教育帮助的孤独症儿童父母中，选择"有人告诉我怎么做就够了"的85人，占15.9%；选择"有人定期来家里直接教孩子"的37人，占6.9%；选择"有人告诉我怎么做并同时来家里帮我教育孩子"的388人，占72.4%；选择"说不好"的26人，占4.8%（表5-1-14）。

数据表明，目前家长的最大教育支持的需求依然是"有人告诉我怎么教孩子并同时来家里帮助教育孩子"，超过70%的家长有这需求。

比较父母对过去需要的教育支持的几种内容形式，尽管需要的趋势大致相当，但"有人告诉我怎么做就够了"的比例上升1个百分点，"有人定期来家里直接教孩子"的比例上升2.1个百分点，其他比例均下降（表5-1-14）。说明家长们的素养水平有提高。

检验发现，儿童的残疾程度、父母之间、不同学历和不同收入层次的父母之间差异都不显著，也没有明显趋势。

总体而言，目前大多数孤独症儿童的父母仍旧需要既告诉他们怎么教孩子又来家里帮助教育孩子。说明一方面要满足父母的愿望，但同时要引导父母自己在家教育孩子。

表5-1-14 父母需要的教育支持内容（人数、百分比）

	过去需要的 教育支持	现在需要的 教育支持
有人告诉我怎么做就够了	83（14.9）	85（15.9）
有人定期来家里直接教孩子	27（4.8）	37（6.9）
有人告诉我怎么教孩子并同时 来家里帮我教育孩子	417（74.9）	388（72.4）
说不好	30（5.4）	26（4.8）
合计	557（100.0）	536（100.0）

3. 现在孤独症儿童家长需要的教育形式

在教育支持的内容上，有 85 位回答"有人告诉我怎么做就够了"。可是怎么告诉呢？在五种选择中，选择"面对面地教我"的有 22 人，占 25.9%；选择"通过阅读书籍、杂志学习"的有 1 人，占 1.2%；选择"通过手机、电视、网络学习"的有 14 人，占 16.5%；选择"通过面对面地教我，通过阅读书籍、杂志学习，通过手机、电视、网络学习三种途径"的有 44 人，占 51.7%；选择"说不好"的有 4 人，占 4.7%（表 5-1-15）。

表 5-1-15 父母接受教育指导的形式

	人数（人）	百分比（%）
面对面地教我	22	25.9
通过阅读书籍、杂志学习	1	1.2
通过手机、电视、网络学习	14	16.5
通过面对面地教我，通过阅读书籍、杂志学习，通过手机、电视、网络学习三种途径	44	51.7
说不好	4	4.7
合计	85	100.0

比较发现，除"说不好"选项外，其他四种方式中，孤独症儿童的父母最不想通过传统的纸媒自学。

通过手机、电视、网络学习的比例也不高。这实际上也是一种自学，只是载体由传统媒介转变为现代媒介。

选择面对面学习的比例高于两种自学的比例且高于两者之和。说明和自学比起来，孤独症儿童的父母更想面对面地学习。

当然，父母们最想要的还是综合的学习方式，即面授和多种媒介结合的方式。这实际上为选择家庭教育支持的方式提供了重要的思路。

当然，面对面学习固然好，但要依赖于父母们是否有时间、有财力的问题，也有是否有足够的教师教学、教师的教学或咨询是否合格的问题，即依赖于社会支持的条件。

有趣的是，自学的两种方式——阅读书籍、杂志和通过手机、电视、网络学习的比例之和为 17.7%，仍旧低于面对面学习的比例。说明对孤独症儿童的父母而言，还是信赖面对面学习的。

因此可以说，一方面教育支持要尽量满足父母的需求，但同时要引导父母在接受基本的面授支持后，主要靠自学来解决需求。

检验发现，不同残疾程度的儿童的父母、父母之间、不同学历和不同收入层次的父母之间差异不显著，也没明显趋势。

总体而言，孤独症儿童的父母最希望的指导方式是自学和面授结合的方式，面对面的方式比通过传统纸媒自学和通过现代媒介自学的方式更受父母欢迎，应该引导父母根据自己的情况多自学。

五、研究结论

（一）孤独症是否能"治疗"

也许是因为孤独症儿童增加的缘故，也许是一些别有用心之人的推波助澜，孤独症现象近年来被炒作得很热，家长们成为这股热浪裹挟的受害者。但是从数据来看，只有66.7%的父母给孩子治疗过，这比智力障碍、脑瘫儿童的比例要低。无疑，这是令人欣慰的。

但必须说明的是，孤独症是全面的弥散的发育障碍，是没法经过传统的医学措施完全治愈的。宣称药物治疗、食物治疗、针灸治疗有效的信息，实际上价值也不大。家长应该把精力放在教育上。

（二）孤独症儿童父母的一般支持需求

从家长的回溯看，假如回到孩子确诊的当时，大多数父母（77.4%）是需要告诉怎么办的。但从现实看，孤独症儿童的父母并没有得到全面的系统支持，正因为如此，他们不仅教育支出大，还导致观念有问题，甚至带来更大的压力[1]。因此，需要给予父母系统的支持。

（三）父母的教育需求

无论是追溯过去还是当下，大多数孤独症儿童的父母都表达了需要教育帮助的愿望。但从父母的回答看，无论是过去的愿望还是当下的愿望，都有父母表示不需要教育帮助。实际上，从本章第二节和有关调查能发现，父母们的素养并未达到不需要的程度，即所有的家长应该需要才是。结合有一半多的父母有过教育指导，但父母们仍旧觉得孤独症儿童的最佳对策是"治疗加教育"而非教育来看，家长们接触的教育指导是有问题甚至是错误的，他们需要真正的

---

[1] 孙红，乔金霞，李枚倩. 自闭症儿童家庭教育现状调查研究——以邹城市某自闭症康复训练中心为例 [J]. 教育观察，2019，8（26）：143-144.

专业人士的教育指导或支持。

（四）父母们需要的教育帮助的内容

从父母希望的教育帮助的内容看，无论是回忆过去，还是表达现在，仅仅要求告诉他们如何教育孩子的比例都很低（皆在15%左右），来家里教育孩子的比例也不高（皆在6%左右），但是既希望来家里指导又希望帮助教育孩子的比例均超过72%，即父母的要求很高。因此，在提供父母教育帮助时，一定要引导父母满足教育需求的途径与方法。

（五）教育指导的方式方法

在具体的教育指导的方式方法的期望上，孤独症儿童的父母自学书籍或者网媒（现代信息技术手段）的热情最低，最想的是面授加自学。面对面的指导方式固然好，但需要时间和经济的支持，也依赖于社会有没有充足的资源。因此，要给父母提供教育支持或指导，但要引导这些父母满足需求的内容和方式。

第二节　孤独症儿童父母的教育素养研究

一、研究的方法与过程

研究的方法与过程同第二章第一节。

二、本节研究的内容

本节研究从下列五个方面展开。

一是父母对孤独症儿童的态度和教育一致性，问卷中孤独症儿童父母专用问卷（附录一之25题，下同）的第7、8题。

二是父母对孤独症儿童的身心特点的认知，主要是问卷中的第1、2、3、6题。

三是父母对孤独症儿童未来发展的预期，这是期望或态度，实际上也是身心特点的知识，主要是问卷中的第4、5题；

四是父母对孤独症儿童文化教育的态度和对策，问卷第9题；

五是孤独症儿童父母的教育方法或能力，主要是问卷第10—14题。

三、研究的样本

样本情况同本章第一节，本节不再赘述。

四、研究的结果与分析

（一）父母对孤独症儿童的态度

1. 父母对孤独症孩子任性的态度

父母在回答"我觉得孩子是孤独症，所以平时他想怎么着就怎么着，我由着他"时，回答"是"的23人，占3.6%；回答"不是"的567人，占89.2%；回答"说不好"的46人，占7.2%。这说明大多数孤独症儿童的父母在是否由着孩子想怎么着就怎么着上的观点是正确的，即大多数父母并非由着孩子。

当然，也并非所有的父母对孩子的任性行为有理智的认识，他们占到10.8%，他们要么由着孩子，要么不知道如何正确对待任性，这显然是需要教育指导的。

检验发现，不同残疾程度的儿童的父母之间差异不显著。

父母之间差异显著，主要表现在"是"选项上父亲（6.5%）显著高于母亲（2.7%），在"不是"选项上母亲（91.3%）高于父亲（82.5%），说明孤独症儿童的父亲比母亲溺爱孩子（表5-2-1）。

表5-2-1 父母间是否由着孩子的差异（人数、百分数）

	父亲	母亲	合计
是	10_a（6.5）	13_b（2.7）	23（3.6）
不是	127_a（82.5）	440_b（91.3）	567（89.2）
说不好	17_a（11.0）	29_b（6.0）	46（7.2）
合计	154（100.0）	482（100.0）	636（100.0）

注：$\chi^2 = 9.740$，df = 2，Sig.（双侧）= 0.008

不同学历层次的父母之间差异显著，主要是在"不是"选项上，小学或以下学历者（74.2%）显著低于大专学历者（94.4%），而且大致是学历越高比例越高。说明受教育程度越低的父母的任性观越不正确（表5-2-2）。

不同收入层次的父母之间差异不显著，也没有明显的趋势。

2. 父母在教育孩子上的意见是否一致

父母在回答"我们夫妻（或整个家庭）在教育孤独症孩子上的意见是一致的"时，回答"是"的441人，占69.3%；回答"不是"的168人，占26.4%；回答"不知道"的27人，占4.3%。

从数据来看，多数孤独症儿童父母的教育意见一致，但大约30%的孤独症儿童的父母不一致或者不知道是否一致，这是家庭教育支持必须关注的。

检验发现，不同残疾程度的儿童的父母之间差异不显著，趋势不明显。

不同学历和不同收入层次的父母之间差异也不显著，趋势不明显。

总体上看，大多数孤独症家长对孩子任性行为的态度是正确的，对孩子的教育意见基本是一致的。

（二）父母对孤独症儿童的身心特点的认知

1. 对孤独症儿童行为特点的认知

孤独症儿童的父母在回答"我觉得孤独症的孩子行为上有问题是正常的"时，回答"对"的373人，占58.6%；回答"不对"的180人，占28.3%；回答"不知道"的83人，占13.1%（表5-2-3）。

目前我国教育界并无对孤独症的界定、鉴别或诊断程序等规定，大家基本上是采用医学界对它的规定。但无论是美国的DSM-V（《精神疾病诊断统计手册第5版》），还是中国的CCMD-3（《中国精神障碍分类诊断标准第3版》），在对孤独症进行判别时，均是按照是否满足几个条件中的几条进行的，而这些条件满足时，并不一定包含行为异常的内容。这就是说，从当下医学界的标准来看，判断为孤独症的儿童不一定有行为异常。

同时，从现实来看，许多被诊断为孤独症的儿童，实际上也并非有异常的行为。一些人之所以有孤独症儿童行为异常的印象，与一些无知或无良作者为吸引读者，刻意、过分夸大孤独症儿童有心理行为问题有关，即与有意或无意的孤独症的"污名化"有关①。因此，讲孤独症儿童的行为都有问题显然是错误的。但是，由于自身原因或者环境剥夺的原因，一些孤独症儿童确实有一些异常行为，如强迫行为等。这些行为是先天所致还是后天获得并没有证据进行充分的研究，但说孤独症儿童的行为没有问题也是错误的。这就是说，对本问题的回答凡是回答"对"或"不对"的，都是错误的，只有回答"不知道"才可能是正确的。

---

① 兰继军，白永玲. 孤独症儿童污名现象及其消解对策［J］. 辽宁师范大学学报（社会科学版），2020，43（05）：75-82.

表 5-2-2　不同学历的父母是否由着孩子的比较（人数、百分数）

	小学或以下	初中	高中或中专	大专	本科及以上	合计
是	3_a (9.7)	7_a (5.7)	8_a (4.8)	2_a (1.6)	3_a (1.6)	23 (3.6)
不是	23_a (74.2)	$106_{a,b}$ (86.2)	$150_{a,b}$ (90.4)	118_b (94.4)	$170_{a,b}$ (89.0)	567 (89.2)
说不好	5_a (16.1)	10_a (8.1)	8_a (4.8)	5_a (4.0)	18_a (9.4)	46 (7.2)
合计	31 (100.0)	123 (100.0)	166 (100.0)	125 (100.0)	191 (100.0)	636 (100.0)

注：$\chi^2=17.406$，df=8，Sig.（双侧）= 0.026

表 5-2-3　父母对行为有问题的判断（人数、百分比）

	父亲	母亲	合计
对	96_a (62.3)	277_a (57.5)	373 (58.6)
不对	32_a (20.8)	148_b (30.7)	180 (28.3)
不知道	26_a (16.9)	57_a (11.8)	83 (13.1)
合计	154 (100.0)	482 (100.0)	636 (100.0)

注：$\chi^2=6.822$，df=2，Sig.（双侧）= 0.031

从数据来看，相当一部分（28.3%）的父母认为孤独症儿童行为有问题不正确，也仅仅有超过一半（58.6%）的孤独症儿童的父母认为孤独症儿童有异常行为是正常的，说明"污名化"对孤独症儿童的父母判断孩子的行为问题没有太大的影响，或者因为父母们从自身孩子的特点出发回答问题，尽管结论是错误的，但恰恰回击了"污名化"。

从另一个角度看，孤独症儿童的父母可能是从自己孩子的角度看孤独症的行为问题，如是，则可猜测样本中的孤独症儿童有行为问题的比例是58.6%，没有的比例是28.3%，是否如此，需要进一步研究。

当然，从可能性看，仅仅有13.1%的父母对孤独症儿童的行为特点可能有正确的认识，大多数父母还是需要掌握正确的孤独症儿童的身心特点的知识。

检验表明，不同残疾程度的孤独症儿童的父母之间差异不显著，也没有明显的趋势。

父母之间差异显著。表现为父亲认为孤独症儿童行为有问题是正常的比例高于母亲，而且父亲反对有问题的比例（20.8%）显著低于母亲（30.7%），说明父亲更觉得孤独症儿童的行为有问题是正常的，认可孤独症儿童的行为问题（表5-2-3）。

不同学历层次的父母之间差异显著，主要有两个特点。一是选择"不对"的，初中以下者明显高于高中以上者，并且初中学历（41.5%）显著高于本科及以上（19.9%）；二是选择"不知道"者学历越低比例越高（表5-2-4）。结合前述分析可以理解为，这些"不知道"的家长是真的不知道而非"不好回答"的不知道，而且学历高的父母可能受"污名化"的影响更重（本章第一节显示他们接受指导的比例越高），或接受的指导问题很多，反而是那些学历低的没有接受教育指导的较少受到"污名化"的影响。

不同收入层次的父母之间差异显著，主要表现为收入层次越高的父母大致上同意的比例越高，而且收入为0或负数的父母（52.5%）显著低于收入12万及以上（82.4%）的父母；同时，不同意的父母基本上是随着收入的增加而减小的（表5-2-5），这可以和学历之间的差异互为印证，说明收入高的父母接受的教育指导可能更多，从而受的影响更大。

表5-2-4　不同学历的父母对孤独症行为有问题的判断比较（人数、百分比）

	小学或以下	初中	高中或中专	大专	本科及以上	合计
对	16$_{a,b}$ (51.6)	53$_b$ (43.1)	95$_{a,b}$ (57.2)	76$_{a,b}$ (60.8)	133$_a$ (69.6)	373 (58.6)
不对	10$_{a,b}$ (32.3)	51$_b$ (41.5)	48$_{a,b}$ (28.9)	33$_{a,b}$ (26.4)	38$_a$ (19.9)	180 (28.3)
不知道	5$_a$ (16.1)	19$_a$ (15.4)	23$_a$ (13.9)	16$_a$ (12.8)	20$_a$ (10.5)	83 (13.1)
合计	31 (100.0)	123 (100.0)	166 (100.0)	125 (100.0)	191 (100.0)	636 (100.0)

注：$\chi^2=23.834$，df=8，Sig.（双侧）= 0.002

表5-2-5　不同收入层次的父母对孤独症行为有问题的判断比较（人数、百分比）

	收入为0或负	1—1.5万	1.5万—6万	6万—12万	12万及以上	合计
对	83$_a$ (52.5)	66$_{a,b}$ (62.3)	119$_a$ (55.1)	76$_{a,b}$ (63.3)	28$_b$ (82.4)	372 (58.7)
不对	52$_a$ (32.9)	28$_a$ (26.4)	65$_a$ (30.1)	28$_a$ (23.3)	6$_a$ (17.6)	179 (28.2)
不知道	23$_a$ (14.6)	12$_a$ (11.3)	32$_a$ (14.8)	16$_a$ (13.4)	0$_a$ (0.0)	83 (13.1)
合计	158 (100.0)	106 (100.0)	216 (100.0)	120 (100.0)	34 (100.0)	634 (100.0)

注：①636名父母中1人不想透露收入信息，不予统计，故总人数是634人，下同。
②$\chi^2=19.166$，df=8，Sig.（双侧）= 0.014

2. 对孤独症儿童言语缺陷的认知

孤独症儿童的父母在回答"我觉得孤独症的孩子说话有问题是正常的"时，回答"是"者362人，占56.9%；回答"不是"者198，占31.1%；回答"不知道"者76人，占12.0%。

与孤独症的行为一样，尽管孤独症鉴别的医学的相关标准中谈到，言语交流的缺陷是孤独症的一个重要的鉴别内容，但是并非所有的孤独症儿童有言语障碍——言语过程的障碍，即说话障碍或说话有问题。因此，回答孤独症儿童的说话有问题是正常的或者是不正常的都是不对的，只有回答不知道者才可能是正确的。这就是说，大多数父母对孤独症儿童的言语特点的认知是不正确的。

当然，父母们可能是从自己孩子的视角来看待孤独症的说话问题。如是，则可以猜测样本中的孤独症儿童约56.9%有言语问题——说话有问题，没有者31.1%，是否如此，如前述行为问题，需要进一步研究，但本研究提供了一种数据。

检验发现，不同残疾程度的儿童的父母之间差异不显著，也没有明显的趋势。

父母之间差异不显著，但父亲选择"是"的比例（58.4%）高于母亲（56.4%），选择"不是"的比例（26.0%）低于母亲（32.8%），说明父亲更觉得孤独症儿童的言语有障碍。

不同学历层次的父母之间总体差异不显著，但在"是"的选项上，初中学历者（46.4%）显著低于本科及以上学历者（66.0%），而且初中以下学历者选"是"的低于高中以上学历者，在"不知道"选项上学历越低比例越高（表5-2-6）。

不同收入层次的父母之间在总体上差异显著[1]，但在各交叉项上无显著差异项，趋势也不明显。

3. 对孤独症儿童交往能力的认知

孤独症儿童的父母在回答"我觉得孤独症的孩子交往能力差是正常的"时，回答"对"的445人，占70.0%；回答"不对"的134人，占21.1%；回答"不知道"的57人，占8.9%。

在《中国精神障碍分类与诊断标准第3版》的孤独诊断标准中，人际交往

---

[1]　$\chi^2 = 20.897$，df = 8，Sig.（双侧）= 0.007

存在质的损害是三类必检内容之一，而且规定至少满足本组行为中的两条。但是交往能力实际上是一个复杂的问题，当把阿斯伯格等所谓的孤独症谱系障碍都纳入孤独症的范畴时，其人际交往存在"质的损害"的表现形式就可能是极为多样的，就如有人研究、证明高功能孤独症儿童和正常儿童在囚徒困境中的合作行为没有显著差异一样①，不同的研究样本会得出不同的结论。或者说，孤独症儿童的具体的交往障碍或者能力要结合具体的对象才能更客观。反之，一概言之他们交往能力差就可能是错误的。因此，本题回答"对"或"不对"都是错误的，只有回答"不知道"的才有可能是对的。也正是从这个角度看，样本中大多数孤独症儿童的父母对孤独症儿童交往能力的认知是不正确的。

检验发现，不同残疾程度的儿童的父母的选择差异不显著，亦无明显的趋势。

父母之间差异也不显著，但父亲选"对"的比例（70.8%）高于母亲（69.7%），选"不对"的比例（16.9%）低于母亲（22.4%），说明父亲更认可孤独症儿童的交往能力有问题，这和前述言语、行为具有相同的趋势。

不同学历层次的父母之间在总体上差异显著，在"对"的选项上学历越高比例越高且初中（59.3%）、高中（66.3%）显著低于本科及以上（80.1%）；在"不对"的选项上学历越低比例越高且初中（29.3%）显著高于本科及以上（14.7%），学历越高越认可孤独症儿童的交往有问题（表5-2-7）。

不同收入层次的父母之间差异不显著，总体趋势不明显。

4. 对孤独症儿童智力障碍的认识

父母在回答"孤独症的孩子智力没有问题"时，回答"同意"者102人，占16.0%；回答"不同意"者338人，占53.2%；回答"说不好"者196人，占30.8%。

当下是否是孤独症是按照孤独症的标准来界定的，并不涉及智力障碍问题。或者说，孤独症和智力障碍是两个不同的问题，有的孤独症儿童智力有问题，有的孤独症儿童智力没有问题，也就是说，孤独症儿童的智力应该是常态的。回答孤独症儿童的智力有或没有问题都是错误的。因此，接近70%的孤独症儿童的父母对孤独症儿童智力的认知是不正确的。

---

① 李晶，朱莉琪. 高功能孤独症儿童的合作行为［J］. 心理学报，2014，46（09）：1301-1316.

表 5-2-6　不同学历的父母对孤独症的孩子说话有问题认知比较（人数、百分比）

	小学或以下	初中	高中或中专	大专	本科及以上	合计
是	15$_{a,b}$ (48.4)	57$_b$ (46.4)	92$_{a,b}$ (55.4)	72$_{a,b}$ (57.6)	126$_a$ (66.0)	362 (56.9)
不是	11$_a$ (35.5)	47$_a$ (38.2)	52$_a$ (31.3)	41$_a$ (32.8)	47$_a$ (24.6)	198 (31.1)
不知道	5$_a$ (16.1)	19$_a$ (15.4)	22$_a$ (13.3)	12$_a$ (9.6)	18$_a$ (9.4)	76 (12.0)
合计	31 (100.0)	123 (100.0)	166 (100.0)	125 (100.0)	191 (100.0)	636 (100.0)

注：$X^2=14.151$，df=8，Sig.（双侧）=0.078

表 5-2-7　不同学历的父母对孤独症的孩子交往能力是否差是正常的判断（人数、百分比）

	小学或以下	初中	高中或中专	大专	本科及以上	合计
对	18$_{a,b}$ (58.1)	73$_b$ (59.3)	110$_b$ (66.3)	91$_{a,b}$ (72.8)	153$_a$ (80.1)	445 (70.0)
不对	8$_{a,b}$ (25.8)	36$_b$ (29.3)	37$_{a,b}$ (22.3)	25$_{a,b}$ (20.0)	28$_a$ (14.7)	134 (21.1)
不知道	5$_a$ (16.1)	14$_a$ (11.4)	19$_a$ (11.4)	9$_a$ (7.2)	10$_a$ (5.2)	57 (9.0)
合计	31 (100.0)	123 (100.0)	166 (100.0)	125 (100.0)	191 (100.0)	636 (100.0)

注：$X^2=21.241$，df=8，Sig.（双侧）=0.007

检验发现，不同残疾程度的儿童的父母之间差异不显著，也没有明显的趋势。

父亲与母亲之间差异显著。在"同意"上，父亲的比例（24.7%）显著高于母亲（13.3%）；在"不同意"上，父亲的比例（45.4%）显著低于母亲（55.6%），父亲比母亲倾向于孤独症儿童的智力没有问题。但从"说不好"的回答看，父亲的比例低于母亲，说明父亲对孤独症儿童的智力的正确认知低于母亲（表5-2-8）。

不同学历层次的父母之间差异不显著，也没有明显的趋势。

不同收入层次的父母之间差异也不显著，总体趋势不明显。

概括来看，大多数孤独症儿童的父母不能正确认知孤独症的行为、言语、交往和智力特点，父亲比母亲更多地认为孤独症儿童的行为、言语和交往能力有问题，但父亲比母亲更多地认可孩子的智力没有问题；孩子的残疾程度和父母的选择差异不显著，但学历越高的父母，认为孩子的行为有问题、言语有问题、交往有问题的比例越高，怀疑这和他们接受了较多的错误指导或孤独症"污名化"的影响有关。

表 5-2-8 父母对孤独症智力没有问题的判断（人数、百分比）

	父亲	母亲	合计
同意	38_a（24.7）	64_b（13.3）	102（16.1）
不同意	70_a（45.4）	268_b（55.6）	338（53.1）
说不好	46_a（29.9）	150_a（31.1）	196（30.8）
合计	154（100.0）	482（100.0）	636（100.0）

注：$\chi^2 = 11.773$，$df = 2$，Sig.（双侧）$= 0.003$

（三）父母对孤独症儿童未来发展的预期

对孤独症儿童未来发展的预期实际上也是对孤独症儿童的身心特点尤其是能力特点的认知。当然，孤独症儿童的未来和教育的关系也极为密切。

1. 父母对孩子独立生活的期望

孤独症儿童的父母在回答"孤独症孩子成年后完全可以独立生活"时，回答"是"的68人，占10.7%；回答"不是"的357人，占56.1%；回答"不知道"的211人，占33.2%。

我们缺少对孤独症儿童生活能力的基本研究，尤其是缺少分门别类的各种孤独症类型和智力水平的生活能力的研究。但从可能的生活能力本身而言，孤独症儿童的能力要好于智力障碍儿童，而智力障碍儿童的大多数是能够生活自理且独立生活的。这就是说，大多数的孤独症儿童也能够独立生活。从这个角度看，孤独症儿童的家长仅有 10.7% 认为孩子能独立生活，显然期望太低了。相反，超过一半的父母认为其不能独立生活，进一步说明家长们的期望是过低的。所幸，尚有近 1/3 的父母选择"不知道"，他们实际上是孤独症儿童可能的独立生活的支持者。

当然，孤独症儿童将来是否能独立生活，除本身的素质之外，与我们提供的教育，尤其是恰当的教育与社会的支持系统是否完善关系密切。家长们之所以对孤独症儿童的期望过低还可能和教育未能实现应有的效益、社会支持系统还不完备有关。

检验发现，不同残疾程度的儿童的父母之间差异不显著，总体趋势也不明显。

孤独症儿童的父母之间差异不显著，但父亲选择能独立生活的比例（12.3%）高于母亲（10.2%）；反之，父亲认为不能的比例（53.3%）低于母亲（57.0%）。

不同学历层次的父母之间差异不显著，也没有明显的趋势。

不同收入层次的父母之间差异显著，收入为 0 或负数的父母（9.5%）、收入 1.5 万—6 万的父母（6.0%）显著低于收入 12 万及以上的父母（32.4%），但总体趋势不明显（表 5-2-9）。

2. 父母对孩子工作的期望

父母在回答"孤独症的孩子将来可以工作"时，回答"同意"的 214 人，占 33.6%；回答"不同意"的 127 人，占 20.0%；回答"不知道"的 295 人，占 46.4%。

有没有能力工作和能否独立生活是一个维度的问题。可以工作主要是从能力角度看，也可以从环境角度看。从理论上说，工作的能力依赖于孤独症的具体类型和残疾的程度，依赖于教育的效果，但能不能具体工作，还要看社会环境，如文化氛围、具体的岗位性质和相应的法律规定。尽管我们缺乏具体的孤独症儿童的工作能力的研究，但仅仅从能不能具备相应的工作能力看，孤独症儿童和智力障碍儿童一样，大部分具有工作能力。也正是从这个角度看，孤独症儿童的父母对孩子工作的期望还是偏低，尽管和对独立生活的期望比较时，肯定的比例已经提高了 22.9 个百分点。

当然，有 46.4% 的父母"说不好"孩子是否能够工作，这个比例并不低。

这些父母需要提高期望。

检验发现，不同残疾程度的儿童的父母之间差异不显著，也没有明显的趋势。

父母之间差异不显著，总体趋势不明显。

不同学历层次的父母之间差异显著，主要表现在"不知道"选项上，高中或中专学历者（53.6%）显著高于本科及以上（37.7%），但总体趋势不明显（表5-2-10）。

不同收入层次的父母之间差异不显著，也没有明显的趋势。

概括而言，父母对孤独症儿童独立生活的期望过低，对将来工作的期望高于独立生活，但也仅仅是1/3，需要提高孤独症儿童父母的期望。

（四）父母对孤独症儿童文化教育的态度与对策

父母在回答"我曾经一遍一遍地教孤独症的孩子写字"时，选择"是"的475名（占74.7%），选择"不是"的116名（占18.2%），选择"说不好"的45名（占7.1%）。

从数据看，74.7%的父母一遍遍地教孩子写字，说明了大多数父母是非常有耐心地对待孩子的写字行为的，只有18.2%的父母不是这样，"说不好"的占比不到10%。

当然，18.2%不是这样做的父母不一定不对。因为写字也好，读文章也罢，并非一定都要靠重复，但数据显示了大多数孤独症儿童的父母是有耐心的。

检验发现，不同残疾程度的儿童的父母之间差异不显著，也没明显的趋势。

父母之间差异不显著，但选择"是"的父亲（77.9%）多于母亲（73.6%）；反之，选择"不是"的父亲（15.6%）少于母亲（19.1%），说明父亲在对待孤独症儿童的写字上比母亲有耐心。

不同学历层次的父母之间差异不显著，也没有明显的趋势。

不同收入层次的父母之间差异不显著，也没有明显的趋势。

总体而言，大多数父母对孤独症儿童的写字行为很有耐心，父亲比母亲更能一遍遍地教孩子写字。

（五）孤独症儿童父母的教育方法或能力

本部分中的父母使用的教育方法和其他四类儿童使用的方法是一致的。结果如下：

表 5-2-9　不同收入层次的父母对孤独症孩子成年后独立生活的判断（人数、百分比）

	收入为 0 或负	1—1.5万	1.5万—6万	6万—12万	12万及以上	合计
是	15_a (9.5)	$14_{a,b}$ (13.2)	13_a (6.0)	$15_{a,b}$ (12.5)	11_b (32.4)	68 (10.7)
不是	91_a (57.6)	55_a (51.9)	125_a (57.9)	67_a (55.8)	17_a (50.0)	355 (56.0)
不知道	52_a (32.9)	37_a (34.9)	78_a (36.1)	38_a (31.7)	6_a (17.6)	211 (33.3)
合计	158 (100.0)	106 (100.0)	216 (100.0)	120 (100.0)	34 (100.0)	634 (100.0)

注：$\chi^2 = 20.497$，df=8，Sig.（双侧）= 0.009

表 5-2-10　不同学历的父母对孤独症的孩子将来独立工作的判断（人数、百分比）

	小学或以下	初中	高中或中专	大专	本科及以上	合计
同意	9_a (29.0)	33_a (26.8)	48_a (28.9)	52_a (41.6)	72_a (37.7)	214 (33.6)
不同意	8_a (25.8)	27_a (22.0)	29_a (17.5)	16_a (12.8)	47_a (24.6)	127 (20.0)
不知道	$14_{a,b}$ (45.2)	$63_{a,b}$ (51.2)	89_b (53.6)	$57_{a,b}$ (45.6)	72_a (37.7)	295 (46.4)
合计	31 (100.0)	123 (100.0)	166 (100.0)	125 (100.0)	191 (100.0)	636 (100.0)

注：$\chi^2 = 18.471$，df=8，Sig.（双侧）= 0.018

1. 父母正强化方法的使用

父母在回答"我教育孤独症孩子时用表扬的方法"时，回答"经常用"的507人（79.7%），回答"偶尔用"的128人（20.1%），回答"没用过"的1人（占0.2%）。

数据显示，在孤独症儿童的家庭教育中，绝大多数父母垂青表扬这个正强化的方法，没有过的仅有1人，偶尔用的也仅仅是20.1%，说明表扬是父母常用的方法。

检验表明，不同残疾程度的儿童的父母之间差异不显著，总体趋势不明显，但随着残疾程度的减轻，经常用的比例增大（从一级残疾到四级残疾的比例依次是80.2%、80.7%、81.1%、86.4%），偶尔用的比例减小（从一级残疾到四级残疾的比例依次是19.8%、19.0%、18.9%、13.6%），说明孩子残疾程度越重的父母经常用表扬的比例越小。

父母之间的差异不显著，趋势不明显。

不同学历层次的父母之间总体差异不显著，总体趋势不明显。

不同收入层次的父母之间差异不显著，也没有明显的趋势。

2. 父母惩罚方法的使用

（1）孤独症儿童父母批评方法的使用

父母在回答"我教育孤独症孩子时用批评的方法"时，回答"经常用"的81人（12.7%），回答"偶尔用"的520人（81.8%），回答"没用过"的35人（5.5%）。

数据显示，孤独症儿童的父母经常使用批评的比例并不高，但高于没用过的比例。从批评的功能来看，作为一种惩罚的方法，它当然是可以使用的，只是经常用会降低它的作用，但偶尔使用是非常必要的。也正是从这个角度看，大多数孤独症儿童的父母使用批评的频率是恰当的。

检验发现，不同残疾程度的儿童的父母之间差异不显著，也没有明显趋势。

父母之间、不同学历层次的父母之间、不同收入层次的父母之间差异均不显著，也没有明显趋势。

（2）孤独症儿童父母骂人方法的使用

父母在回答"我教育孤独症孩子时用骂人的方法"时，回答"经常用"的18人（2.8%），回答"偶尔用"的353人（55.5%），回答"没用过"的265人（41.7%）。

数据显示，孤独症儿童的父母们很少经常使用骂人的方法，没用过的比例达到了41.7%，偶尔用的达到55.5%，这应该符合现实情况。在家里，父母生气了、孩子淘气了，骂一下也不是不可以。因此，大多数孤独症儿童的父母使用骂人的方法是恰当的。

检验显示，不同残疾程度的儿童的父母之间差异不显著，但孩子残疾程度越轻的父母没用过骂人的比例越高；残疾程度越轻的父母偶尔用的比例也越低（表5-2-11），说明残疾程度越重的儿童可能教育方法越难选择。

父母之间、不同学历和不同收入层次的父母之间差异不显著，也没有明显趋势。

表5-2-11　不同残疾程度的儿童的父母使用骂人方法的比较（人数、百分比）

	一级	二级	三级	四级	合计
经常用	2_a （2.1）	9_a （3.0）	2_a （2.1）	1_a （4.6）	14 （2.7）
偶尔用	53_a （55.2）	160_a （53.3）	50_a （52.6）	9_a （40.9）	272 （53.0）
没用过	41_a （42.7）	131_a （43.7）	43_a （45.3）	12_a （54.5）	227 （44.3）
合计	96 （100.0）	300 （100.0）	95 （100.0）	22 （100.0）	513 （100.0）

注：①636名父母中123人不能确定或不知道孩子的残疾级别，不予统计，故总人数是513名，下同。

②$\chi^2 = 1.949$，df＝6，Sig.（双侧）＝0.924

（3）孤独症儿童父母打人方法的使用

父母在回答"我教育孤独症孩子时用打人的方法"时，回答"经常用"的12人（1.9%），回答"偶尔用"的370人（58.2%），回答"没用过"的254人（39.9%）。

数据显示，孤独症儿童的父母经常用打人方法的比例仅占1.9%，低于经常使用的骂人的比例，更是大大低于经常使用批评的比例。但父母们偶尔用的比例超过一半。

检验发现，不同残疾程度的儿童的父母选择的差异不显著，总体趋势不明显。

父母之间差异不显著，总体趋势不明显。

不同学历层次的父母之间差异不显著，也没有明显的趋势。

不同收入层次的父母之间差异不显著，但大致是收入越高的父母，偶尔用的比例越低，从收入为0或负数到12万及以上偶尔用的比例依次是64.6%、59.4%、56.0%、55.8%、50.0%；收入越高，没用过的比例大致越高，从收入为0或负数到12万及以上没用过的比例依次是33.5%、37.7%、42.1%、42.5%、50.0%；说明收入层次高的父母更少使用打人的方法。

3. 父母塑造方法的使用

本节的塑造方法实际上是指父母在教育孩子时使用鼓励的方法，即"我教育孤独症孩子时用鼓励的方法"，结果父母回答"经常用"的494人（77.7%），回答"偶尔用"的138人（21.7%），回答"没用过"的4人（0.6%）。

数据说明，大多数孤独症儿童的父母，在教育孩子时经常使用鼓励的方法，这符合基本的教育要求。

检验发现，不同残疾程度的儿童的父母之间差异不显著，也没有明显的趋势。

父母之间差异不显著，但没用过的父亲显著高于母亲。因为没用过的总人数太少，差异显著的实际价值不大。此外，父亲经常用和偶尔用的比例皆略低于母亲（表5-2-12），反倒说明父亲应该改进教育方法，多用鼓励的方法。

不同学历层次的父母之间差异显著，就经常使用而言，初中（69.1%）显著低于本科及以上（83.8%）；就偶尔用而言，初中（30.1%）显著高于本科及以上（16.2%），说明本科及以上学历的父母更常使用鼓励（表5-2-13）。

不同收入层次的父母之间差异不显著，但收入层次越高的父母经常用鼓励的比例越高（从收入为0或负数到12万及以上依次是72.8%、73.6%、78.7%、83.3%、85.3%），偶尔用的比例越低（从收入为0或负数到12万及以上依次是27.2%、23.6%、20.8%、16.7%、14.7%），说明收入越高的父母越容易用鼓励的方法。

概括而言，在教育方法的使用上，大多数父母符合基本的要求。主要表现在大多数父母能经常使用以表扬为代表的正强化方法和以鼓励为代表的塑造方法，经常使用表扬的比例达到79.7%，经常使用鼓励的比例达到77.7%；同时，惩罚方法的使用频率很低，表现为经常使用批评的方法（12.7%）、经常使用骂人的方法（2.8%）、经常使用打人的方法（1.9%），没用过批评（5.5%），40%左右的父母没用过骂人、打人的方法。

表 5-2-12　父母间使用鼓励方法的比较（人数、百分比）

	父亲	母亲	合计
经常用	119_a (77.3)	375_a (77.8)	494 (77.7)
偶尔用	32_a (20.8)	106_a (22.0)	138 (21.7)
没用过	3_a (1.9)	1_b (0.2)	4 (0.6)
合计	154 (100.0)	482 (100.0)	636 (100.0)

注：X^2 = 4.649，df = 2，Sig.（双侧）= 0.098

表 5-2-13　不同学历的父母使用鼓励的方法的比较（人数、百分比）

	小学或以下	初中	高中或中专	大专	本科及以上	合计
经常用	$25_{a,b}$ (80.7)	85_b (69.1)	$130_{a,b}$ (78.3)	$94_{a,b}$ (75.2)	160_a (83.8)	494 (77.7)
偶尔用	$5_{a,b}$ (16.1)	37_b (30.1)	$36_{a,b}$ (21.7)	$29_{a,b}$ (23.2)	31_a (16.2)	138 (21.7)
没用过	1_a (3.2)	1_a (0.8)	0_a (0.0)	2_a (1.6)	0_a (0.0)	4 (0.6)
合计	31 (100.0)	123 (100.0)	166 (100.0)	125 (100.0)	191 (100.0)	636 (100.0)

注：X^2 = 16.811，df = 8，Sig.（双侧）= 0.032

五、研究结论

（一）父母的教育态度大致端正

这主要表现在两个方面。一是大多数父母对孤独症儿童的任性态度正确，接近90%的父母不是由着孩子，表现了很高的态度素养。对有刻板行为的孤独症儿童而言，家长能够做到不由着孩子实属不易。二是夫妻的教育一致性比例接近70%，也显示了较高的素养。但是，这个比例低于对孩子任性的态度，这可能和孤独症现象极为复杂以及社会上的各种声音影响了夫妻的判断有关。当然，还有较多的家庭夫妻教育意见并非一致，一些父母有溺爱孩子的现象，这都需要教育指导。

（二）父母有较高的教育方法的素养

无论是正强化方法的使用，还是塑造和惩罚方法的使用，从父母们的选择看，均表现了较高的素养。正强化和塑造方法的经常使用的比例很高，表扬和鼓励经常使用的比例都接近80%，反之，惩罚的经常使用比例随着惩罚方法的强烈程度下降，表现为较少使用批评的方法（12.7%），很少使用骂人的方法（2.8%），极少使用打人的方法（1.9%），但又不是完全放弃这些方法，偶尔使用的比例都超过一半。这就说明了父母们能够根据孩子的特点选择具体的教育方法。

（三）父母有较高的文化学习的对策素养

大多数孤独症儿童的父母对孩子写字行为的对策表现了极大的耐心，超过70%的父母能够一遍遍地教孩子写字，这和许多父母带着孩子四处求医问药、四处寻找培训机会相互印证了孤独症儿童的父母期望孩子能够"正常"的心态。但是，对于一些类型的孤独症儿童，如伴有智力障碍的孤独症儿童而言，一味地、机械地训练不一定是好的方法，还是要综合教育。

（四）父母关于孤独症儿童身心特点的正确认知不足

无论是对孤独症儿童的行为问题，还是言语异常，抑或是孤独症儿童的交往能力、智力，大多数父母缺乏正确的认知。父母往往可能是仅仅从自己孩子的特点出发看待整个孤独症儿童群体，这就必然把所有孤独症儿童看作有各种问题的个体，而忽略了孤独症儿童首先是儿童的一面，从而影响自己的教育行为。

（五）父母对孤独症儿童的期望过低

孤独症儿童的父母对孤独症儿童的独立生活和工作期望过低。父母认为能独立生活的比例仅仅是 10.7%，能工作的比例也仅仅是 33.6%，即 1/3 而已。之所以期望过低，多与父母对孤独症儿童的身心特点不能正确认知、父母对现实的教育效果不满意和社会没有建立起相应的支持系统有关。这也说明，要提高父母的期望，必须同时建立相应的支持系统，教给孤独症儿童的父母正确的孤独症儿童的身心特点、教育特点的知识，同时提高教育效益。

（六）孤独症儿童的父母需要指导

要给予孤独症儿童的父母关于孤独症儿童的身心特点，尤其是和身心特点相关的儿童的发展预期的知识，提高孤独症儿童父母的预期。

第六章

脑瘫儿童父母的教育需求研究

第一节　脑瘫儿童家庭教育支持的需求研究

一、研究的方法与过程

本章研究的方法与过程同第二章第一节。

二、本节研究的内容

本节研究的内容共分为三个部分。

一是脑瘫儿童父母过去的行为，包括他们回溯过去发生的行为和过去应该的行为（问卷第13、14题，见附录一，下同），并通过这些行为或对策探讨家长在儿童出生后需要什么支持，尤其是需要什么样的教育支持。

二是过去对脑瘫儿童父母的支持状况，包括回溯过去的教育支持经历（问卷第12题）、由现在看过去是否需要教育支持（问卷第15、16题）、需要什么样的教育支持（问卷第17题），来探讨脑瘫儿童家庭教育支持的一般对策。

三是当下脑瘫儿童的父母是否还需要教育支持（问卷第19题）、需要什么样的教育支持（问卷第20、21题）。

三、样本的基本情况

课题组于2020年3月17日至2020年4月15日对全国16个省区市的37所盲、聋、培智学校或特殊教育学校的学前、义务教育阶段的所有学生家长统一用问卷星进行了调查，其中涉及肢体障碍（脑瘫）儿童的学校有30所。共获得脑瘫儿童的父母问卷210份，合格问卷204份，合格率97.1%；最终计入统计的父母问卷202份，剔除的2份问卷主要有两个原因，一是填写者是福利院教师或保姆；二是同一家庭除父母之外的家庭成员重复填写了一次问卷。

在202份问卷中，有父母187人，爷爷奶奶等其他亲属、亲戚15人，包含

196 个家庭，206 名肢体障碍（脑瘫）儿童。其中，6 个家庭是儿童父母双方都填写了问卷，而且有的家庭不止一个脑瘫儿童。本节内容仅仅呈现脑瘫儿童的父母的相关内容。

在 187 名父母中，父亲 47 人，母亲 140 人；年龄基本在 29~59 岁，学历主要分布在高中或中专以下，年收入主要是在 1.5 万~6 万元以下（表6-1-1）。

对应地，他们共有脑瘫儿童 191 人，年龄主要是在 7~18 岁，几乎都有残疾证，残疾程度分布在一级、二级（表6-1-2）。

表 6-1-1　肢体障碍（脑瘫）儿童父母的基本信息

项目		人数（人）	百分比（%）
亲子关系	父亲	47	25.1
	母亲	140	74.9
合计		187	100.0
年龄段	29 岁及以下	4	2.1
	30~39 岁	77	41.2
	40~49 岁	76	40.7
	50~59 岁	14	7.5
	60 岁及以上	1	0.5
	不想透露年龄	15	8.0
合计		187	100.0
学历	小学或以下	32	17.1
	初中	76	40.6
	高中或中专	38	20.4
	大专	21	11.2
	本科	19	10.2
	研究生	1	0.5
	不想透露学历	0	0.0
合计		187	100.0

续表

项目		人数（人）	百分比（%）
家长收入	收入为负	0	0.0
	收入为0	56	29.9
	1~1.5万元	42	22.5
	1.5万~6万元	68	36.4
	6万~12万元	16	8.6
	12万元及以上	2	1.0
	不想透露收入信息	3	1.6
合计		187	100.0

表 6-1-2 肢体障碍（脑瘫）孩子的基本信息

项目		人数（n）	百分比（%）
男女比例	男	108	56.5
	女	81	42.4
	性别缺失	2	1.1
合计		191	100.0
年龄段	6岁及以下	6	3.1
	7~12岁	84	44.0
	13~18岁	83	43.5
	19岁及以上	12	6.3
	年龄缺失	6	3.1
合计		191	100.0
残疾证	有	183	97.9
	没有	4	2.1
合计		187	100.0

续表

项目		人数（n）	百分比（%）
残疾程度	一级	68	36.4
	二级	82	43.9
	三级	23	12.3
	四级	11	5.9
	不知道	3	1.5
合计		187	100.0

四、研究的结果与分析

（一）脑瘫儿童的父母过去对孩子的行为

1. 是否对脑瘫孩子进行过治疗

父母在回答"您的孩子上机构以前，去医院治疗过吗"时，回答"治疗过"的178人，占95.2%；回答"没有"的9人，占4.8%；没有人回答"不记得"（这和其他儿童的父母①有区别）。说明绝大多数家庭的脑瘫儿童是治疗过的。

这里的治疗是否包括在医院里的康复训练，本研究未能涉及。但是，儿童脑瘫的症状确定即脑瘫后，到目前为止，传统的临床医学对之是没有"治疗"作用的。也就是说，传统的临床医学没法把损伤的脑细胞恢复到正常，其"治疗"只能依靠教育②——动作训练（这包括康复医学中的动作训练）。

应该说，儿童在损伤后，父母作为最主要的监护人或者亲人，爱子之心可鉴，去医院检查或偶尔"治疗"一下无可厚非，屡屡求医问药则属于不当了。

也就是说，在发现孩子是脑瘫后，求医问药的对策是不当甚至是错误的，最佳的对策是展开功能训练（包括医院里的康复训练）。

检验发现，不同残疾程度的儿童去治疗过的差异不显著，也没有明显趋势。

2. 过去对脑瘫儿童最应该采取的对策

父母在回答"现在回想起来，您知道孩子有问题时，当时最应该做的事儿是什么"时，回答"医学或医院治疗"的81人，占43.3%；回答"教育"的6

---

① 这里的187个父母代表187个家庭。

② 也有报道称针灸能够治疗脑瘫，但并无完整的证据。

人，占 3.2%；回答"治疗加教育"的 92 人，占 49.2%；回答"说不好"的 98 人，占 4.3%。

脑瘫儿童出生后超过 95% 有过治疗的经历，但孩子读书上学后，父母在选择当时的对策时，居然仍旧只有很小比例的人选择教育。按理说，当儿童已经读书且家长们辗转求医看到"医疗"的"治疗"效果后，应该对对策有更准确的认识才是，但父母仍旧以为医疗或治疗加教育是最佳对策，除非把医疗理解为动作康复——训练，否则家长的对策仍旧是错的，说明大多数父母需要教育指导。

检验发现，不同残疾程度的脑瘫儿童的父母之间差异不显著，也没有明显的趋势。

父母之间差异不显著，但选择"医学或医院治疗"的父亲（44.6%）比母亲（42.9%）多，反映父亲更相信医学治疗，说明父亲比母亲更需要接受指导。

不同学历层次的父母之间差异不显著，趋势不明显。

不同收入层次的父母之间差异不显著，趋势不明显。

综合脑瘫儿童出生后家庭的高比例治疗和父母目前仍旧觉得当时最好的对策是治疗或医疗加教育的现实，父母们亟须进行正确的教育指导。

（二）脑瘫儿童父母教育支持的经历和过去的需要

1. 脑瘫儿童的父母过去接受教育支持的经历

父母在回答"您的孩子上机构或上学以前，有人告诉过您孩子该怎么教育吗"时，回答"有"的 88 人，占 47.0%；回答"没有"的 82 人，占 43.9%；回答"不记得了"的 17 人，占 9.1%。

数据显示，过去尽管接受过教育指导的达到 47.0%，但超过 40% 的父母并没有接受指导，父母们寄希望于医学的治疗就不足为怪了，这说明父母在脑瘫儿童出生后就需要正确的教育指导。

检验表明，不同残疾程度的脑瘫儿童的父母之间差异不显著，但大体上残疾程度越重的儿童的父母有过教育支持的比例也越高。一级残疾儿童的父母有过指导的是 52.9%，二级是 45.1%，三级是 47.8%，四级是 27.3%。

父母之间差异不显著，但接受过指导的父亲（55.3%）多于母亲（44.3%），没接受过指导的父亲（38.3%）少于母亲（45.7%），说明过去父亲比母亲更多地接受过教育支持。

不同学历层次的父母之间差异不显著，也没有明显趋势。

不同收入层次的父母之间差异不显著，趋势也不明显。

2. 脑瘫儿童的父母过去是否需要教育支持

（1）过去是否需要有人告诉怎么办

脑瘫儿童的父母在回答"现在回想起来，从您的孩子出生到知道孩子有问题时，是否需要有人告诉您孩子该怎么办"时，回答"是"的137人，占73.2%；回答"不是"的28人，占15.0%；回答"说不好"的22人，占11.8%。

数据说明，大多数脑瘫儿童的父母在孩子出生到知道孩子是脑瘫后，就需要有人清楚地告诉他们该怎么办，这个怎么办主要是恰当的对策是什么。

当然，15.0%的父母表示不需要告诉，是因为他们清楚自己怎么办还是有其他原因，需要进一步研究。

检验发现，不同残疾程度的儿童的父母间差异不显著，也无明显趋势。

父母之间差异不显著，但母亲需要告诉怎么办的比例（74.3%）高于父亲（70.0%）；相反，不需要的父亲的比例（17.0%）高于母亲（14.3%），说明母亲比父亲更需要有人告诉怎么办。

不同学历层次的父母之间差异不显著，趋势亦不明显。

不同收入层次的父母之间差异不显著，趋势不明显。

（2）过去是否需要有人帮助教育孩子

当脑瘫儿童的父母回答"孩子出生后，在您的孩子上学或者去机构前，您需要有人帮您教育孩子吗"时，回答"需要"的160人，占85.6%；回答"不需要"的12人，占6.4%；回答"说不好"的15人，占8.0%。

比较发现，父母需要帮助教育孩子的比例高于需要告诉怎么办的比例，高出12.4个百分点，"不需要"的比例和"说不好"的比例都比需要告诉怎么办的比例低。

检验发现，不同残疾程度的儿童的父母间差异显著（表6-1-3），在需要教育支持的人中，残疾程度越重的儿童的父母需要的比例越高，而且一级残疾儿童的父母（95.6%）高于二级残疾儿童的父母（82.9%），显著高于三级（74.0%）、四级（63.6%）残疾儿童的父母，儿童残疾程度越重，父母越需要教育支持。"不需要"和"说不好"的人数太少，其倾向意义不大。

父母之间差异不显著，但父亲需要教育帮助的比例（78.7%）低于母亲的比例（87.9%）（表6-1-4），说明母亲可能比父亲有更强地寻求教育帮助的愿望。

表 6-1-3　不同残疾程度的儿童的父母当时需要教育支持的比较（人数、百分数）

	一级	二级	三级	四级	合计
需要	65_a（95.6）	$68_{a,b}$（82.9）	17_b（74.0）	7_b（63.6）	157（85.3）
不需要	1_a（1.5）	8_a（9.8）	3_a（13.0）	0_a（0）	12（6.5）
说不好	2_a（2.9）	6_a（7.3）	$3_{a,b}$（13.0）	4_b（36.4）	15（8.2）
合计	68（100.0）	82（100.0）	23（100.0）	11（100.0）	184（100.0）

注：①187人中，3人不知道孩子的残疾级别，故总人数184人，下同。

②χ^2=18.928，df=6，Sig.（双侧）=0.04

③表中a、b、c代表多个列之间两两比较的显著性水平，数字后标记的字母相同则表示对应的两组数据无差异，字母不同则表示差异有统计学意义，下同。

表 6-1-4　父母当时需要教育支持的比较（人数、百分数）

	父亲	母亲	合计
需要	37_a（78.7）	123_a（87.9）	160（85.6）
不需要	3_a（6.4）	9_a（6.4）	12（6.4）
说不好	7_a（14.9）	8_b（5.7）	15（8.0）
合计	47（100.0）	140（100.0）	187（100.0）

注：χ^2=2.587，df=2，Sig.（双侧）=0.166

不同学历层次的父母之间差异显著，但差异项主要体现在"说不好"选项上，小学或以下学历者（18.8%）显著高于初中学历者（2.6%），说明学历最低的这部分家长不知道自己该有什么愿望（表6-1-5）。

不同收入层次的父母之间差异不显著，也没有明显趋势。

（3）脑瘫儿童的父母当时需要的教育帮助的内容和形式

为了考察当时父母们需要什么样的教育帮助，也是为了对比孩子读书后父母需要的教育帮助的内容或方式是否有变化，本研究对那些需要教育帮助（教育支持）的父母，追问了需要哪些内容或形式的教育支持。

在160名回答需要教育帮助的父母中，回答"有人告诉我怎么做就够了"的23人，占14.4%；回答"有人定期来家里直接教孩子"的20人，占12.5%；回答"有人告诉我怎么做并同时来家里帮我教育孩子"的95人，占59.4%；回答"说不好"的22人，占13.7%（表6-1-6）。

表6-1-5 不同学历的父母当时需要教育支持的比较（人数、百分数）

	小学或以下	初中	高中或中专	专科	本科及以上	合计
需要	26$_a$ (81.2)	70$_a$ (92.1)	31$_a$ (81.6)	16$_a$ (76.2)	17$_a$ (85.0)	160 (85.6)
不需要	0$_a$ (0)	4$_a$ (5.3)	1$_a$ (2.6)	4$_a$ (19.0)	3$_a$ (15.0)	12 (6.4)
说不好	6$_a$ (18.8)	2$_b$ (2.6)	6$_{a,b}$ (15.8)	1$_{a,b}$ (4.8)	0$_a$ (0)	15 (8.0)
合计	32 (100.0)	76 (100.0)	38 (100.0)	21 (100.0)	20 (100.0)	187 (100.0)

注：$\chi^2 = 23.982$，df = 8，Sig.（双侧）= 0.002

表6-1-6 儿童入学前父母需要的教育支持的内容

	人数（人）	百分数（%）
有人告诉我怎么做就够了	23	14.4
有人定期来家里直接教孩子	20	12.5
有人告诉我怎么做并同时来家里帮我教孩子	95	59.4
说不好	22	13.7
合计	160	100.0

数据显示，仅仅满足于告诉父母如何教育孩子和定期来家里教育孩子的比例都不到 15%，"说不好"的父母也只有 13.7%，但超过一半的父母是既需要告诉他们怎么办又需要定期来家里教育孩子，说明父母教育需求的愿望较高。

检验发现，不同残疾程度的儿童的父母间差异不显著，但就希望来家里教育孩子这项看，残疾程度越重的儿童的父母选择比例越高（一级残疾儿童的父母是 20.0%，二级是 8.8%，三级是 5.9%，四级是 0.0%），其他各项趋势不明显，这可能和脑瘫越重越需要专业人士的训练有关系。

父母之间差异显著，差异的显著性主要表现在"有人告诉我怎么做就够了"的选项上父亲（24.3）显著高于母亲（11.4%），结合母亲（14.6%）比父亲（5.4%）更希望有人来家里直接教育孩子看，父亲比母亲在孩子的对策上自主力更强（表 6-1-7）。

表 6-1-7　儿童入学前父母需要的教育支持的内容（人数、百分数）

	父亲	母亲	合计
有人告诉我怎么做就够了	9$_a$（24.3）	14$_b$（11.4）	23（14.3）
有人定期来家里直接教孩子	2$_a$（5.4）	18$_a$（14.6）	20（12.5）
有人告诉我怎么做并同时来家里帮我教育孩子	24$_a$（64.9）	71$_a$（57.7）	95（59.4）
说不好	2$_a$（5.4）	20$_a$（16.3）	22（13.8）
合计	37（100.0）	123（100.0）	160（100.0）

注：$\chi^2 = 8.464$，df = 3，Sig.（双侧）= 0.037

不同学历层次的父母之间差异显著，差异的显著性主要表现在"有人告诉我怎么做并同时来家里帮我教育孩子"选项上，小学或以下学历的父母（26.9%）显著低于高中或中专（83.9%）、本科及以上（76.4%）的父母，结合小学或以下学历的父母希望来家里教育孩子的比例最高（23.1%，如表 6-1-8）的状况，可以说最低学历的那些父母可能自己教育孩子的能力有限。

表6-1-8 不同学历的父母过去对家庭教育支持内容的比较（人数、百分数）

	小学或以下	初中	高中或中专	专科	本科及以上	合计
有人告诉我怎么做就够了	4 $_a$ (15.4)	14 $_a$ (20.0)	2 $_a$ (6.4)	3 $_a$ (18.7)	0 $_a$ (0.0)	23 (14.3)
有人定期来家里直接教孩子	6 $_a$ (23.1)	9 $_a$ (12.8)	1 $_a$ (3.2)	2 $_a$ (12.5)	2 $_a$ (11.8)	20 (12.5)
有人告诉我怎么做并同时来家里帮我教育孩子	7 $_a$ (26.9)	38 $_{a,b}$ (54.3)	26 $_c$ (83.9)	11 $_{a,b,c}$ (68.8)	13 $_{b,c}$ (76.4)	95 (59.4)
说不好	9 $_a$ (34.6)	9 $_a$ (12.9)	2 $_a$ (6.5)	0 $_a$ (0)	2 $_a$ (11.8)	22 (13.8)
合计	26 (100.0)	70 (100.0)	31 (100.0)	16 (100.0)	17 (100.0)	160 (100.0)

注：$\chi^2 = 34.734$，df = 12，Sig.（双侧）= 0.001

不同收入层次的父母之间差异不显著，但在"有人告诉我怎么做并同时来家里帮我教育孩子"选项上，收入越高的父母，选择的比例越高。如 0 以下收入的，选择此项的比例是 50.0%，1 万~1.5 万元是 60.5%，1.5 万~6 万元是 62.5%，6 万~12 万元是 78.6%（12 万元及以上没人选此项），说明经济条件是影响需要形式的一个因素。

总体而言，脑瘫儿童的父母中，过去有过教育支持的仅有 47.0%，不到一半。但是，回想起孩子确诊为脑瘫时，有 73.2%的父母需要有人告诉他们该怎么办，在孩子上学前或上机构前有 85.6%的父母需要被告诉如何教育孩子。这就是说，有 30%左右的父母其教育支持的需要没有被满足。从需要教育支持（帮助）的父母来看，其教育需要的要求较高，表现为既需要"有人告诉我怎么做同时来家里帮我教育孩子"的比例达到 59.4%，说明家长的教育需求需要被引导。

（三）脑瘫儿童父母当下教育支持的愿望

1. 现在是否还需要他人帮助教育孩子

脑瘫儿童的父母在回答"您现在还需要他人帮助您教育孩子吗"时，回答"是"的 154 人，占 82.4%；回答"不是"的 25 人，占 13.4%；回答"说不好"的 8 人，占 4.3%（表 6-1-9）。

尽管脑瘫儿童已经入学，但需要家庭教育支持的家长依然很多，说明脑瘫儿童的父母依然有很多教育的问题没有解决。因此，为其提供教育支持依旧有意义。

比较发现，现在仍旧需要教育帮助的脑瘫儿童的父母和孩子出生后、在孩子上学或者去机构前需要有人帮助教育的比例大致相同。现在需要的比当时低了 3.2 个百分点；不需要的高了 7 个百分点；忘记了或者说不好的低了 3.7 个百分点（表 6-1-9）。说明部分家长已经在养育孩子中了解了孩子，在战斗中学会了战斗。

为了测谎，故意把这两个题目在问卷中的顺序前后错开。但结果说明，脑瘫儿童父母的回答是可信的。经过自己的实践，已经有了一些经验或者学校已开展了相关工作，家长的素养得到提高。需要教育帮助的百分比降低、不需要的增高、说不好的比例降低恰恰反映了这种可能。

但是，数据也反映了即使脑瘫儿童已经在学校里读书了，仍有大多数父母需要教育帮助。一方面说明我们没有提供足够数量的教育支持，同时说明，有限的教育支持可能不给力，父母们需要更具专业性的教育支持。从有 78.1%的脑瘫孩子天天回家不住校（表6-1-10），但有82.4%父母需要教育支持来看，对脑瘫儿童的父母进行教育支持仍旧是必要的。

检验发现，不同残疾程度的儿童的父母之间差异不显著，也没有明显的趋势。但就需要来看，一级残疾儿童的父母比例均高于其他级别。一级残疾需要的占88.2%，高于二级残疾的80.5%、三级残疾的73.9%和四级残疾的81.8%。

父母之间差异不显著，但父亲需要的比例（85.1%）高于母亲（81.4%），不需要的比例母亲（15.0%）高于父亲（8.5%），显示父亲比母亲更需要教育指导。

不同学历层次的父母之间差异不显著，也没有明显的倾向。

不同收入层次的父母之间差异不显著，但收入层次高的父母，大致上需要的比例也高。收入为0或负数者需要的比例是76.8%，1~1.5万元者是85.7%，1.5万~6万元者是82.4%，6万~12万元者是93.8%，12万元及以上是100.0%。

表6-1-9　脑瘫儿童的父母现在和当时是否需要教育帮助

		是（需要）	不是 （不需要）	忘记了 （说不好）	合计
当时是否 需要教育 帮助	人数（人）	160	12	15	187
	百分数（%）	85.6	6.4	8.0	100.0
现在是否 需要教育 帮助	人数（人）	154	25	8	187
	百分数（%）	82.4	13.4	4.3	100.0

表6-1-10　脑瘫学生住校与走读状况的分布

	住在学校	天天回家	其他	合计
人数（人）	17	146	24	187
百分数（%）	9.1	78.1	12.8	100.0

2. 需要帮助的内容形式

在154名选择需要教育帮助的脑瘫儿童父母中，选择"有人告诉我怎么做就够了"的31人，占20.1%；选择"有人定期来家里直接教孩子"的20人，占13.0%；选择"有人告诉我怎么做并同时来家里帮我教育孩子"的87人，占56.5%；选择"说不好"的16人，占10.4%（表6-1-11）。

数据表明，目前家长最大的教育支持需求依然是"有人告诉我怎么做同时来家里帮我教育孩子"，超过一半的家长有这样的需求。这可能是家长对脑瘫儿童的身心特点和教育特点不了解所致，也可能是对现有的教育效果不满意所致。

比较父母过去需要的教育支持的内容，尽管趋势大致相当，但只要"有人告诉我怎么做就够了"的比例明显上升，定期来家教育孩子的比例稍微上升，其他比例下降（表6-1-11），说明家长们的认识水平在提高。

检验发现，不同残疾程度的儿童的父母之间差异不显著，但学历越低的父母越不知道怎么做。如小学或以下学历者"说不好"的比例是23.1%，初中是11.3%，高中是6.7%，专科就只有5.3%了，看来学历也是影响因素之一。

父母之间差异不显著，但父亲比母亲的主动性更强，表现为父亲（30.0%）比母亲（16.7%）更多地知道怎么教孩子就可以（"有人告诉我怎么做就够了"），更少地依赖他人来家教（父亲占比10.0%，母亲占比14.1%，如表6-1-12所示）。

不同收入层次的父母间差异不显著，也没有明显的趋势。

表6-1-11 父母需要的教育支持内容

	过去需要的教育支持		现在需要的教育支持	
	人数（人）	百分数（%）	人数（人）	百分数（%）
有人告诉我怎么做就够了	23	14.4%	31	20.1%
有人定期来家里直接教孩子	20	12.5%	20	13.0%
有人告诉我怎么做并同时来家里帮我教育孩子	95	59.4%	87	56.5%
说不好	22	13.7%	16	10.4%
合计	160	100.0%	154	100.0%

注：本题的总数是选择"需要教育帮助"的家长，共154人，下面的检验也基于此。

表6-1-12 父母间现在是否需要教育支持的比较（人数、百分数）

	父亲	母亲	合计
有人告诉我怎么做就够了	12a（30.0）	19a（16.7）	31（20.1）
有人定期来家里直接教孩子	4a（10.0）	16a（14.1）	20（13.0）

	父亲	母亲	合计
有人告诉我怎么做并同时来家里帮我教育孩子	19a（47.5）	68a（59.6）	87（56.5）
说不好	5a（12.5）	11a（9.6）	16（10.4）
合计	40（100.0）	114（100.0）	154（100.0）

3. 现在脑瘫儿童家长需要的教育形式

在教育支持的内容上，有31位回答"有人告诉我怎么做就够了"。可是怎么告诉呢？在五种选择中，选择"面对面地教我"的有9人，占29.0%；选择"通过阅读书籍、杂志学习"的有2人，占6.4%；选择"通过手机、电视、网络学习"的有3人，占9.7%；选择"通过面对面地教我，通过阅读书籍、杂志学习，通过手机、电视、网络学习三种途径"的有14人，占45.2%；选择"说不好"的有3人，占9.7%（表6-1-13）。

表6-1-13　父母接受教育指导的形式

	人数（人）	百分比（%）
面对面地教我	9	29.0%
通过阅读书籍、杂志学习	2	6.4%
通过手机、电视、网络学习	3	9.7%
通过面对面地教我，通过阅读书籍、杂志学习，通过手机、电视、网络学习三种途径	14	45.2%
说不好	3	9.7%
合计	31	100.0%

比较发现，除"说不好"选项之外，其他四种方式中，脑瘫儿童的父母最不想自学，即通过阅读书籍、杂志学习的比例最低，和智力障碍儿童的父母相同，这实际上是一个大问题。

通过手机、电视、网络学习，这实际上也是一种自学，只是载体由传统媒介转变为现代媒介。但9.7%的比例说明了父母即使用新媒介技术自学也不见得主动性很强。

有趣的是，自学的两种方式——阅读书籍、杂志和通过手机、电视、网络学习的比例之和为16.1%，仍旧低于面对面学习的比例。说明脑瘫儿童的父母还是信赖面对面地学习。当然，面对面地学习是否可以，不仅要看家长的经济条件，还要看社会是否提供了面对面学习的机会。

但是，选择三种方式皆用的（"通过面对面地教我，通过阅读书籍、杂志学习，通过手机、电视、网络学习三种途径"）父母的比例接近一半，达到了45.2%，说明这些家长还是最倾向于多种方式并用的综合学习方式，这为家长的教育指导方式提供了方向。

因此可以说，父母在选择具体的接受教育的方式上，面授排第一，但最想的是综合方式，最不想自学。

检验发现，不同残疾程度的儿童的父母、父母之间、不同学历和不同收入层次的父母之间在四个指标上，差异均不显著。此外，因为选择"有人告诉我怎么做就够了"的样本较小（31 人），其他各项趋势的意义也不大，本书不再呈现数据。

总体而言，脑瘫儿童读书以后的当下，大多数父母（82.4%）仍旧有教育支持的需要，说明过去提供的教育支持不仅量上不足，可能质上也有问题。但家长们教育支持的需求仍旧较高，表现为超过半数（56.5%）的父母需要"有人告诉我怎么做并同时来家里帮我教育孩子"；同时，在具体的指导或教育支持的教育方法上，父母们最不乐意自学，面对面辅导的需求最高。因此，应该引导父母的需求，在满足基本要求后，引导父母自学。

五、研究结论

（一）脑瘫是否能"治疗"

大城市培智学校脑瘫儿童的数量在减少，这些学生主要分布在地级市以下的学校。但数据显示，高达 95.2% 的脑瘫儿童有过治疗的经历。如果把教育康复也看作治疗的话，那么父母的做法没有不当，但要通过传统的医疗措施改变脑瘫是困难的，教育和训练才是最好的"治疗"。

（二）父母的教育需求

不到一半的父母在过去接受过教育指导，但无论是过去还是现在，多数父母需要教育支持。说明过去的教育指导不仅数量不足，效果也不理想。

（三）父母们需要的教育指导的内容

从父母希望的教育指导的内容看，无论是回忆过去，还是表达现在，父母们的要求都较高。这说明真要满足父母的需要，可能有很大的挑战。一是社会能否提供这么丰富的教育支持；二是父母是否有经济能力接受这种支持服务。

（四）教育指导的方式方法

在具体的教育指导的方式方法的期望上，脑瘫儿童的父母自学书籍或者网媒（现代信息技术手段）的热情最低，最想的是面授，这也给脑瘫儿童的教育支持带来了挑战。实际上，就帮助的效果而言，高中以上学历的父母最好的帮助方法还是通过多种渠道自学。面对面的方式固然好，但那需要时间和经济的支持。

（五）脑瘫儿童的父母需要教育支持

要给脑瘫儿童的父母提供基本的教育支持，但也要引导他们通过恰当的形式满足教育支持的需要，避免"高消费"。

第二节　脑瘫儿童父母的教育素养研究

一、研究的方法与过程

本节研究方法与过程同第二章第一节。

二、本节研究的内容

本节研究的内容分为五个方面。

一是父母对脑瘫儿童的态度和教育一致性，问卷中的脑瘫儿童父母专用问卷（附录一之 26 题，下同）的第 6、7 题。

二是父母对脑瘫儿童的身心特点的认知，主要是问卷中的第 1、2、3 题。

三是父母对脑瘫儿童未来发展的预期，这是期望或态度，实际上也是身心特点的知识，主要是问卷中的第 4、5 题。

四是父母对脑瘫儿童缺陷补偿或文化教育的态度和对策，问卷中的第 8、9 题。

五是脑瘫儿童父母的教育方法或能力，主要是问卷中的第 10~14 题。

三、研究的样本

研究的样本同本章第一节，最后计入分析的是 187 份父母问卷。

数据处理用 Excel2010 和 SPSS21.0。

四、研究的结果与分析

(一) 父母对脑瘫儿童的态度

1. 脑瘫儿童的父母是否由着孩子

父母在回答"孩子是肢体障碍（脑瘫），所以平时他想怎么着就怎么着，我由着他"时，回答"是"的有 10 人，占 5.3%；回答"不是"的有 163 人，占 87.2%；回答"说不好"的有 14 人，占 7.5%。显然，选择"不是"的家长才是正确做法的家长。这说明大多数脑瘫儿童的父母在是否由着孩子想怎么着就怎么着上的做法是正确的。

当然，部分没有这样做的家长（12.8%）也应该引起注意。

检验发现，孩子的残疾程度在父母是否由着孩子上差异不显著，也看不出趋势，但说明父母没有因为孩子脑瘫的程度就溺爱孩子，这显然是正确的。

父母之间在是否由着孩子上差异不显著，但在"是"的选项上，父亲（8.5%）高于母亲（4.3%）；在"不是"的选项上，父亲（80.9%）低于母亲（89.1%），显示父亲比母亲有溺爱脑瘫孩子的倾向。

不同学历层次的父母之间差异不显著，但初中学历以上，学历越高，做法越正确。选择"不是"的，小学或以下学历的父母占 84.4%，初中 80.0%，高中或中专 89.5%，大专和本科及以上皆为 100.0%。

不同收入层次的父母之间差异显著，总体趋势不明显，只是在"不是"的选项上收入 1 万~1.5 万元者（69.0%）显著低于 1.5 万~6 万元者（97.1%），如表 6-2-1 所示。

2. 夫妻在教育孩子上的意见是否一致

父母在回答"我们夫妻（或家人）在教育肢体障碍（脑瘫）孩子上的意见是一致的"时，回答"是"的 144 人，占 77.0%；回答"不是"的 31 人，占 16.6%；回答"不知道"的 12 人，占 6.4%。

从数据看，大多数父母在教育一致性上的做法是正确的。当然，也要看到还有 16.6% 的父母教育意见不一致，他们需要相应的教育指导。

检验发现，不同残疾程度的儿童的父母之间差异不显著，说明残疾程度的不同没有影响夫妻教育一致的做法，也反证了夫妻之间对脑瘫儿童教育意见的稳定性。

不同学历层次的父母之间差异不显著，但大致上显示了学历越高的夫妻，教育意见一致的比例越高；相反，学历越低的夫妻，教育意见一致的比例越低。选择"是"的，从小学或以下学历到本科及以上的比例依次是68.8%、76.3%、76.3%、85.7%、85.0%；选择"不是"的，从小学或以下学历到本科及以上学历的比例依次是15.6%、19.7%、15.8%、14.3%、10.0%。

不同收入层次的父母之间差异不显著，趋势也不明显。

总体上看，大多数脑瘫儿童的家长对孩子任性行为的态度是正确的，对孩子的教育意见是一致的。

（二）父母对脑瘫儿童的身心特点的认识

1. 父母对脑瘫儿童动作缺陷的认知

父母在回答"我觉得肢体障碍（脑瘫）的孩子动作有问题是正常的"时，回答"对"的119人，占63.6%；回答"不对"的39人，占20.9%；回答"不知道"的29人，占15.5%。

按照医学界的界定，脑瘫儿童本身就是以运动障碍为主的一种障碍，或者说运动障碍是其本质特征。因此，脑瘫孩子的动作有问题就是正常的。

但是，脑瘫也可以不是发生在儿童出生一个月以后，而且部位不一定仅仅在运动中枢或者下行中枢。作为局部损伤，可以仅仅在感觉或者知觉区域尤其是感觉区域发生，这时没有动作障碍也是正常的。或者经过早期训练，动作障碍已经不容易外显，这时说他们动作有问题就是错误的。

因此，从理论上看，脑瘫孩子动作是否有问题不仅要看损伤程度、部位、康复训练的效果，还要看是大肌肉群、小肌肉群还是大小肌肉群的协调有问题等。一般情况下，人们见到的脑瘫儿童，包括言语动作在内的动作应该是有问题的。从这个角度看，样本中脑瘫儿童的父母超过1/3对脑瘫儿童动作缺陷的认知不正确。

检验表明，不同残疾程度的儿童的父母间差异不显著，也没有明显的趋势。

父母之间对脑瘫动作认知的差异不显著，但父亲选择"对"的比例（59.6%）低于母亲（65.0%），选择"不对"的比例（25.5%）高于母亲（19.3%），说明父亲比母亲正确认知的比例低。

不同学历层次的父母之间差异不显著，趋势不明显。

不同收入层次的父母之间差异不显著，趋势不明显。

2. 对脑瘫儿童言语缺陷的认知

脑瘫儿童的父母在回答"我觉得肢体障碍（脑瘫）的孩子说话有问题是正

常的"时，回答"是"者83人，占44.4%；回答"不是"者73人，占39.0%；回答"不知道"者31人，占16.6%。

按照医学界对脑瘫的界定，脑瘫儿童的运动能力受损是其基本特征。但他们是否有言语障碍？即通常的说话有问题。实际上，脑瘫儿童不一定都有言语障碍，有人估计脑瘫儿童言语障碍的比例在一半左右①。也就是说，回答脑瘫儿童的言语有问题——言语障碍，既对也不对，这要看损伤部位、损伤程度，只有回答"不知道"的才可能是对的。这就是说，187名父母中，对脑瘫儿童的言语障碍能全面认识的可能只有16.6%。

检验发现，不同残疾程度的儿童的父母之间，差异不显著，趋势也不明显。

父母之间差异不显著，但父亲选择"是"的比例（51.1%）高于母亲（42.2%），选择"不是"的比例（34.0%）低于母亲（40.7%），说明父亲更觉得脑瘫儿童的言语有障碍。

不同学历层次的父母之间差异不显著，但在"不是"的选项上，学历越高，比例越小，从小学或以下学历到本科及以上学历的比例依次是31.3%、36.8%、36.8%、47.6%、55.0%，说明学历越高的父母越觉得脑瘫儿童的言语没问题。

不同收入层次的父母之间差异显著（表6-2-2），表现为选择"不是"选项上收入1万~1.5万元的父母（26.2%）显著低于6万~12万元的父母（68.7%），但总体趋势不明显，所以差异的意义不大。

3. 对脑瘫儿童智力障碍的认知

父母在回答"我觉得肢体障碍（脑瘫）的孩子智力也有问题"时，回答"是"者98人，占52.4%；回答"不是"者62人，占33.2%；回答"不知道"者27人，占14.4%。

脑瘫儿童是大脑局部损伤的儿童，智力障碍儿童则是大脑弥散的全面损伤者，是完全不同的两种现象。因此，讲脑瘫儿童智力有障碍是错误的，即使一些脑瘫儿童有言语障碍，或言语表达有困难，那也不是智力障碍。所以，回答"是"是错误的，回答"不是"才是正确的。因此，只有33.2%的父母对脑瘫儿童智力特点的认识是正确的。

---

① 侯梅，罗光金，赵建慧. 脑瘫患儿言语障碍的评估与管理［J］. 中国听力语言康复科学杂志，2019，17（3）：171-174，192.

表6-2-1　不同收入层次的父母面对孩子任性时的态度（人数、百分数）

	收入为0或负	1万~1.5万元	1.5万~6万元	6万~12万元	12万元及以上	合计
是	$3_{a,b,c,d}$（5.4）	$6_{c,d}$（14.3）	0_b（0.0）	$0_{b,d}$（0.0）	$1_{a,c}$（50.0）	10（5.4）
不是	$49_{a,b,c}$（87.5）	29_c（69.0）	66_b（97.1）	$15_{a,b,c}$（93.7）	$1_{a,c}$（50.0）	160（87.0）
说不好	4_a（7.1）	7_a（16.7）	2_a（2.9）	1_a（6.3）	0_a（0.0）	14（7.6）
合计	56（100.0）	42（100.0）	68（100.0）	16（100.0）	2（100.0）	184（100.0）

注：①187人中有3人不便透露收入信息，故总人数为184人，下同。
②$\chi^2=25.119$，df=8，Sig.（双侧）=0.001

表6-2-2　不同收入层次的父母对孩子说话有问题是否正常的判断（人数、百分数）

	收入为0或负	1万~1.5万元以内	1.5万~6万元	6万~12万元	12万元及以上	合计
是	26_a（46.4）	19_a（45.2）	30_a（44.1）	4_a（25.0）	2_a（100.0）	81（44.0）
不是	$25_{a,b}$（44.7）	11_b（26.2）	$26_{a,b}$（38.2）	11_a（68.7）	$0_{a,b}$（0.0）	73（39.7）
不知道	5_a（8.9）	12_a（28.6）	12_a（17.7）	1_a（6.3）	0_a（0.0）	30（16.3）
合计	56（100.0）	42（100.0）	68（100.0）	16（100.0）	2（100.0）	184（100.0）

注：$\chi^2=17.051$，df=8，Sig.（双侧）=0.030

检验发现，不同残疾程度的儿童的父母之间差异不显著，趋势不明显。

父亲与母亲之间差异不显著，但父亲错误认知的比例（57.4%）高于母亲（50.7%），正确认知的比例（29.8%）低于母亲（34.3%），说明父亲比母亲对脑瘫儿童智力特点的认知错误的比例高。

不同学历层次的父母之间差异不显著，但学历越高的父母正确认知脑瘫儿童的智力特点的比例越高，从小学或以下学历到本科及以上学历的比例依次是28.1%、31.6%、31.6%、38.1%、45.0%，说明学历越高，正确地认知脑瘫儿童智力特点的比例越高。

不同收入层次的父母之间差异不显著，也没有趋势。

总体而言，脑瘫儿童的父母对脑瘫儿童的动作、智力和言语缺陷的正确认知比例依次降低，表现为超过一半的父母对脑瘫儿童动作缺陷的认知是正确的（达到63.6%）；1/3的父母对脑瘫儿童智力障碍的特点能正确认知，母亲正确认知的比例高；学历越高，正确认知的比例越高；多数父母对脑瘫儿童言语缺陷的认知不全面。

（三）父母对脑瘫儿童未来发展的预期

1. 父母对孩子独立生活的期望

脑瘫儿童的父母在回答"肢体障碍（脑瘫）的孩子完全可以独立生活"时，回答"是"的43人，占23.0%；回答"不是"的111人，占59.4；回答"不知道"的33人，占17.6%。

这里的完全可以独立生活主要是指未来，也就是成人后的独立生活。对部分脑瘫儿童而言，因损伤部位或损伤程度的不同，动作受限也会不同，但除极少数损伤特别严重且损伤部位特殊的儿童，大多数脑瘫儿童经过功能的艰苦训练，无论是在儿童期还是在成年后，独立地吃喝拉撒睡与出行是完全没问题的。因此，一些父母认为他们不能独立生活——包括成年后不能独立生活，显然是太悲观了，期望也太低了。

检验发现，不同残疾程度的儿童的父母之间差异不显著，但大致显示残疾程度越重的儿童的父母（三级残疾儿童的父母除外）选择独立生活的比例越低，选择不能独立生活的比例越高。如选择能独立生活的，从一级残疾儿童的父母到四级的比例依次是19.1%、23.2%、17.4%、36.4%；选择不能独立生活的，从一级残疾儿童的父母到四级的比例依次是67.6%、61.0%、56.5%、18.2%。这说明了父母的期望太低，没有充分了解脑瘫儿童的身心和能力特点，这提示要给家长提供相应的知识支持。

脑瘫儿童的父母之间差异不显著，但父亲选择能独立生活的比例（25.5%）高于母亲（22.1%）；父亲选择不能独立生活的比例（61.7%）也高于母亲（58.6%），如何解释有待于研究。

不同学历层次的父母之间差异显著，主要表现在学历越低的父母大致上认为脑瘫儿童独立生活的比例越低，而且小学或以下学历的父母（12.5%）显著低于本科及以上者（50.0%），如表6-2-3所示，说明学历高低是判断脑瘫儿童独立生活与否的一个相关因素。

不同收入层次的父母之间差异显著，收入层次越低的父母对独立生活的选择越低，并且收入0或负数者（12.5%）显著低于6万~12万元（50.0%）和12万元及以上者（100.0%），如表6-2-4所示。

2. 父母对孩子工作的期望

父母在回答"肢体障碍（脑瘫）的孩子将来可以工作"时，回答"同意"的98人，占52.4%；回答"不同意"的27人，占14.4%；回答"不知道"的62人，占33.2%。

有没有能力工作和能否独立生活是一个维度的问题。理论上说，工作的能力依赖于残疾的程度和损伤的部位以及教育的效果，与独立生活能力一样，除极少数脑瘫患者，绝大多数是能够工作的。因此，尽管有52.4%的父母选择了可以工作，但仍旧有1/3的父母不知道且有14.4%的父母不同意他们可以工作。总体而言，父母的期望还是显得低了。

检验发现，不同残疾程度的儿童的父母之间差异不显著，也没有明显的趋势。

父母之间差异不显著，但是父亲同意的比例（53.2%）略微高于母亲（52.1%），说明父亲对脑瘫儿童未来工作的预期好于母亲。

不同学历层次的父母之间差异也不显著，但就同意而言，学历越低，同意的比例越小，从小学或以下学历到本科及以上学历的比例依次是40.6%、50.0%、50.0%、57.1%、80.0%；同时，选择"不知道"的比例大致是随着学历的增高而减小的（从小学或以下学历到本科及以上学历的比例依次是34.4%、38.2%、34.2%、23.8%、20.0%），说明学历越高，父母的期望就越高。不同收入层次的父母之间差异显著，主要表现在收入越高的父母（不含收入为0或负数者），同意孩子能工作的比例越高，而且收入1万~1.5万元的（33.3%）显著低于6万~12万元者（87.5%），如表6-2-5所示。

表6-2-3　不同学历层次的父母对孩子成年后是否完全可以独立生活的影响（人数、百分数）

	小学或以下	初中	高中或中专	大专	本科及以上	合计
是	4 (12.5)	$15_{a,b}$ (19.7)	$7_{a,b}$ (18.4)	$7_{a,b}$ (33.3)	10_b (50.0)	43 (23.0)
不是	20_a (62.5)	47_a (61.9)	20_a (52.6)	14_a (66.7)	10_a (50.0)	111 (59.4)
不知道	8_a (25.0)	14_a (18.4)	11_a (29.0)	0_a (0.0)	0_a (0.0)	33 (17.6)
合计	32 (100.0)	76 (100.0)	38 (100.0)	21 (100.0)	20 (100.0)	187 (100.0)

注：$X^2=26.757$，df＝8，Sig.（双侧）＝0.001

表6-2-4　不同收入层次的父母对孩子成年后是否完全可以独立生活的影响（人数、百分数）

	收入为0或负	1万~1.5万元	1.5万~6万元	6万~12万元	12万元及以上	合计
是	7_a (12.5)	$7_{a,b}$ (16.7)	$19_{a,b,c}$ (27.9)	$8_{b,c}$ (50.0)	2_c (100.0)	43 (23.4)
不是	40_a (71.4)	21_a (50.0)	40_a (58.8)	8_a (50.0)	0_a (0.0)	109 (59.2)
不知道	9_a (16.1)	14_a (33.3)	9_a (13.3)	0_a (0.0)	0_a (0.0)	32 (17.4)
合计	56 (100.0)	42 (100.0)	68 (100.0)	16 (100.0)	2 (100.0)	184 (100.0)

注：$X^2=27.733$，df＝8，Sig.（双侧）＝0.001

总体而言，父母对脑瘫儿童独立生活的期望过低，对工作的期望高于独立生活，但也仅仅是一半多一点，父亲和高学历者的期望更高。

（四）父母对脑瘫儿童缺陷补偿或文化教育的态度与对策

1. 父母对脑瘫儿童缺陷补偿的态度

脑瘫儿童和其他四类儿童的一个重要区别就是，对脑瘫功能的代偿和补偿上要坚定地持之以恒地训练，才可能改善脑瘫的症状。因此，本研究设置了一个问题，即"我曾经坚持训练孩子的各种动作"，结果在187名父母中，选择"是"的162名（86.6%），选择"不是"的13名（7.0%），选择"说不好"的12名（6.4%）。

从数据看，大多数父母缺陷补偿的态度是正确的，父母们能够按照儿童的特点进行教育和训练。当然，少部分（13.4%）的父母需要进一步明确动作缺陷补偿的重要性。

检验发现，不同残疾程度的儿童的父母间差异不显著，但选择"是"的，并非因为儿童残疾程度轻这样做的就少，从一级残疾到四级的比例依次是88.2%、84.1%、91.3%、90.9%，说明脑瘫儿童的父母不管孩子残疾程度的轻重都能努力训练，甚至显示残疾程度轻的儿童的父母更坚持。

父母之间差异不显著，但选择"是"的父亲（80.9%）低于母亲（88.6%）；相反，选择"不是"的父亲（12.8%）高于母亲（5.0%），说明父亲没有母亲有耐心。

不同学历层次的父母之间差异不显著，但在"是"的选项上，大致是学历越高，选择的比例越大（从小学或以下学历到本科及以上学历的比例依次是71.9%、89.5%、89.5%、90.5%、90.0%），反映学历越高的父母对缺陷补偿的做法越正确。

不同收入层次的父母之间差异不显著，收入越低的家庭越是能够一遍一遍地训练，这可能和低收入的父母更有时间有关系（从收入为0或负数到12万元及以上，选择"是"的比例依次是92.9%、81.0%、91.2%、75.0%、50.0%）。

2. 父母对儿童学习写字的对策

为了考察父母对脑瘫儿童文化学习的态度和对策，也是为了看父母是否能针对脑瘫儿童的特点展开教育，问卷设计了"我曾经一遍一遍地教肢体障碍（脑瘫）的孩子写字"这个问题，结果选择"是"的130名（69.5%），选择"不是"的41名（21.9%），选择"说不好"的16名（8.6%）。

写字是文化学习的一个重要内容，但对脑瘫儿童而言，尤其是对那些上肢障碍的儿童而言，写字还是很好地矫正上肢动作障碍的活动。因此，一遍一遍地训练脑瘫孩子写字是正确的对策，这一点和智力障碍是有区别的。因此，那些坚持一遍一遍训练孩子写字的父母才是对的。数据显示，多数父母的做法是对的，但超过30%的父母并没有坚持这么做。

检验发现，不同残疾程度的儿童的父母之间差异不显著，也没有明显的趋势，说明并非残疾程度越重的脑瘫儿童的父母越是努力地一遍一遍教孩子写字。

父母之间的差异不显著，但是父亲选择"是"的比例（68.1%）低于母亲（70.0%），选择"不是"的比例（25.5%）高于母亲（20.7%），说明父亲不如母亲有耐心，这点和动作缺陷的补偿观点类似。

不同学历层次的父母之间差异显著，主要表现在"不是"的选项上，高中或中专学历的父母（7.9%）显著低于本科及以上的父母（50.0%），初中"说不好"的选项（2.6%）显著低于高中或中专（18.4%），如表6-2-6所示，但总体趋势不明显。

不同收入层次的父母之间差异不显著，总体趋势也不明显。

总体而言，大多数父母对脑瘫儿童动作缺陷补偿的做法和对儿童写字的做法是正确的，母亲比父亲更有耐心。

（五）脑瘫儿童父母的教育方法或能力

1. 父母正强化方法的使用

父母在回答"我教育肢体障碍（脑瘫）孩子时用表扬的方法"时，回答"经常用"的122人（65.2%），回答"偶尔用"的56人（30.0%），回答"没用过"的9人（4.8%）。

数据显示，多数父母经常用表扬的方法，但仍旧有超过1/3的父母仅仅是偶尔用或没用过。这些父母应该接受教育指导、多用表扬。因为对脑瘫儿童而言，表扬和其他正强化的方法对于鼓励其大胆地与缺陷做斗争有重大作用。

检验表明，不同残疾程度的儿童的父母之间尽管差异不显著，但就"经常用"的父母而言，残疾程度越重的儿童的父母经常使用的比例越高，从一级残疾的67.6%、二级的64.6%、三级的60.9%，降低到四级残疾的54.5%，相差了13.1个百分点；"偶尔用"的比例随着残疾程度的减轻而增大，从一级残疾的27.9%、二级的30.5%、三级的34.8%，增加到四级残疾的36.4%，增加了8.5个百分点。这说明孩子残疾程度越重，父母越容易用表扬。

表6-2-5 不同收入层次的父母对孩子将来是否可以工作的判断（人数、百分数）

	收入为0或负	1万~1.5万元	1.5万~6万元	6万~12万元	12万元及以上	合计
同意	$29_{a,b}$ (51.8)	14_b (33.3)	$38_{a,b}$ (55.9)	14_a (87.5)	$2_{a,b}$ (100.0)	97 (52.7)
不同意	5_a (8.9)	8_a (19.1)	13_a (19.1)	0_a (0.0)	0_a (0.0)	26 (14.1)
不知道	22_a (39.3)	20_a (47.6)	17_a (25.0)	2_a (12.5)	0_a (0.0)	61 (33.2)
合计	56 (100.0)	42 (100.0)	68 (100.0)	16 (100.0)	2 (100.0)	184 (100.0)

注：$\chi^2=23.813$，df=8，Sig.（双侧）=0.002

表6-2-6 不同学历的父母曾经是否一遍一遍地教孩子写字（人数、百分数）

	小学或以下	初中	高中或中专	大专	本科及以上	合计
是	20_a (62.5)	57_a (75.0)	28_a (73.7)	16_a (76.2)	9_a (45.0)	130 (69.5)
不是	$7_{a,b}$ (21.9)	$17_{a,b}$ (22.4)	3_b (7.9)	$4_{a,b}$ (19.0)	10_a (50.0)	41 (21.9)
说不好	$5_{a,b}$ (15.6)	2_b (2.6)	7_a (18.4)	$1_{a,b}$ (4.8)	$1_{a,b}$ (5.0)	16 (8.6)
合计	32 (100.0)	76 (100.0)	38 (100.0)	21 (100.0)	20 (100.0)	187 (100.0)

注：$\chi^2=22.434$，df=8，Sig.（双侧）=0.004

父母之间差异不显著，但无论是经常用还是偶尔用，父亲使用的比例（61.7%、27.7%）都低于母亲（66.4%、30.7%）；相反，没用过的比例，父亲（10.6%）高于母亲（2.9%）。说明父亲比母亲更少表扬孩子。

不同学历层次的父母之间差异显著，大致上是经常使用表扬的人中，大学以上学历者高于没读过大学者，学历越低没用过的比例越高，而且就经常使用而言，初中学历者（56.6%）显著低于大专学历者（90.5%）；没用过的小学或以下学历者（18.8%）显著高于初中学历者（2.6%）。说明父母学历越高越容易经常用表扬（表6-2-7）。

不同收入层次的父母之间差异不显著，也没有明显的趋势。

2. 父母惩罚方法的使用

（1）脑瘫儿童父母批评方法的使用

父母在回答"我教育肢体障碍（脑瘫）孩子时用批评的方法"时，回答"经常用"的23人（12.3%），回答"偶尔用"的133人（71.1%），回答"没用过"的31人（16.6%）。

数据显示，脑瘫儿童的父母经常使用批评的比例并不高。从批评的功能看，父母批评使用的频率大致是恰当的。但需要注意的是，批评也是必要的方法。

检验发现，不同残疾程度的儿童的父母之间差异不显著，但是"没用过"的比例显示一种趋势，就是残疾程度越重的父母，没用过的比例越高，从一级残疾的19.1%、二级的15.9%、三级的13.0%，一直降到四级残疾的9.1%，相差了10个百分点，说明部分残疾程度重的儿童的父母放弃了批评的方法，是对障碍的接纳还是溺爱孩子需要进一步研究。

父母之间差异不显著，趋势不明显。

不同学历层次的父母之间差异显著，显著性主要体现在偶尔用上，小学或以下学历的比例（59.4%）、初中学历比例（61.9%）显著低于大专学历者（95.2%），如表6-2-8所示，但因为样本分布的原因，显著的差异没有实际意义。

不同收入层次的父母之间差异显著，显著性主要是在经常用上收入1万~1.5万元的父母（26.2%）显著高于收入1.5万~6万元的父母（5.9%），但因为样本分布的原因，这个差异没有实际意义（表6-2-9）。

表6-2-7　不同学历的父母使用表扬方法的比较（人数、百分数）

	小学或以下	初中	高中或中专	大专	本科及以上	合计
经常用	$18_{a,b}$(56.2)	43_b(56.6)	$26_{a,b}$(68.4)	19_a(90.5)	$16_{a,b}$(80.0)	122(65.2)
偶尔用	8_a(25.0)	31_a(40.8)	11_a(29.0)	2_a(9.5)	4_a(20.0)	56(30.0)
没用过	6_a(18.8)	2_b(2.6)	$1_{a,b}$(2.6)	$0_{a,b}$(0.0)	$0_{a,b}$(0.0)	9(4.8)
合计	32(100.0)	76(100.0)	38(100.0)	21(100.0)	20(100.0)	187(100.0)

注：$\chi^2 = 24.247$，df=8，Sig.（双侧）= 0.002

表6-2-8　不同学历的父母使用批评方法的比较（人数、百分数）

	小学或以下	初中	高中或中专	大专	本科及以上	合计
经常用	4_a(12.5)	15_a(19.7)	2_a(5.3)	1_a(4.8)	1_a(5.0)	23(12.3)
偶尔用	19_a(59.4)	47_a(61.9)	$30_{a,b}$(78.9)	20_b(95.2)	$17_{a,b}$(85.0)	133(71.1)
没用过	9_a(28.1)	14_a(18.4)	6_a(15.8)	0_a(0.0)	2_a(10.0)	31(16.6)
合计	32(100.0)	76(100.0)	38(100.0)	21(100.0)	20(100.0)	187(100.0)

注：$\chi^2 = 21.082$，df=8，Sig.（双侧）= 0.007

表 6-2-9 不同收入层次的父母使用批评方法的比较（人数、百分数）

	收入为0或负	1万~1.5万元	1.5万~6万元	6万~12万元	12万元及以上	合计
经常用	$8_{a, b}$(14.3)	11_b(26.2)	4_a(5.9)	$0_{a, b}$(0.0)	$0_{a, b}$(0.0)	23（12.5）
偶尔用	39_a(69.6)	24_a(57.1)	52_a(76.5)	15_a(93.7)	1_a(50.0)	131（71.2）
没用过	9_a(16.1)	7_a(16.7)	12_a(17.6)	1_a(6.3)	1_a(50.0)	30（16.3）
合计	56（100.0）	42（100.0）	68（100.0）	16（100.0）	2（100.0）	184（100.0）

注：$\chi^2=17.359$，df=8，Sig.（双侧）＝0.027

223

（2）脑瘫儿童父母骂人方法的使用

父母在回答"我教育肢体障碍（脑瘫）孩子时用骂人的方法"时，回答"经常用"的4人（2.1%），回答"偶尔用"的90人（48.1%），回答"没用过"的93人（49.8%）。

数据显示，骂人基本上不是脑瘫儿童的父母使用的教育方法，接近一半的父母是没有用过的。

检验显示，不同残疾程度的儿童的父母、父母之间、不同学历和不同收入层次的父母之间差异均不显著，也没有明显的趋势。

（3）脑瘫儿童父母打人方法的使用

父母在回答"我教育肢体障碍（脑瘫）孩子时用打人的方法"时，回答"经常用"的4人（2.1%），回答"偶尔用"的77人（41.2%），回答"没用过"的106人（56.7%）。

数据显示，脑瘫儿童的父母经常用打人方法的比例仅占2.1%，与经常使用骂人的比例相等，低于经常使用批评的比例；偶尔用的比例不仅低于骂人，也低于批评的比例。

检验发现，不同残疾程度的儿童的父母、不同学历和不同收入层次的父母之间差异不显著，但父亲和母亲之间差异显著①，又因显著性主要体现在经常使用上，其占比太小，实际意义不大。

3. 父母塑造方法的使用

本节的塑造方法实际上是指父母在教育孩子时使用鼓励的方法，即"我教育肢体障碍（脑瘫）孩子时用鼓励的方法"，与行为矫正中的塑造策略不完全一致。

结果父母回答"经常用"的131人（70.1%），回答"偶尔用"的48人（25.6%），回答"没用过"的8人（4.3%）。

数据说明，脑瘫儿童的父母在教育孩子时，鼓励的使用频率是很高的，这符合基本的教育要求。当然，还有很小部分父母没用过，这显然是不应该的。脑瘫儿童的动作缺陷的矫正，最需要的就是父母鼓励孩子大胆动作。

检验发现，不同残疾程度的儿童的父母之间差异不显著，也没有明显的趋势。

---

① $\chi^2 = 8.323$，df = 2，Sig.（双侧）= 0.016

父母之间差异不显著，但父亲经常用的比例（66.0%）低于母亲（71.4%），没用过的比例（6.4%）高于母亲（3.6%）。说明父亲应该改进教育方法，多用鼓励。

不同学历层次的父母之间差异显著①，但是两两之间的差异不显著，仅仅显示了学历层次越高的父母经常使用鼓励的比例越大（从小学或以下学历到本科及以上学历的比例依次是 59.4%、61.8%、78.9%、85.7%、85.0%），有学历越高越多使用鼓励的趋势。

不同收入层次的父母之间差异不显著，也没有明显的趋势。

总体而言，在教育方法的使用上，大多数父母符合基本的要求。主要表现在经常使用正强化和塑造的方法，即表扬和鼓励的比例在70%以上，经常使用惩罚方法的比例较小，从批评方法经常使用的 12.3% 下降到骂人、打人经常使用的 2.1%。

五、研究结论

（一）父母有较高的一般教育态度和教育方法的素养

脑瘫儿童的父母有较高的一般教育态度和教育方法的素养，这主要表现在两个方面。

一是家长对脑瘫儿童的任性态度和夫妻教育意见的一致性上，正确的做法或认知达到77%。对孩子的任性行为并没有因其是脑瘫而放纵，也没有因其是脑瘫而出现众多教育意见不统一的家庭，这是家庭教育或家庭教育支持的最重要的基础。当然，这并不是说在教育态度上就不需要教育支持了。实际上仍旧有部分家长溺爱孩子、夫妻的教育意见不一致，他们自然是需要被指导的对象。

二是脑瘫儿童的父母在具体的一般教育方法的使用上素养较高，主要表现在父母经常使用表扬、鼓励这类正强化和塑造的方法，较少使用批评和很少使用骂人、打人这些惩罚的方法。无疑，这些做法是对的。但是，教育方法永远服务于教育目的和教育内容，正强化和惩罚的方法都可以用，何时用、怎么用要根据教育内容或儿童行为的性质来确定。因此，脑瘫儿童的父母不要惧怕惩罚方法，相反，适当地使用惩罚可能会有意想不到的效果。

（二）父母缺陷矫正的素养较高

脑瘫儿童的父母在脑瘫儿童的缺陷矫正和补偿上表现了较高的素养，即大

---

① $\chi^2 = 20.082$，df = 8，Sig.（双侧）= 0.010

多数父母（86.6%）能够一遍遍地训练孩子的动作，多数父母（69.5%）能够一遍遍地教孩子写字且母亲比父亲更有耐心。父母之所以能有这么高的素养，可能是现实使然，或者是在战斗中学会了战斗。因为如果不一遍遍地训练孩子吃饭、喝汤，孩子可能就不会具有独立吃饭、喝汤的能力；如果不一遍遍地训练孩子如厕，孩子可能就没有独立如厕的能力。但不管是什么原因，调查显示了父母在脑瘫儿童的缺陷矫正和补偿的做法上是大致正确的。

当然，还有一部分父母需要引导，尤其是超过30%的父母没有意识到写字对脑瘫儿童的多重价值，他们需要更多的指导。

（三）父母关于脑瘫儿童身心特点的知识缺乏

尽管调查显示了脑瘫儿童的父母有较高的一般教育素养和较好的缺陷矫正与补偿的素养，但总体而言，他们关于脑瘫儿童的身心特点的知识明显不足，尤其是对脑瘫儿童的言语缺陷和智力特点的认知不足，母亲的正确认知比例高于父亲，学历越高，正确认知的比例越高。

身心特点的把握是正确教育的基础，当父母们关于脑瘫儿童的动作、智力和言语特点的认知不完全正确时，就很难恰当地因材施教。因此，在教育支持中，脑瘫儿童的身心特点的知识讲授应该是重要内容。

（四）父母对脑瘫儿童的未来期望过低

调查显示了脑瘫儿童的父母对脑瘫儿童的独立生活和未来的工作均期望不高，认为脑瘫儿童能独立生活的比例仅占23.0%，独立工作的比例也仅占52.4%。这么低的期望实际上降低了教育的希望，可能与父母没有掌握脑瘫儿童的身心特点有关系，也可能与他们看到的教育未能让孩子进步有关系。因此，应该在给予父母教育支持（指导）的同时，提高教育效益并提高父母的期望。

第七章

班主任眼中家庭教育支持的需求研究

第一节　视障生班主任眼中家庭教育支持的需求研究

一、研究的方法与过程

（一）研究方法

本研究的方法是问卷调查法。

（二）问卷的编制

1. 问卷的编制

本研究的问卷由课题组统一编制，是根据目前我国特殊教育学校，即盲、聋、培智学校或特殊教育中心招收视力障碍、听力障碍、智力障碍、孤独症和肢体障碍（脑瘫）五类学生的实际，把班主任分成五个不同的类别，即视力障碍、听力障碍、智力障碍、孤独症和肢体障碍（脑瘫）学生的班主任，在充分考虑班主任和家长交流的内容、方式、时间的基础上编制问卷。

问卷分三大部分。一是基本信息，主要是班主任的背景知识；二是班主任觉得家长是否需要专门的家庭教育指导（问卷第9题，见附录二，下同）；三是如果需要，进行第三部分。第三部分是主体，分为五个模块。本节呈现的是视力障碍（盲①）部分的内容，共分为五个部分（具体内容下述）10个问题。

2. 问卷的效度和信度

问卷的内容是在课题组充分研究五类儿童家长教育支持需要的基础上，结合访谈家长、教师并经课题组专家反复取舍从教师角度确定的；同时，样本覆

---

① 视力障碍、视力残疾、盲等术语含义并不完全一致，但本研究按照约定俗成的习惯，把这些概念等价。

盖全国 16 个省区市的 37 所学校，包括发达地区、一般发展地区和相对落后地区，而且学校的所有班主任全部参与，具有较强的代表性，问卷的效度能满足调查要求。

问卷调查前，各学校成立了课题组，校长任组长、主管问卷的副校长为副组长，总课题组组长、副组长培训后，督促班主任回答问卷，可信性较高。

（三）问卷过程

课题组于 2020 年 4 月 20 日至 2020 年 5 月 15 日对全国 16 个省区市的 37 所盲、聋、培智学校或特殊教育学校的学前、义务教育阶段的所有班主任进行问卷调查，并且使用问卷星完成。

（四）问卷的回收情况

共回收 683 份问卷，剔除重复问卷、不合格问卷等无效问卷 46 份，最后收到合格问卷 637 份，合格率达 93.3%，其中涉及视力障碍学生的班主任问卷 123 份。

数据处理用 Excel2010 和 SPSS21.0。

二、本节研究的内容

本节研究的内容共分为三个部分。

一是基本信息，问卷第 1~8 题。二是班主任觉得视力障碍学生的家长是否需要教育指导（支持），问卷第 9 题。三是问卷主体，问卷第 10 题，包括以下五个部分：

第一，家长是否需要家校配合的指导，问卷 10 之第（1）（2）题。

第二，家长的儿童对策是否正确，问卷 10 之第（3）（4）题。

第三，家长对孩子的期望和行为，问卷 10 之第（5）（6）题。

第四，家长的盲生心理特点的知识，问卷 10 之第（7）题。

第五，家长盲教育的知识，问卷 10 之第（8）（9）（10）题。

三、样本的基本情况

123 名班主任以女性居多，年龄多在 30~39 岁，学历以本科为主体，特殊教育专业出身的班主任只有 13.9%，从单一学科看，任教语文学科的最多①

---

① 其他是几个科目的综合。从单一科目看，语文的比例最高。

（表7-1-1、7-1-2）。

表 7-1-1 班主任基本情况

项目	情况（人数、百分数）	
性别	男	18（14.6）
	女	105（85.4）
	合计	123（100.0）
年龄	29 岁及以下	23（18.7）
	30~39 岁	52（42.3）
	40~49 岁	34（27.6）
	50 岁及以上	14（11.4）
	合计	123（100.0）
学历	中专（高中）及以下	4（3.3）
	大专	5（4.0）
	本科	102（82.9）
	研究生	12（9.8）
	合计	123（100.0）
专业	特殊教育	17（13.9）
	语文及语文教育	23（18.7）
	数学及数学教育	8（6.5）
	教育管理	7（5.7）
	体育	3（2.4）
	艺术类教育	8（6.5）
	其他	57（46.3）
	合计	123（100.0）

表 7-1-2 班主任任教学科（人数、百分数）

语文	数学	英语	艺术类	体育	其他	合计
44（25.9）	35（20.6）	14（8.2）	17（10.0）	8（4.7）	52（30.6）	170①（100.0）

---

① 因为有的班主任不是只教一个科目，故总人数超过 123 人。

四、研究结果

（一）视力障碍儿童的家长是否需要专门的家庭教育指导

盲校的班主任在回答"您认为，就您班的学生家长看，家长们需要专门的家庭教育指导吗"时，选择"需要"的103人，占83.8%；选择"不需要"的1人，占0.8%；选择"说不好"的19人，占15.4%。

大多数班主任认为视障儿童的家长需要专门的家庭教育指导，但有1人认为不需要，19人说不好是需要还是不需要。原因在于他们接触的这些家长真的是教育孩子的水平高，还是班主任自己不用心或与家长接触少而不了解家长的情况，抑或是班主任缺少判断能力，都需要进一步研究。

（二）视力障碍学生的家长是否需要家校配合的指导①

本研究从两个角度看视障儿童的家长是否需要家校配合的指导。

一是从是否需要指导和班主任配合的角度看，班主任在回答"家长需要进行如何和班主任配合工作的指导"时，回答"同意"的100人，占97.1%；回答"不同意"的2人，占1.9%；回答"说不好"的1人，占1.0%（表7-1-3）。说明绝大多数班主任认为视障儿童的家长需要和班主任配合的指导。

二是从是否需要指导和任课教师配合的角度看，班主任在回答"家长需要进行如何和任课教师配合工作的指导"时，回答"同意"的99人，占96.1%；回答"不同意"的1人，占1.0%；回答"说不好"的3人，占2.9%（表7-1-3）。绝大多数班主任认为家长需要如何和任课教师配合的指导，但比例小于和班主任需要配合的指导。说明家长如何和班主任配合更需要指导。

表7-1-3　家长需要和学校配合的指导（人数、百分数）

	同意	不同意	说不好	合计
与班主任配合的指导	100（97.1）	2（1.9）	1（1.0）	103（100.0）
与任课教师配合的指导	99（96.1）	1（1.0）	3（2.9）	103（100.0）

基本结论是，绝大多数的班主任认为，视障儿童家长需要配合班主任工作、配合任课教师教学的指导。

---

① 该标题以下的数据是以班主任认为需要指导的家长为基数的，故总人数是103人。

（三）视力障碍学生家长的儿童对策是否正确

调查从两个极端的角度看，班主任眼中视障儿童家长的儿童对策是否正确。这是过去家长最常用的两种不当儿童对策，一是溺爱，二是嫌弃。

从是否溺爱孩子看，班主任在回答"您感觉视力障碍学生的家长溺爱孩子的现象比较普遍"时，回答"是"的69人，占67.0%；回答"否"的19人，占18.4%；回答"说不好"的15人，占14.6%（表7-1-4）。尽管从视障儿童家长（父母）自身的角度看，溺爱孩子的比例并不高（第二章第二节），但在班主任眼里，仍旧有67.0%的视障儿童的家长溺爱孩子。看来身陷其中时，说起来容易做起来难。班主任作为专业人士看家长的行为，应该比家长看自己的孩子更客观。所以，大多数视障儿童的父母自认为不让孩子任性的做法不一定完全客观。

从是否嫌弃孩子看，班主任在回答"您感觉视力障碍学生的家长嫌弃自己孩子的现象比较普遍"时，11人选择"是"，占10.7%；66人选择"不是"，占64.1%；26人选择"说不好"，占25.2%（表7-1-4）。数据显示，在班主任的眼中，尽管大多数班主任觉得视障儿童的家长嫌弃孩子的现象已经不普遍，但当下仍旧有10.7%的视障儿童家长嫌弃孩子。毫无疑问这是不对的。

表7-1-4　家长对孩子的对策（人数、百分数）

	是	否/不是	说不好	合计
溺爱孩子	69（67.0）	19（18.4）	15（14.6）	103（100.0）
嫌弃孩子	11（10.7）	66（64.1）	26（25.2）	103（100.0）

基本结论是，多数班主任认为家长普遍溺爱孩子，少数班主任认为家长嫌弃孩子的现象普遍。不管是溺爱还是嫌弃，均是错误对策，需要对家长从观念、行动上予以指导、矫正。

（四）视力障碍学生家长对孩子的期望和行为

视障儿童的家长对自己孩子的期望如何？班主任在回答"家长对自己视力障碍的孩子期望"时，41人选择"多数比较高"，占39.8%；46人选择"多数比较低"，占44.7%；16人选择"说不好"，占15.5%。数据显示，在班主任眼中，接近一半的班主任（44.7%）认为视障儿童的家长对孩子的期望较低，这和第二章对视障儿童家长的调查大致吻合。

那么，视障儿童的家长在具体的行动上如何呢？班主任在回答"您班的家长放学后是否大多给孩子补习课外的学习内容"时，回答"是"者13人，占

12.6%；回答"不是"者85人，占82.5%；回答"不了解"者5人，占4.9%。说明视障儿童的家长并没有如普通儿童的家长那样在课后给视障儿童补习大量的课外功课。由于目前中国的视障教育在总体上还不能与普通教育的知识教育水平比肩，家长如果对孩子有较高的期望，尤其是想要孩子读大学的，需要在日常的教育之外再努力才是。

因此可以得到结论：从班主任角度看，尽管超过1/3的班主任认为一些家长的期望较高，但总体上视障儿童的家长对孩子的期望需要进一步提高；家长们还应该在行动上有所体现，努力辅助孩子学习。提高视障儿童家长对孩子的期望和实现期望的行动，是视障儿童家庭教育支持的重要内容。

（五）家长的视力障碍学生心理的知识

班主任在回答"您班的家长懂视力障碍学生的心理"时，回答"懂"的12人，占11.7%；回答"不懂"的53人，占51.4%；回答"说不好"的38人，占36.9%。尽管家长和孩子相处在一起，但班主任认为家长懂视障学生心理的比例很低，这和第二章的结论基本吻合，即视力障碍儿童的父母（家长）缺少视障儿童身心特点的知识。

因此，应该给予视障儿童家长基本的儿童心理特点的指导。

（六）家长盲教育的知识

本研究主要是从三个角度看班主任眼中家长的盲教育的知识。

一是从家长的教育观念是否正确的角度看。班主任在回答"您班视力障碍学生家长的教育观念还是大致正确的"时，回答"是"者71人，占68.9%；回答"不是"者27人，占26.2%；回答"不了解"者5人，占4.9%（表7-1-5）。大多数班主任认为家长的教育观念大致正确，这和第二章的调查基本吻合。

二是从家长是否懂视障儿童的教育特点的角度看。班主任在回答"您班的家长懂视力障碍学生教育的特点"时，回答"懂"者9人，占8.7%；回答"不懂"者57人，占55.3%；回答"说不好"者37人，占36.0%（表7-1-5）。班主任认为家长懂教育特点的比例很低。

三是从家长教育方法的角度看。班主任在回答"您觉得家长教育视力障碍学生的方法正确"时，回答"是"者5人，占4.9%；回答"不是"者40人，占38.8%；回答"说不好"者58人，占56.3%（表7-1-5）。认为家长教育方法正确的比例很低，这和第二章第二节的研究结论不吻合。第二章第二节发现，大多数视障儿童的父母在教育方法——尤其是行为矫正的方法的使用上是正确的。矛盾的原因可能还在于外人看局内人时更客观。

表 7-1-5 家长的教育知识（人数、百分数）

	是（懂）	不是（不懂）	说不好/不了解	合计
教育观念是否正确	71（68.9）	27（26.2）	5（4.9）	103（100.0）
是否懂教育特点	9（8.7）	57（55.3）	37（36.0）	103（100.0）
教育方法是否正确	5（4.9）	40（38.8）	58（56.3）	103（100.0）

由此可以从班主任角度得到结论：大多数班主任认为家长的教育观念正确，但很小比例的班主任认为家长懂得视障学生教育特点和教育方法，家长需要指导。

五、研究结论

（1）大多数班主任（83.8%）认为视力障碍儿童的家长需要家庭教育的指导。

（2）超过97%的班主任认为，家长需要家校配合，包括和任课教师配合的指导。

（3）多数班主任认为家长普遍溺爱孩子，但觉得家长普遍嫌弃孩子的班主任只有10.7%。

（4）大多数班主任认为家长的教育观念正确，但极少数班主任认为家长懂视力障碍儿童的心理特点、教育特点和教育方法。

（5）应该给予家长家校配合、正确的儿童观和对策、视力障碍儿童身心特点、视力障碍教育特点和教育方法的指导或支持。

第二节 听障生班主任眼中家庭教育支持的需求研究

一、研究的方法与过程

本节研究的方法与过程同本章第一节，不再赘述。

本节呈现的是听力障碍（聋①）部分的内容，最后收到25所特殊教育学校的233份听障生班主任的有效问卷。

---

① 听力障碍、听力残疾、听觉障碍、聋等术语含义并不完全一致，但本研究按照约定俗成的习惯，把这些概念等价。

二、本节研究的内容

本节研究的内容共分为三个部分。

一是基本信息，问卷第1~8题。二是班主任觉得听力障碍学生的家长是否需要教育指导（支持），问卷第9题。三是问卷主体，问卷第11题，包括以下五个部分：

第一，家长是否需要家校配合的指导，问卷11之第（1）（2）题。

第二，家长的儿童对策是否正确，问卷11之第（3）（4）题。

第三，家长对孩子的期望和行为，问卷11之第（5）（6）题。

第四，家长的聋生心理特点的知识，问卷11之第（7）题。

第五，家长聋教育的知识，问卷11之第（8）（9）（10）题。

三、样本的基本情况

233名班主任以女性居多，年龄多在30~39岁，学历以本科为主体，特殊教育专业出身的班主任只有13.7%，任教语文学科的最多（表7-2-1、7-2-2）。

表7-2-1　班主任基本情况（人数、百分数）

项目	情况（人数、百分数）	
性别	男	30（12.9）
	女	203（87.1）
	合计	233（100.0）
年龄	29岁及以下	38（16.3）
	30~39岁	116（49.8）
	40~49岁	66（28.3）
	50岁及以上	13（5.6）
	合计	233（100.0）
学历	中专（高中）及以下	1（0.4）
	大专	13（5.6）
	本科	211（90.6）
	研究生	8（3.4）
	合计	233（100.0）

续表

项目	情况（人数、百分数）	
专业	特殊教育	32（13.7）
	语文及语文教育	53（22.7）
	数学及数学教育	14（6.0）
	教育管理	24（10.3）
	体育	11（4.7）
	艺术类教育	13（5.6）
	其他	86（37.0）
	合计	233（100.0）

表7-2-2　班主任任教学科（人数、百分数）

语文	数学	英语	艺术类	体育	其他	合计
113（36.1）	62（19.8）	8（2.6）	25（8.0）	16（5.1）	89（28.4）	313①（100.0）

四、研究结果

（一）听力障碍儿童的家长是否需要专门的家庭教育指导

聋校的班主任在回答"您认为，就您班的学生家长看，家长们需要专门的家庭教育指导吗"时，选择"需要"的209人，占89.7%；选择"不需要"的7人，占3.0%；选择"说不好"的17人，占7.3%。

大多数班主任认为听障儿童的家长需要专门的家庭教育指导，但有7人认为不需要，17人说不好是需要还是不需要。原因在于他们接触的这些家长真的是教育孩子的水平高，还是班主任自己不用心或与家长接触少而不了解家长的情况，都需要进一步研究。

（二）听力障碍学生的家长是否需要家校配合的指导②

本研究从两个角度看听障儿童的家长是否需要家校配合的指导。

一是从是否需要指导和班主任配合的角度看，班主任在回答"家长需要进行如何和班主任配合工作的指导"时，回答"同意"的201人，占96.2%；回

---

① 因为有的班主任不是只教一个科目，故总人数超过233人。

② 该标题以下的数据是以班主任认为需要指导的家长为基数的，故总人数是209人。

答"不同意"的0人；回答"说不好"的8人，占3.8%（表7-2-3）。说明绝大多数班主任认为听障儿童的家长需要和班主任配合的指导。

二是从是否需要指导和任课教师配合的角度看，班主任在回答"家长需要进行如何和任课教师配合工作的指导"时，回答"同意"的200人，占95.7%；回答"不同意"的0人；回答"说不好"的9人，占4.3%（表7-2-3）。说明绝大多数班主任认为家长需要和任课教师配合的指导。

表7-2-3 家长需要和学校配合的指导（人数、百分数）

	同意	不同意	说不好	合计
与班主任配合的指导	201（96.2）	0（0.0）	8（3.8）	209（100.0）
与任课教师配合的指导	200（95.7）	0（0.0）	9（4.3）	209（100.0）

基本结论是，绝大多数班主任认为，听障儿童家长需要配合班主任工作、配合任课教师教学的指导。

（三）听力障碍学生家长的儿童对策是否正确

调查从两个极端的角度，即溺爱和嫌弃两个角度看班主任眼中听障儿童家长的儿童对策是否正确。

从是否溺爱孩子看，班主任在回答"您感觉听力障碍学生的家长溺爱孩子的现象比较普遍"时，回答"是"的86人，占41.1%；回答"否"的68人，占32.6%；回答"说不好"的55人，占26.3%（表7-2-4）。尽管从听障儿童家长（父母）自身的角度看，溺爱孩子的比例并不高（第三章第二节），但在班主任眼里，仍旧有41.1%的听障儿童的家长溺爱孩子，低于视障儿童家长的判断。

从是否嫌弃孩子看，班主任在回答"您感觉听力障碍学生的家长嫌弃自己孩子的现象比较普遍"时，39人选择"是"，占18.7%；119人选择"不是"，占56.9%；51人选择"说不好"，占24.4%（表7-2-4）。数据显示，在班主任的眼中，听障儿童的家长普遍嫌弃孩子的比例并不低，接近1/5，高于视力障碍儿童的家长。这个现象值得重视。

表7-2-4　家长对孩子的对策（人数、百分数）

	是	否/不是	说不好	合计
溺爱孩子	86（41.1）	68（32.6）	55（26.3）	209（100.0）
嫌弃孩子	39（18.7）	119（56.9）	51（24.4）	209（100.0）

基本结论是，超过40%的班主任认为，听障儿童的家长普遍溺爱孩子，但多数班主任认为家长不是普遍嫌弃孩子，应该从观念、行动上给予家长指导、矫正。

（四）听力障碍学生家长对孩子的期望和行为

听障儿童的家长对自己孩子的期望如何？班主任在回答"家长对自己听力障碍的孩子期望"时，75人选择"多数比较高"，占35.9%；107人选择"多数比较低"，占51.2%；27人选择"说不好"，占12.9%。数据显示，在班主任眼中，超过一半的班主任（51.2%）认为听障儿童的家长对孩子的期望较低。

班主任在回答"您班的家长放学后是否大多给孩子补习课外的学习内容"时，回答"是"者18人，占8.6%；回答"不是"者187人，占89.5%；回答"不了解"者4人，占1.9%。说明听障儿童的家长课后给听障儿童补习课外功课的人较少。这可能和听障学生住校、家长没时间辅导有关，也可能和家长认为听障学生学点东西就可以了，不需要学习多少文化有关系。但对于那些期望孩子读大学的家长而言，辅导课外功课也是必要的。

因此可以得到结论：从班主任角度看，尽管超过1/3的班主任认为多数家长对孩子的期望比较高，但认为期望比较低的班主任超过了一半；应该提高听障学生家长的期望，并能引导他们关注孩子的文化学习。

（五）家长的听力障碍学生心理的知识

班主任在回答"您班的家长懂听力障碍学生的心理"时，回答"懂"的9人，占4.3%；回答"不懂"的145人，占69.4%；回答"说不好"的55人，占26.3%。数据显示，班主任认为懂听障学生心理的家长很少，大多数不懂，这和第三章第二节听力障碍儿童的父母（家长）缺少听障儿童身心特点知识的调查吻合。

因此，应该给予听障儿童家长基本的儿童心理特点的指导。

（六）家长聋教育的知识

本研究主要是从三个角度看班主任眼中家长的聋教育的知识。

一是从家长的教育观念是否正确的角度看。班主任在回答"您班听力障碍学生家长的教育观念还是大致正确的"时，回答"是"者118人，占56.5%；回答"不是"者72人，占34.4%；回答"不了解"者19人，占9.1%（表7-2-5）。超过半数的班主任认为家长的教育观念大致正确，这和第三章的调查基本吻合。

二是从家长是否懂听障儿童的教育特点的角度看。班主任在回答"您班的家长懂听力障碍学生教育的特点"时，回答"懂"者7人，占3.3%；回答"不懂"者152人，占72.7%；回答"说不好"者50人，占24.0%（表7-2-5）。班主任认为家长懂聋教育特点的比例很低，而且低于视障儿童的家长。

三是从家长教育方法的角度看。班主任在回答"您觉得家长教育听力障碍学生的方法正确"时，回答"是"者14人，占6.7%；回答"不是"者99人，占47.4%；回答"说不好"者96人，占45.9%（表7-2-5）。认为家长教育方法正确的比例很低，这和第三章第二节的研究结论不吻合。第三章第二节发现，大多数听障儿童的父母在教育方法，尤其是行为矫正的方法的使用上是正确的。

表7-2-5　家长的教育知识（人数、百分数）

	是（懂）	不是（不懂）	说不好/不了解	合计
教育观念是否正确	118（56.5）	72（34.4）	19（9.1）	209（100.0）
是否懂教育特点	7（3.3）	152（72.7）	50（24.0）	209（100.0）
教育方法是否正确	14（6.7）	99（47.4）	96（45.9）	209（100.0）

由此可以从班主任角度得到结论：超过半数的班主任认为家长的教育观念正确，但认为家长懂得听障学生教育特点和教育方法的班主任很少，家长需要指导。

五、研究结论

（1）大多数班主任（89.7%）认为听力障碍儿童的家长需要家庭教育的指导。

（2）超过95%的班主任认为，家长需要家校配合，包括和任课教师配合的指导。

（3）多数班主任认为，家长嫌弃孩子和溺爱孩子的现象都存在，接近1/5的班主任认为家长嫌弃孩子，超过40%的教师觉得家长普遍溺爱孩子。

（4）大多数班主任认为家长的教育观念正确，但只有极少数班主任认为家长懂听力障碍儿童的心理特点、教育特点和教育方法。

（5）应该给予家长家校配合、正确的儿童观和对策、听力障碍儿童身心特点、听力障碍教育特点和教育方法的指导或支持。

第三节　智力障碍学生班主任眼中家庭教育支持的需求研究

一、研究的方法与过程

本节研究的方法与过程同本章第一节，不再赘述。

本节呈现的是智力障碍（智力落后①）部分的内容，最后收到 36 所②特殊教育学校的 376 份智力障碍学生的班主任的有效问卷。

二、本节研究的内容

本节研究的内容共分为三个部分。

一是基本信息，问卷第 1~8 题。二是班主任觉得智力障碍学生的家长是否需要教育指导（支持），问卷第 9 题。三是问卷主体，问卷第 12 题 A，包括以下五个部分：

第一，家长是否需要家校配合的指导，问卷 12A 之第（1）（2）题。

第二，家长的儿童对策是否正确，问卷 12A 之第（3）（4）题。

第三，家长对孩子的期望和行为，问卷 12A 之第（5）（6）题。

第四，家长的智力障碍学生心理特点的知识，问卷 12A 之第（7）题。

第五，家长智力障碍儿童教育的知识，问卷 12A 之第（8）（9）（10）题。

三、样本的基本情况

376 名班主任以女性居多，年龄多在 30~39 岁，学历以本科为主体，特殊教育专业出身的班主任比盲、聋学校多，达到了 31.4%，任教语文学科的最多③（7-3-1、7-3-2）。

---

① 智力障碍、智力残疾、智力落后等术语含义并不完全一致，但本研究按照约定俗成的习惯，把这些概念等价。

② 智力障碍学生的分布较广，并非完全在培智学校，故涉及的学校有 36 所。

③ 这是从单一科目看的结果，其他是这些科目之外的科目之和，不属于单一学科。

表 7-3-1　班主任基本情况

项目	情况（人数、百分数）	
性别	男	43（11.4）
	女	333（88.6）
	合计	376（100.0）
年龄	29 岁及以下	136（36.2）
	30~39 岁	151（40.2）
	40~49 岁	74（19.7）
	50 岁及以上	15（3.9）
	合计	376（100.0）
学历	中专（高中）及以下	5（1.3）
	大专	25（6.6）
	本科	330（87.8）
	研究生	16（4.3）
	合计	376（100.0）
专业	特殊教育	118（31.4）
	语文及语文教育	46（12.2）
	数学及数学教育	7（1.9）
	教育管理	25（6.6）
	体育	15（4.0）
	艺术类教育	27（7.2）
	其他	138（36.7）
	合计	376（100.0）

表 7-3-2　班主任任教学科（人数、百分数）

语文	数学	英语	艺术类	体育	其他	合计
161（26.1）	124（20.1）	2（0.3）	87（14.1）	37（6.1）	205（33.3）	661①（100.0）

---

①　因为有的班主任不是只教一个科目，故总人数超过 376 人。

四、研究结果

(一) 智力障碍儿童的家长是否需要专门的家庭教育指导

智力障碍学生的班主任在回答"您认为，就您班的学生家长看，家长们需要专门的家庭教育指导吗"时，选择"需要"的326人，占86.7%；选择"不需要"的8人，占2.1%；选择"说不好"的42人，占11.2%。

大多数班主任认为智力障碍儿童的家长需要专门的家庭教育指导，但有13.3%的班主任认为家长不需要或说不好是否需要。

基本结论是，大多数班主任认为智力障碍学生的家长需要专门的家庭教育指导。

(二) 智力障碍学生的家长是否需要家校配合的指导①

本研究从两个角度看智力障碍儿童的家长是否需要家校配合的指导。

一是从是否需要指导和班主任配合的角度看，班主任在回答"智力障碍儿童家长需要进行如何和班主任配合工作的指导"时，回答"同意"的315人，占96.6%；回答"不同意"的3人，占0.9%；回答"说不好"的8人，占2.5%（表7-3-3）。说明绝大多数班主任认为智力障碍儿童的家长需要和班主任配合的指导。

二是从是否需要指导和任课教师配合的角度看，班主任在回答"智力障碍儿童家长需要进行如何和任课教师配合工作的指导"时，回答"同意"的315人，占96.6%；回答"不同意"的3人，占0.9%；回答"说不好"的8人，占2.5%（表7-3-3），这与是否需要和班主任配合的指导结果相同。

表7-3-3 家长需要和学校配合的指导（人数、百分数）

	同意	不同意	说不好	合计
与班主任配合的指导	315 (96.6)	3 (0.9)	8 (2.5)	326 (100.0)
与任课教师配合的指导	315 (96.6)	3 (0.9)	8 (2.5)	326 (100.0)

基本结论是，绝大多数班主任认为智力障碍儿童家长需要配合班主任工作、配合任课教师教学的指导。

---

① 该标题以下的数据是以班主任认为需要指导的家长为基数的，故总人数是326人。

（三）智力障碍学生家长的儿童对策是否正确

调查从两个极端的角度，即溺爱和嫌弃两个角度看班主任眼中智力障碍儿童家长的儿童对策是否正确。

从是否溺爱孩子看，班主任在回答"您感觉智力障碍学生的家长溺爱孩子的现象比较普遍"时，回答"是"的192人，占58.9%；回答"否"的42人，占12.9%；回答"说不好"的92人，占28.2%（表7-3-4）。尽管智力障碍儿童的父母自己没觉得溺爱孩子（第四章第二节），但在班主任眼中，智力障碍儿童的家长溺爱孩子的现象还是普遍的。

从是否嫌弃孩子看，班主任在回答"您感觉智力障碍学生的家长嫌弃自己孩子的现象比较普遍"时，67人选择"是"，占20.5%；159人选择"不是"，占48.8%；100人选择"说不好"，占30.7%（表7-3-4）。数据显示，在班主任的眼中，智力障碍儿童的家长普遍嫌弃孩子的比例并不低，超过1/5，高于视力障碍、听力障碍儿童的家长。

表7-3-4　家长对孩子的对策（人数、百分数）

	是	否/不是	说不好	合计
溺爱孩子	192（58.9）	42（12.9）	92（28.2）	326（100.0）
嫌弃孩子	67（20.5）	159（48.8）	100（30.7）	326（100.0）

基本结论是，多数班主任认为智力障碍儿童的家长普遍溺爱孩子，但接近一半的班主任认为家长不是普遍嫌弃孩子，应该从社会保障、教育理念、教育行动各个角度予以指导、矫正。

（四）智力障碍学生家长对孩子的期望和行为

智力障碍儿童的家长对自己孩子的期望如何？班主任在回答"家长对自己智力障碍的孩子期望"时：回答"多数比较高"的115人，占35.3%；回答"多数比较低"的137人，占42.0%；回答"说不好"的74人，占22.7%。数据显示，在班主任眼中，家长多数期望比较低，也有1/3的班主任认为多数家长期望比较高。从第四章第二节的调查看，智力障碍儿童的家长实际上（可能）对孩子的期望不高，但在与班主任的日常交往中，可能给班主任的感觉不是这样，这导致班主任有35.3%觉得他们多数期望比较高。

班主任在回答"您班的家长放学后是否大多给孩子补习课外的学习内容"时，回答"是"者65人，占20.0%；回答"不是"者240人，占73.6%；回答"不了解"者21人，占6.4%。大多数智力障碍儿童的家长课后不给孩子补习课外功课，但补习的达到 20%，高于盲、聋生的家长，这可能和一些家长对孩子的期望较高有关系。应该说，对于那些负责任的家长，辅导孩子课外功课也是必要的。

因此可以得到结论：超过 40% 的班主任认为智力障碍儿童的家长多数对孩子期望较低，因此只有 20% 的班主任认为家长课后给孩子补课。总体上应该提高家长的期望，并和那些课外辅导孩子的家长一样，引导家长关注孩子的文化学习。

（五）家长的智力障碍学生心理的知识

班主任在回答"您班的家长懂智力障碍学生的心理"时，回答"懂"的 31人，占 9.5%；回答"不懂"的 153 人，占 46.9%；回答"说不好"的 142 人，占 43.6%。数据显示，班主任认为懂智力障碍学生心理的家长很少，这和第四章第二节智力障碍儿童的父母（家长）缺少智力障碍儿童身心特点知识的调查结果吻合。

因此，应该给予智力障碍儿童家长基本的儿童心理特点的指导。

（六）家长智力障碍儿童教育的知识

本研究主要从三个角度看班主任眼中家长的智力障碍儿童教育的知识。

一是从家长的教育观念是否正确的角度看。班主任在回答"您班智力障碍学生家长的教育观念还是大致正确的"时，回答"是"者 218 人，占 66.9%；回答"不是"者 90 人，占 27.6%；回答"不了解"者 18 人，占 5.5%（表 7-3-5）。数据显示，班主任对家长的教育观念较为了解且多数家长的教育观念正确，这和第四章第二节的调查结果大致吻合。当然，接近 30% 的家长教育观念并不正确，需要给予指导。

二是从家长是否懂智力障碍儿童的教育特点的角度看。班主任在回答"您班的家长懂智力障碍学生教育的特点"时，回答"懂"者 43 人，占 13.2%；回答"不懂"者 149 人，占 45.7%；回答"说不好"者 134 人，占 41.1%（表 7-3-5）。班主任认为家长懂智力障碍儿童教育特点的比例达到 13.2%，超过盲、聋学生的家长，但仍旧有接近一半的班主任认为家长不懂智力障碍教育的特点。

三是从家长教育方法的角度看。班主任在回答"您觉得家长教育智力障碍学生的方法正确"时，回答"是"者 22 人，占 6.7%；回答"不是"者 100 人，占 30.7%；回答"说不好"者 204 人，占 62.6%（表 7-3-5）。大多数班主任判断不了家长的教育方法是否正确，但班主任认为懂的家长比例很低，不懂的比例大大高于懂的。因为本研究不涉及研究具体的方法，但从家长使用具体的教育方法看，本节结论和第四章第二节的研究结论相吻合。第四章第二节发现，大多数智力障碍儿童的父母在教育方法，尤其是行为矫正的方法的使用上是正确的。为什么如此，需要进一步研究。

表 7-3-5　家长的教育知识（人数、百分数）

	是（懂）	不是（不懂）	说不好/不了解	合计
教育观念是否正确	218（66.9）	90（27.6）	18（5.5）	326（100.0）
是否懂教育特点	43（13.2）	149（45.7）	134（41.1）	326（100.0）
教育方法是否正确	22（6.7）	100（30.7）	204（62.6）	326（100.0）

由此可以从班主任角度得到结论：超过半数的班主任认为家长的教育观念正确，但认为家长懂得智力障碍学生教育特点和教育方法的班主任比例不高。

五、研究结论

（1）大多数班主任（86.7%）认为智力障碍儿童的家长需要家庭教育的指导。

（2）96.6%的班主任认为，家长需要家校配合，包括和任课教师配合的指导。

（3）超过半数的班主任认为，家长普遍溺爱孩子，接近一半的班主任认为家长没有嫌弃孩子。

（4）大多数班主任认为家长的教育观念正确，但只有小部分班主任认为家长懂得智力障碍儿童的心理特点、教育特点和教育方法。

（5）应该给予家长家校配合、正确的儿童观和对策、智力障碍儿童身心特点、智力障碍教育特点和教育方法的指导或支持。

第四节　孤独症学生班主任眼中家庭教育支持的需求研究

一、研究的方法与过程

本节研究的方法与过程同本章第一节，不再赘述。

本节呈现的是孤独症（自闭症）部分的内容，最后收到 35 所[①]特殊教育学校的 282 份孤独症学生的班主任有效问卷。

---

① 孤独症学生的分布并非仅仅在培智学校，故涉及的学校有 35 所。

二、本节研究的内容

本节研究的内容共分为三个部分。

一是基本信息,问卷第 1~8 题。二是班主任觉得孤独症学生的家长是否需要教育指导(支持),问卷第 9 题。三是问卷主体,问卷第 12 题 B,包括以下五个部分:

第一,家长是否需要家校配合的指导,问卷 12B 之第(1)(2)题。

第二,家长的儿童对策是否正确,问卷 12B 之第(3)(4)题。

第三,家长对孩子的期望和行为,问卷 12B 之第(5)(6)题。

第四,家长的孤独症儿童心理特点的知识,问卷 12B 之第(7)题。

第五,家长孤独症儿童教育的知识,问卷 12B 之第(8)(9)(10)题。

三、样本的基本情况

282 名班主任以女性居多,年龄在 29 岁及以下的占 42.2%,30~39 岁的占 38.3%,学历以本科为主体,特殊教育专业出身的班主任比盲、聋学校多,达到了 31.9%,任教语文学科的最多① (表 7-4-1、7-4-2)。

表 7-4-1 班主任基本情况

项目	情况(人数、百分数)	
性别	男	28 (9.9)
	女	254 (90.1)
	合计	282 (100.0)
年龄	29 岁及以下	119 (42.2)
	30~39 岁	108 (38.3)
	40~49 岁	46 (16.3)
	50 岁及以上	9 (3.2)
	合计	282 (100.0)
学历	中专(高中)及以下	2 (0.7)
	大专	15 (5.3)
	本科	250 (88.7)
	研究生	15 (5.3)
	合计	282 (100.0)

---

① 这是从单一科目看,其他是各个科目综合。

	特殊教育	90（31.9）
	语文及语文教育	31（11.0）
	数学及数学教育	3（1.0）
专业	教育管理	16（5.7）
	体育	12（4.3）
	艺术类教育	24（8.5）
	其他	106（37.6）
	合计	282（100.0）

表7-4-2 班主任任教学科（人数、百分数）

语文	数学	英语	艺术类	体育	其他	合计
121（24.6）	93（19.0）	2（0.4）	81（16.5）	30（6.1）	164（33.4）	491①（100.0）

四、研究结果

（一）孤独症儿童的家长是否需要专门的家庭教育指导

孤独症儿童的班主任在回答"您认为，就您班的学生家长看，家长们需要专门的家庭教育指导吗"时，选择"需要"的245人，占86.9%；选择"不需要"的7人，占2.5%；选择"说不好"的30人，占10.6%。

大多数班主任认为孤独症儿童的家长需要专门的家庭教育指导，但有13.1%的班主任认为家长不需要或说不好是否需要。

基本结论是，大多数班主任认为孤独症学生的家长需要专门的家庭教育指导。

（二）孤独症学生的家长是否需要家校配合的指导②

本研究从两个角度看孤独症儿童的家长是否需要家校配合的指导。

一是从是否需要指导和班主任配合的角度看，班主任在回答"孤独症儿童家长需要进行如何和班主任配合工作的指导"时，回答"同意"的238人，占97.1%；回答"不同意"的3人，占1.2%；回答"说不好"的4人，占1.7%（表7-4-3）。说明绝大多数班主任认为智力障碍儿童的家长需要和班主任配合

---

① 因为有的班主任不是只教一个科目，故总人数超过282人。

② 该标题以下的数据是以班主任认为需要指导的家长为基数的，故总人数是245人。

的指导。

二是从是否需要指导和任课教师配合的角度看，班主任在回答"孤独症儿童家长需要进行如何和任课教师配合工作的指导"时，回答"同意"的239人，占97.6%；回答"不同意"的3人，占1.2%；回答"说不好"的3人，占1.2%（表7-4-3），这与是否需要和班主任配合的结果大致相同。

表7-4-3 家长需要和学校配合的指导（人数、百分数）

	同意	不同意	说不好	合计
与班主任配合的指导	238（97.1）	3（1.2）	4（1.7）	245（100.0）
与任课教师配合的指导	239（97.6）	3（1.2）	3（1.2）	245（100.0）

基本结论是，绝大多数（97%以上）班主任认为，孤独症儿童家长需要配合班主任工作、配合任课教师教学的指导。

（三）孤独症学生家长的儿童对策是否正确

调查从两个极端的角度，即溺爱和嫌弃两个角度看班主任眼中孤独症儿童家长的儿童对策是否正确。

从是否溺爱孩子看，班主任在回答"您感觉孤独症学生的家长溺爱孩子的现象比较普遍"时，回答"是"的130人，占53.1%；回答"否"的52人，占21.2%；回答"说不好"的63人，占25.7%（表7-4-4）。超过一半的班主任认为孤独症儿童的父母溺爱孩子，这和第五章第二节的结果有区别。

从是否嫌弃孩子看，班主任在回答"您感觉孤独症学生的家长嫌弃自己孩子的现象比较普遍"时，26人选择"是"，占10.6%；143人选择"不是"，占58.4%；76人选择"说不好"，占31.0%（表7-4-4）。数据显示，在班主任的眼中，超过一半的家长不是普遍嫌弃孩子，嫌弃孩子的家长比例较低。

表7-4-4 家长对孩子的对策（人数、百分数）

	是	否/不是	说不好	合计
溺爱孩子	130（53.1）	52（21.2）	63（25.7）	245（100.0）
嫌弃孩子	26（10.6）	143（58.4）	76（31.0）	245（100.0）

基本结论是，超过半数的班主任认为孤独症儿童的家长普遍溺爱孩子，但认为普遍嫌弃孩子的班主任比例很低，应该对家长的教育理念、教育行动予以

指导、矫正。

（四）孤独症学生家长对孩子的期望和行为

孤独症儿童的家长对自己的孩子期望如何？班主任在回答"家长对自己孤独症的孩子期望"时，回答"多数比较高"的106人，占43.3%；回答"多数比较低"的84人，占34.3%；回答"说不好"的55人，占22.4%。数据显示，班主任认为"多数期望比较高"的家长最多，接近一半，这可能和孤独症儿童的能力比智力障碍儿童要好些有关。但也有1/3的班主任觉得多数家长期望比较低。

班主任在回答"您班的家长放学后是否大多给孩子补习课外的学习内容"时，回答"是"者77人，占31.4%；回答"不是"者147人，占60.0%；回答"不了解"者21人，占8.6%。大多数孤独症儿童的家长课后不给孩子补习课外功课，但补习的达到31.4%，高于视力障碍、听力障碍、智力障碍学生的家长，这可能和一些家长对孤独症儿童的期望较高有关系。

基本结论：超过40%的班主任认为孤独症儿童的家长对孩子的期望多数比较高，超过30%的班主任认为家长课后在给孩子补课，结合第五章的调查，应该提高孤独症家长的期望。

（五）家长的孤独症学生心理的知识

班主任在回答"您班的家长懂孤独症学生的心理"时，回答"懂"的49人，占20.0%；回答"不懂"的95人，占38.8%；回答"说不好"的101人，占41.2%。数据显示，班主任认为家长懂孤独症儿童心理的不多，但达到20.0%，高于对智力障碍家长的判断。这可能和社会上较关注孤独症儿童，家长获得了多种支持有关，但班主任认为不懂或说不好的占到80.0%。

因此，还应该给予孤独症儿童家长基本的儿童心理特点的指导。

（六）家长孤独症儿童教育的知识

本研究主要是从三个角度看班主任眼中家长的孤独症儿童教育的知识。

一是从家长的教育观念是否正确的角度看。班主任在回答"您班孤独症学生家长的教育观念还是大致正确的"时，回答"是"者157人，占64.1%；回答"不是"者66人，占26.9%；回答"不了解"者22人，占9.0%（表7-4-5）。超过半数的班主任认为孤独症儿童家长的教育观念大致正确，这和第五章第二节的调查结果大致吻合。当然，26.9%的家长教育观念并不正确，需要给予指导。

二是从家长是否懂孤独症儿童的教育特点的角度看。班主任在回答"您班的家长懂孤独症学生教育的特点"时，回答"懂"者 50 人，占 20.4%；回答"不懂"者 89 人，占 36.3%；回答"说不好"者 106 人，占 43.3%（表 7-4-5）。班主任认为家长懂孤独症儿童教育特点的比例达到 20.4%，超过视力障碍、听力障碍、智力障碍学生的家长，这应该是孤独症引起社会关注、家长自己也关注孩子的原因。但终究是大多数家长不懂或不一定懂孤独症儿童教育的特点，所以大多数家长仍旧需要教育支持。

三是从家长教育方法的角度看。班主任在回答"您觉得家长教育孤独症学生的方法正确"时，回答"是"者 29 人，占 11.9%；回答"不是"者 76 人，占 31.0%；回答"说不好"者 140 人，占 57.1%（表 7-4-5）。大多数班主任判断不了家长的教育方法是否正确，但班主任认为懂的家长比例很低，不懂比例的大大高于懂的。

表 7-4-5　家长的教育知识（人数、百分数）

	是（懂）	不是（不懂）	说不好/不了解	合计
教育观念是否正确	157（64.1）	66（26.9）	22（9.0）	245（100.0）
是否懂教育特点	50（20.4）	89（36.3）	106（43.3）	245（100.0）
教育方法是否正确	29（11.9）	76（31.0）	140（57.1）	245（100.0）

基本结论：多数班主任认为孤独症儿童家长的教育观念正确，但认为家长懂得孤独症学生教育特点和教育方法的班主任不多。

五、研究结论

（1）大多数班主任（86.9%）认为孤独症儿童的家长需要家庭教育的指导。

（2）超过 97% 的班主任认为，家长需要家校配合，包括和任课教师配合的指导。

（3）超过半数的班主任认为，孤独症儿童的家长普遍溺爱孩子，但认为普遍嫌弃孩子的比例较小。

（4）大多数班主任认为家长的教育观念正确，1/4 的班主任认为家长懂得孤独症儿童的心理特点和教育特点，但懂孤独症教育方法的家长少。

（5）应该给予家长家校配合、正确的儿童观和对策、孤独症儿童身心特点、孤独症儿童教育特点和教育方法的指导或支持。

第五节　脑瘫学生班主任眼中家庭教育支持的需求研究

一、研究的方法与过程

本节研究的方法与过程同本章第一节，不再赘述。

本节呈现的是脑瘫学生部分的内容，最后收到 34 所①特殊教育学校的 209 份脑瘫学生的班主任有效问卷。

二、本节研究的内容

本节研究的内容共分为三个部分。

一是基本信息，问卷第 1~8 题。二是班主任觉得脑瘫学生的家长是否需要教育指导（支持），问卷第 9 题。三是问卷主体，问卷第 12 题 C，包括以下五个部分：

第一，家长是否需要家校配合的指导，问卷 12C 之第（1）（2）题。

第二，家长的儿童对策是否正确，问卷 12C 之第（3）（4）题。

第三，家长对孩子的期望和行为，问卷 12C 之第（5）（6）题。

第四，家长的脑瘫儿童心理特点的知识，问卷 12C 之第（7）题。

第五，家长的脑瘫儿童教育的知识，问卷 12C 之第（8）（9）（10）题。

三、样本的基本情况

209 名班主任以女性居多，年龄多在 30~39 岁，学历以本科为主体，特殊教育专业出身的班主任比盲、聋学校多，达到了 27.3%，任教语文学科的最多②（表 7-5-1、7-5-2）。

---

① 脑瘫学生的分布并非仅仅在培智学校，故涉及的学校有 34 所。

② 此处是讲单一科目，其他是这些科目之外的所有科目的综合。

表 7-5-1 班主任基本情况

项目	情况（人数、百分数）	
性别	男	25（12.0）
	女	184（88.0）
	合计	209（100.0）
年龄	29 岁及以下	76（36.4）
	30~39 岁	85（40.7）
	40~49 岁	38（18.1）
	50 岁及以上	10（4.8）
	合计	209（100.0）
学历	中专（高中）及以下	2（1.0）
	大专	13（6.2）
	本科	182（87.1）
	研究生	12（5.7）
	合计	209（100.0）
专业	特殊教育	57（27.3）
	语文及语文教育	23（11.0）
	数学及数学教育	3（1.4）
	教育管理	14（6.7）
	体育	11（5.3）
	艺术类教育	21（10.0）
	其他	79（38.3）
	合计	209（100.0）

表 7-5-2 班主任任教学科（人数、百分数）

语文	数学	英语	艺术类	体育	其他	合计
83（23.4）	71（20.0）	3（0.8）	61（17.2）	24（6.8）	113（31.8）	355①（100.0）

---

① 因为有的班主任不是只教一个科目，故总人数超过 209 人。

四、研究结果

(一) 脑瘫儿童的家长是否需要专门的家庭教育指导

脑瘫儿童的班主任在回答"您认为，就您班的学生家长看，家长们需要专门的家庭教育指导吗"时，选择"需要"的178人，占85.2%；选择"不需要"的5人，占2.4%；选择"说不好"的26人，占12.4%。

大多数班主任认为脑瘫儿童的家长需要专门的家庭教育指导，但有14.8%的班主任认为家长不需要或说不好是否需要。

基本结论是，大多数班主任认为脑瘫学生的家长需要专门的家庭教育指导。

(二) 脑瘫学生的家长是否需要家校配合的指导①

本研究从两个角度看脑瘫儿童的家长是否需要家校配合的指导。

一是从是否需要指导和班主任配合的角度看，班主任在回答"脑瘫（肢体障碍）儿童家长需要进行何和班主任配合工作的指导"时，回答"同意"的176人，占98.8%；回答"不同意"的1人，占0.6%；回答"说不好"的1人，占0.6%（表7-5-3）。绝大多数班主任认为脑瘫儿童的家长需要和班主任配合的指导。

二是从是否需要指导和任课教师配合的角度看，班主任在回答"脑瘫（肢体障碍）儿童家长需要进行如何和任课教师配合工作的指导"时，回答"同意"的175人，占98.3%；回答"不同意"的2人，占1.1%；回答"说不好"的1人，占0.6%（表7-5-3），绝大多数班主任认为家长需要和任课教师配合的指导。

表7-5-3　家长需要和学校配合的指导（人数、百分数）

	同意	不同意	说不好	合计
与班主任配合的指导	176 (98.8)	1 (0.6)	1 (0.6)	178 (100.0)
与任课教师配合的指导	175 (98.3)	2 (1.1)	1 (0.6)	178 (100.0)

基本结论是，绝大多数（98%以上）班主任认为脑瘫儿童家长需要配合班主任工作、配合任课教师教学的指导。

---

① 该标题以下的数据是以班主任认为需要指导的家长为基数的，故总人数是178人。

（三）脑瘫学生家长的儿童对策是否正确

调查从两个极端的角度，即溺爱和嫌弃两个角度看班主任眼中脑瘫儿童家长的儿童对策是否正确。

从是否溺爱孩子看，班主任在回答"您感觉脑瘫（肢体障碍）学生的家长溺爱孩子的现象比较普遍"时，回答"是"的 110 人，占 61.8%；回答"否"的 41 人，占 23.0%；回答"说不好"的 27 人，占 15.2%（表 7-5-4）。超过一半的班主任认为脑瘫儿童的父母溺爱孩子。

从是否嫌弃孩子看，班主任在回答"您感觉脑瘫（肢体障碍）学生的家长嫌弃自己孩子的现象比较普遍"时，34 人选择"是"，占 19.1%；105 人选择"不是"，占 59.0%；39 人选择"说不好"，占 21.9%（表 7-5-4）。在班主任的眼中，觉得嫌弃孩子比较普遍的不到 20%，多数家长不嫌弃孩子。

表 7-5-4　家长对孩子的对策（人数、百分数）

	是	否/不是	说不好	合计
溺爱孩子	110（61.8）	41（23.0）	27（15.2）	178（100.0）
嫌弃孩子	34（19.1）	105（59.0）	39（21.9）	178（100.0）

基本结论是，多数班主任认为脑瘫儿童的家长普遍溺爱孩子，多数班主任认为家长没有普遍嫌弃孩子。应该对家长的教育理念、教育行动予以指导、矫正。

（四）脑瘫学生家长对孩子的期望和行为

脑瘫儿童的家长对自己孩子的期望如何？班主任在回答"家长对自己脑瘫（肢体障碍）的孩子期望"时，回答"多数比较高"的 70 人，占 39.3%；回答"多数比较低"的 85 人，占 47.8%；回答"说不好"的 23 人，占 12.9%。数据显示，班主任认为"多数期望比较低"的家长最多，接近一半；但也有接近40%的教师认为多数家长的期望比较高。

班主任在回答"您班的家长放学后是否大多给孩子补习课外的学习内容"时，回答"是"者 44 人，占 24.7%；回答"不是"者 113 人，占 63.5%；回答"不了解"者 21 人，占 11.8%。班主任觉得大多数脑瘫儿童的家长课后不给孩子补习课外功课，这可能和一些家长对脑瘫儿童的期望较低有关系。

基本结论是，超过 40% 的班主任认为脑瘫儿童的家长对孩子的期望"多数比较低"，接近 40% 的班主任认为多数家长的期望比较高；接近 1/4 的班主任认为家长课后给孩子补课，但多数不补课，应该进一步提高脑瘫儿童的家长的期望。

（五）家长的脑瘫学生心理的知识

班主任在回答"您班的家长懂脑瘫（肢体障碍）学生的心理"时，回答"懂"的35人，占19.7%；回答"不懂"的87人，占48.9%；回答"说不好"的56人，占31.4%。数据显示，班主任认为家长懂脑瘫儿童心理的不多，但也接近20.0%，这可能和脑瘫儿童多有"治疗"，家长获得了较多的相关知识有关系。

还应该给予脑瘫儿童家长基本的儿童心理特点的指导，提高脑瘫儿童家长懂得脑瘫儿童心理特点的比例。

（六）家长的脑瘫儿童教育的知识

本研究主要是从三个角度看班主任眼中家长的脑瘫儿童教育的知识。

一是从家长的教育观念是否正确的角度看。班主任在回答"您班脑瘫（肢体障碍）学生家长的教育观念还是大致正确的"时，回答"是"者110人，占61.8%；回答"不是"者51人，占28.7%；回答"不了解"者17人，占9.5%（表7-5-5）。超过半数的班主任认为脑瘫儿童的教育观念大致正确，这和第六章第二节的调查结果大致吻合。当然，28.7%的教师认为家长教育观念并不正确，需要给予指导。

二是从家长是否懂脑瘫儿童的教育特点的角度看。班主任在回答"您班的家长懂脑瘫（肢体障碍）学生教育的特点"时，回答"懂"者32人，占18.0%；回答"不懂"者87人，占48.9%；回答"说不好"者59人，占33.1%（表7-5-5）。班主任认为家长懂脑瘫儿童教育特点的比例不到20.0%，教师认为大多数家长不懂或说不好是否懂脑瘫儿童教育的特点。

三是从家长教育方法的角度看。班主任在回答"您觉得家长教育脑瘫（肢体障碍）学生的方法正确"时，回答"是"者31人，占17.4%；回答"不是"者56人，占31.5%；回答"说不好"者91人，占51.1%（表7-5-5）。班主任认为懂教育方法的家长和懂教育特点的比例大致相当，与第六章第二节多数家长自己回答的有正确的教育方法的结果不同，需要进一步研究。

表7-5-5　家长的教育知识（人数、百分数）

	是（懂）	不是（不懂）	说不好/不了解	合计
教育观念是否正确	110（61.8）	51（28.7）	17（9.5）	178（100.0）
是否懂教育特点	32（18.0）	87（48.9）	59（33.1）	178（100.0）
教育方法是否正确	31（17.4）	56（31.5）	91（51.1）	178（100.0）

基本结论是，多数班主任认为脑瘫儿童家长的教育观念正确，但认为家长懂得脑瘫学生教育特点和教育方法的比例不高。

五、研究结论

（1）大多数班主任（85.2%）认为脑瘫儿童的家长需要家庭教育的指导。

（2）98%以上的班主任认为，家长需要家校配合，包括和任课教师配合的指导。

（3）多数班主任认为，脑瘫儿童的家长普遍溺爱孩子，但认为家长嫌弃孩子的比例不到20%。

（4）大多数班主任认为家长的教育观念正确，但接近半数的班主任认为家长不懂得脑瘫儿童的心理特点和教育特点，认为家长懂脑瘫儿童教育方法的比例更少。

（5）应该给予家长家校配合、正确的儿童观和对策、脑瘫儿童身心特点、脑瘫儿童教育特点和教育方法的指导或支持。

第八章

残疾儿童家庭教育支持的机制构建研究

第一节　残疾儿童家庭教育支持的基本机制

一、残疾儿童家庭教育的重要性

就普通儿童而言，家庭是孩子的第一所学校，父母是孩子的第一任老师。就残疾儿童而言，家庭这所学校、父母这俩老师更重要。因为普通儿童可以通过自身的内在发展动力①达到自身的生物发展和社会发展的辐合，而有生物学损伤的残疾儿童失去或部分失去了这种辐合能力，使之必须有外力的帮助才能达到应有的社会化水平。而家庭教育的帮助尤其是早期家庭教育对残疾儿童的帮助意义更大。

（一）正确的早期干预能最大限度地减小残疾儿童的物质损伤

20世纪初叶维列鲁学派（又称"维果茨基学派"）初创之时，列夫·维果茨基（Lev Vyyotsky）即对残疾儿童的损伤做了第一性损伤（缺陷）和派生性损伤（缺陷）的区分。实际上，被维果茨基称为第一性损伤②的生物学损伤，如果用形而上学的观点看，便是物质损伤。确实，无论是视力残疾的视觉器官（含皮层）的损伤、听力残疾的听觉器官（含皮层）的损伤，还是脑瘫（肢体障碍）的脑（或身体其他部位）的局部损伤，都是典型的身体这个特殊物质形态的物质损伤；即使是智力残疾和孤独症儿童的脑的弥散性损伤，包括在传统的器官、组织层面，或非传统的分子或离子层面（主要是神经活动层面）上的损伤，也依然属于物质损伤③。

---

① 刘全礼. 特殊教育导论［M］. 北京：教育科学出版社，2003：12.
② С. Я. 鲁宾什坦. 智力落后学生心理学［M］. 朴永馨，译. 北京：人民教育出版社，1983：54.
③ 刘全礼. 弱智儿童的脑机制及教育启示探析［J］. 北京联合大学学报，2018，32（02）：67-72.

但是，如果在物质损伤的早期能对孩子采取包括教育干预、医学干预、食物干预在内的各种干预措施，这些物质损伤就可能降到最低程度。

例如，听力残疾儿童中的感音性聋，在成熟的电子耳蜗技术下已不成问题，只要在听力残疾儿童获得母语的年龄前填埋电子耳蜗并开展科学的言语训练，即使是最为严重的听毛细胞损伤导致的感音性聋的儿童，也能获得标准的母语的口语；视力残疾中的视网膜之前部位的损伤，包括角膜、玻璃体等的医学干预已经很成熟，即使是视网膜损伤导致的视力残疾，也可以通过视网膜干细胞进行一定的干预①；脑瘫中的死亡脑细胞尽管不能再生，但神经再生通道的建立已不是不可能②。

当然，这些措施要在疾病或者损伤的早期进行才可能有较好的效果，而这需要实事求是地告诉残疾儿童的家长。

（二）关键期的知识提示了早期干预的重要性

无论是生物干细胞的知识，还是人类脑发育的、言语发展的关键期的知识，都提示了包括早期教育在内的早期干预对儿童或个体发展的重大作用。例如，出生就完全剥夺了语言环境的儿童是无法获得母语的口语的，出生就不给予光线刺激的儿童，其视觉能力也不能发展起来。

再如，与智力残疾密切相关的一个例子就是，苯丙酮酸尿症（苯丙酮尿症）儿童，如果从出生开始，就不喂母乳，而代之以米粉等非乳类食物，到四岁时，其神经系统——主要是大脑神经系统的发育就处于常态，其智力也就是常态的。但如果出生后仍旧喂养母乳等乳类食物，到四岁时神经系统就会永久损伤。

因此，如果父母在有关的支持下掌握了相应的知识，就会给残疾儿童的发展带来良好的作用。

（三）早期教育能够最大限度代偿或补偿残疾儿童的物质和文化损伤

根据辩证唯物论的物质意识观，当残疾儿童有相应的物质损伤时，残疾儿童就具有了某种特定的特殊物质的特征，特殊物质自然会决定特殊的意识形式③。例如，听力残疾儿童听觉表象的贫乏和不完整、视力残疾儿童视觉表象的贫乏和不完整、孤独症儿童的感知觉异常等均属于特殊物质决定下的特殊意

---

① 张丹丹，倪妮，谷平. 视网膜修复中干细胞的应用 [J]. 国际眼科纵览，2014，38（6）：386-390.

② 宋凯凯，张锴，贾龙. 周围神经系统损伤的微环境与修复方式 [J]. 中国组织工程研究，2021，25（4）：651-656.

③ 刘全礼. 特殊教育学科的应然儿童观——从朴永馨教授的残疾儿童缺陷观谈起 [J]. 现代特殊教育，2017（12）：10-13.

识形式。这就是说，有物质损伤的残疾儿童，必然出现意识的损伤。

实际上，人是物质与文化的统一，而文化中最重要、最高级的核心要素便是以语言为表征的意识符号，这时儿童实际上是物质与意识的统一。相反，当残疾儿童的意识出现损伤时，其文化自然也就出现了损伤。

但是，常态儿童的发展，是在常态文化的熏陶下，在生物发展——物质发展的同时，获得文化发展的，即在食物的供给和以语言为核心的文化的双重熏陶下，获得身心统一，也就是物质与文化的统一发展。

当残疾儿童的物质发生损伤时，需要有与之相配的文化或意识形式，或者要有改造了的与其物质损伤适应的文化形式才能更好地促进其发展，并最终达到物质与文化的统一。

例如，视力残疾儿童的视觉器官损伤后，就用触觉、听觉等作为发展工具，尤其是用盲文代偿或补偿眼睛无法阅读的缺陷；听力残疾儿童则可以通过视觉渠道，如用手语补偿或代偿听觉系统不能听话的缺陷；脑瘫儿童、孤独症儿童和智力残疾儿童则可以通过早期的感知肌肉能力训练，建立脑的神经环路或流畅神经环路，代偿脑细胞局部或弥散性损伤的缺陷。①

根据意识对物质具有反作用的观点，无论是盲文和手语的使用，还是对孤独症、脑瘫、智力残疾儿童的教育与训练，都是用改变的文化、创造新的环境适应残疾儿童，使之最终适应环境②。同时，通过这些对残疾儿童的物质和文化损伤进行的补偿或代偿，改变了残疾儿童的物质和文化，并使他们最终获得物质与文化的统一发展。无论是感官损伤儿童还是发展障碍儿童，意识发展——文化学习或训练，都会促进大脑形成新的链接或环路③，从而改变脑的物质运行形态，这既是意识对物质反作用在残疾儿童身上的体现，又是残疾儿童功能代偿或补偿的具体机制。

当然，这种补偿或代偿获得越早，效果会越好。而这还是依赖于对残疾儿童家庭的尽早的教育支持。

二、残疾儿童家庭教育支持的重要性

残疾儿童的家庭教育支持也是重要的，无论是对社会、家庭，还是对儿童自身。例如，对社会而言，有三种价值极为明显。

---

① 刘全礼. 智力落后儿童的特点与教育刚要 [M]. 天津：教育科学出版社，2009：329.
② 刘全礼. 特殊教育导论 [M]. 北京：教育科学出版社，2003：15.
③ 刘全礼. 脑瘫儿童的脑机制及干预探析 [J]. 绥化学院学报，2018，38（04）：1-5.

（一）政治价值

中国的特殊教育自 2014 年第一期"特殊教育提升计划"以来发生了很大的变化，如以孤独症为代表的残疾儿童为更多的人所知晓，特殊教育作为一个行业被更多的人关注，特殊教育学校的数量明显增加（到 2020 年全国已有 2244 所特殊教育学校）① 等。分析这些变化的原因时，有一个不可忽视的因素——政治因素。从中国共产党 2007 年召开的第十七次全国代表大会中提出"关心特殊教育"，到 2012 年党的十八大的"支持特殊教育"，再到 2017 年党的十九大的"办好特殊教育"，恰恰就是特殊教育这些变化的高层关注的政治痕迹。

但是，这些变化主要体现在学校数量、残疾儿童入学人数、学校教育经费的增加以及教师的继续教育上，残疾儿童的家庭教育以及家庭教育支持尚未涉及。因此，如果同时顾及残疾儿童的家庭教育支持，并使家庭能在残疾儿童确诊后即开始更恰当的教育，则更能体现国家从细微处、从源头关心、关注困难群体的政治价值。

（二）法律价值

实际上，开展残疾儿童的家庭教育支持不能没有法律或法规的相关规定。但目前我国和残疾儿童（的教育）有关的法律或法规，包括《中华人民共和国母婴保健法》《中华人民共和国残疾人保障法》《中华人民共和国残疾人教育条例》《中华人民共和国家庭教育促进法》等均未涉及如何对残疾儿童的家庭开展教育支持、如何进行残疾儿童的家庭教育等。

在这种情况下，如果开展残疾儿童家庭教育支持的实践，就能倒逼相关法律、法规、政策文件或相应法条的修改与制定。因为如果没有这些基本的规定，家庭教育支持的操作就会失去准绳，就会使残疾儿童家庭教育支持的实践成为无根无据的感情操作，而非法律赋予的相应权利的操作。

因此，一旦出台了相关的规定或者在某些法律中对残疾儿童的家庭教育支持进行规定，就是对国家根本大法，即《中华人民共和国宪法》第四十五条第四款"国家和社会帮助安排盲、聋、哑和其他有残疾的公民的劳动、生活和教育"的极大彰显，是从特殊教育的源头上，于最细微处注入了国家大法的特殊教育价值。

（三）社会文明价值

从残疾儿童或残疾人的身体特点来看，无论是残疾儿童还是成年残疾人和

---

① 2020 年全国教育事业统计主要结果［EB/OL］. 中华人民共和国教育部，2021-03-01.

常态儿童或常态人群比较时，他们往往是困难群体。除少部分家境殷实的人家，残疾儿童或残疾人家庭也往往是困难家庭。在这种情况下，开展家庭教育支持实际上彰显了整个社会的文明程度。

并非高学历、高收入的家庭才有残疾儿童，一些低收入、低学历的家庭也会有残疾儿童。这时，对一些没有基本的残疾儿童的知识、不懂如何教育残疾孩子的家庭进行教育支持，就相当于精准扶贫、精准教育扶贫中的"治贫先治愚"①，具有重大的文明价值。

当然，残疾儿童或残疾人家庭往往是困难家庭，对这些困难群体的关注、态度或对策，尤其是细致入微到家庭教育支持，最终能显示社会文明的刻度。②更何况全国有超过8000万的残疾人，这样庞大基数的人群国家不细致入微地关注、重视，何谈文明呢？

当然，家庭教育支持到位还会给家庭带来后盾般的踏实感、能教育孩子的拐棍的力量感和知道如何行动的方向感。

当残疾儿童的父母无助、无望的时候，往往会失去进一步对策的正确方向，到处求医问药地治疗没法治愈的症状、遗弃孩子、过度溺爱孩子等就是其集中的表现。但是，如果包括家庭教育支持在内的社会支持得当，就可能培养残疾儿童父母对孩子的正确认知，还有可能因为孩子的残疾而培养家庭成员间的积极互动③，从而克服因各种对残疾儿童的污名尤其是对发展障碍儿童的污名，如孤独症污名带来的不良心理效应，使家长明确孩子对策的方向。

三、中国残疾儿童的家庭教育存在的主要问题

中国残疾儿童的家庭教育存在的问题突出表现在三个方面。

（一）法律规定需要进一步到位

目前和残疾儿童教育相关的法律法规主要有五部，即《中华人民共和国宪法》《中华人民共和国母婴保健法》《中华人民共和国残疾人保障法》《中华人民共和国残疾人教育条例》《中华人民共和国家庭教育促进法》。

然而，五部主要的专门法规有的没有涉及残疾儿童的家庭教育，有的需要

---

① 卢迈，方晋，赵晨，等. 教育精准扶贫："一村一园"计划乐都十周年效果评估 [J]. 华东师范大学学报（教育科学版），2021，39（7）：107-126.

② 孙莹. 龙应台以人为本的创作意识、风格及其争议 [J]. 北华大学学报（社会科学版），2016，17（6）：122-125.

③ 田波琼，曾树兰，卢秀莉，等. 学前智力障碍儿童家庭积极贡献及其与社会支持的关系 [J]. 学前教育研究，2018（2）：35-51.

进一步细化规定，只有解决了法律问题，家庭教育支持才能成为有源之水（具体的法律问题本节不再赘述，参见第一章和本章第二节）。

（二）残疾儿童家庭教育的研究需要进一步加强

改革开放以后，在特殊教育实践的推动下，特殊教育的研究逐渐开展起来。20 世纪 90 年代，两份特殊教育的专门的公开刊物也开始刊行。进入 21 世纪，一些大学的学报或教育类刊物甚至一些普通报刊也偶尔发表特殊教育的文章，从成果发表角度印证了特殊教育研究的发展。

然而，在特殊教育的研究中，残疾儿童的家庭教育的相关研究极为薄弱或严重不足。主要表现在以下三个方面。

1. 公开发表的残疾儿童家庭教育方面的文章少

在中国知网以"残疾儿童的家庭教育"为检索项检索，截至 2021 年 8 月 31 日，全网共检出 113 条，包括期刊 44 条、学位论文 29 条、会议 2 条、报纸 2 条；仔细甄别发现，113 条文献中，仅有 50 条属于残疾儿童家庭教育的范畴；44 条期刊文献中也仅有 24 条属于残疾儿童家庭教育的范畴。

再以"特殊儿童的家庭教育"为检索项检索，检出 153 条，包括期刊 62 条、学位论文 38 条，会议、报纸、图书共 8 条；仔细甄别发现，实际上仅有 63 条和特殊儿童的家庭教育相关。

如果按照类别检索，分别以"视力残疾儿童的家庭教育""视力障碍儿童的家庭教育"和"盲童的家庭教育"为检索项检索，共检出 8 条；以"听力残疾、听力障碍、聋童的家庭教育"为检索项检索，共检出 9 条；以"智力残疾、智力障碍、智力落后儿童的家庭教育"为检索项检索，共检出 17 条；以"孤独症、自闭症儿童的家庭教育"为检索项检索，共检出 33 条；以"脑瘫和肢体残疾儿童的家庭教育"为检索项检索，仅检出 1 条。

目前在特殊教育的专门杂志中，以"特殊儿童的家庭教育"为检索项在《现代特殊教育》检索时，仅有 5 条；在《中国特殊教育》检索时，仅有 10 条。

改革开放 40 多年来，特殊教育的发展较快，但检索证明的有关残疾儿童、特殊儿童的家庭教育的文章很少，反映了残疾儿童的家庭教育没有得到重视。

2. 残疾儿童的家庭教育的研究不系统

尽管从残疾儿童的类别来看，既有听力残疾儿童的家庭教育的研究如《随班就读聋童的家庭教育个案研究报告》①、智力残疾儿童的家庭教育研究如《智

---

① 江小英. 随班就读聋童的家庭教育个案研究报告［J］. 中国特殊教育，2005（2）：4-8.

力残疾儿童父母亲职压力、社会支持和婚姻质量的关系研究》①，也有孤独症儿童的家庭教育的研究如《父母对孤独症儿童的态度和身心特点的认知研究》②；从儿童的年龄来看，既有学前阶段的家庭教育的研究如《北京市特殊儿童学前家庭教育状况调查报告》③，也有义务教育阶段的残疾儿童家庭教育的研究如《特殊教育家校合作中的问题及其对策》④；从教育和康复的关系来看，既有家庭教育的研究如《特殊儿童家庭教育社会支持情况调查分析》⑤，也有家庭康复的研究如《残疾儿童家庭康复现状与需求调查分析》。但总体上看，已有的研究不系统是明显的。

个别类别的残疾儿童的家庭教育研究、相关年龄段的残疾儿童的家庭教育研究都没有涉及。家庭教育的各个要素，如残疾儿童的家庭教育的内涵、外延、家庭教育中的三对矛盾——家长和家庭教育的内容、方法的矛盾（包括家长是否掌握残疾儿童的身心特点、障碍补偿的方法等），家长和子女的关系的矛盾，子女和家庭教育的内容与方法的矛盾以及家庭和社会的关系，家庭和学校、机构的关系等均没有系统的研究。

3. 残疾儿童家庭教育研究的水平需要进一步提高

从公开发表的残疾儿童的家庭教育的文章看，不仅数量少、不系统，而且水平有待提高。这主要表现在以下三个方面。

一是发表的多数文章和整个教育学科比较时还处于较低水平。这些文章多是自发研究的结果，仅有少量文章是地方科研立项项目的成果，国家级课题的研究成果很少，反映残疾儿童的家庭教育研究的科研立项较少。这种状况固然和整个特殊教育科研的立项或者整个家庭教育的立项本来就少有关，但反映无论是科研立项单位还是研究人员，都没有把残疾儿童的家庭教育研究纳入视野。这自然导致残疾儿童家庭教育的研究还处于较低水平。

二是发表的文章多数是一般陈述性质的文章，尚未上升到理论或者发现新知或者有效指导实践的层次。这些文章往往缺少取样合理或者设计科学的实验

---

① 关文军，胡梦娟，王春晖. 智力残疾儿童父母亲职压力、社会支持和婚姻质量的关系研究［J］. 残疾人研究，2019（4）：25-32.

② 彭华军，刘全礼，李健，等. 父母对孤独症儿童的态度和身心特点的认知研究［J］. 绥化学院学报，2021，41（7）：77-83.

③ 张毅，陈亚秋，何文辉，等. 北京市特殊儿童学前家庭教育状况调查报告［J］. 中国特殊教育，2004（11）：75-79.

④ 刘洋. 特殊教育家校合作中的问题及其对策［J］. 现代特殊教育，2018（2）：70-74.

⑤ 蔡卓倪，李敏，周成燕. 特殊儿童家庭教育社会支持情况调查分析［J］. 中国特殊教育，2010（12）：17-20.

数据的支撑，或者缺少严密的思辨过程，仅仅是把普通教育或普通儿童的家庭教育平移为残疾儿童家庭教育的文章而已，降低了文章的层次。

三是学术期刊刊发残疾儿童家庭教育的文章较少。不用说数量众多的各种教育或非教育，如学报类核心期刊和 C 刊刊发残疾儿童家庭教育文章的较少，发表残疾儿童教育的相关文章都不多。正如前文谈及的特殊教育界唯一的核心期刊《中国特殊教育》，以主题项"特殊儿童的家庭教育"检索时，也仅仅检索出 10 条结果，这集中体现了残疾儿童的家庭教育的研究少、学术成果不多这种现实。

（三）残疾儿童家庭教育的实践存在诸多问题

尽管有关法规已经涉及残疾儿童的家庭教育实践，但现在来看，我国残疾儿童家庭教育的实践问题依然很多。

1. 残疾儿童家庭教育的法规需要进一步细化

尽管《中华人民共和国残疾人保障法》和《中华人民共和国残疾人教育条例》已有条款涉及残疾儿童的家庭教育，但要很好地执行这些条款需要进一步细化或补充有关条款。

2. 残疾儿童家庭教育的执行管理系统需要强化

谁来管理、支持残疾儿童的家庭教育，是一个行政系统统一管理、支持，还是包括卫健委系统、残疾人联合会系统与教育系统在内的多个系统联合支持与管理。

3. 残疾儿童的家庭教育活动的问题也较多

以往残疾儿童的家庭教育取得了很大的成就，尤其是那些在视障儿童、听障儿童的教育中取得瞩目成就的家庭，如万选蓉把自己的听障孩子培养成硕士①等。但总体而言，广大残疾儿童的家庭教育依然存在诸多问题。例如，部分残疾儿童的父母关于残疾儿童的儿童观、教育观不恰当，一些父母对残疾儿童身心特点的认知存在问题，一些父母对残疾儿童的教育措施有不当处等，详见本书第二至六章，本节不再赘述。

四、残疾儿童家庭教育支持的基本机制

根据课题组对中国大陆、中国香港、中国台湾、美国、日本和德国特殊教育类法规政策或文件、残疾儿童家庭教育的实践，尤其是残疾儿童家庭教育支

---

① 马同. 从聋哑儿到北影硕士："漂亮妈妈"带我蹚过无声的河 [J]. 西江月，2009（22）：6-9.

持的实践，结合中国的文化特色和特殊教育的现实，本研究构建了中国残疾儿童家庭教育支持的基本机制。

首先，建立中国残疾儿童家庭教育支持的法律法规系统（包括政策系统），规定国家、社会、家庭和残疾儿童个人在家庭教育及家庭教育支持中的权利与义务。

其中包括儿童从确诊为残疾开始，家长强制性接受免费的一定课时（如 32课时）的涉及残疾儿童法规、对策、发展、身心特点和教育的培训或指导。

具体的法律机制构建见本章第二节。

其次，在法律框架下，利用已有行政和管理网络，构建从中央政府到村镇社区的六级、四个系统，即教育、残联、民政和卫生系统协调统一的残疾儿童家庭教育支持的行政推动系统。

其中，儿童从出生到入学的缺陷或残疾的筛查、鉴别与早期教育对残疾儿童的干预最重要阶段的家庭教育支持主要由卫健委、残联和教育系统负责。

具体的行政执行机制的构建见本章第三节。

最后，精选对各类残疾儿童的家庭教育支持最重要的家庭教育支持的内容，构建每类残疾儿童家庭教育支持的内容支持库。

其中，包括家庭教育支持中家长必须接受培训的内容和可选的内容，可由教育行政部门组织全国真正对特殊教育有研究、对残疾儿童的家庭教育有研究的专家厘定家庭教育支持系统的内容。

具体的内容纲目序列的构建见本章第四节。

第二节　残疾儿童家庭教育支持的法律路径构建

一、特殊教育的法律建设取得了重要成就

改革开放以来，中国的特殊教育法律建设取得了很大成就①，这些成就集中体现在三个方面。

（一）残疾儿童教育的法律文本体系已具雏形

中华人民共和国成立以后，经过 70 余年的努力，残疾儿童教育的法律建设在文本上取得了特点鲜明的成就。具体表现在以下三个方面。

---

① 刘全礼. 中国特殊教育发展报告（2015）［M］. 北京：中国轻工业出版社，2017，301.

一是在相关法律中设置关于残疾儿童教育的法条。如《中华人民共和国残疾人保障法》（2008 年修订）专设第三章，从第二十一到二十九条，规定了从幼儿教育到高等教育，从基础教育到职业培训，从特殊教育教师培养到盲文、手语等教学用具的研制等一系列问题。

二是颁布专门法规。尽管尚未颁布《中华人民共和国特殊教育法》或《中华人民共和国残疾儿童教育法》，但于 1994 年颁布了《中华人民共和国残疾人教育条例》，并先后两次修订。2017 年修订的《中华人民共和国残疾人教育条例》共有九章五十九条，明确了残疾人的教育权利、义务，规定了特殊教育的管理等一系列问题。

三是法律文本体系已具雏形。从《中华人民共和国宪法》第四十五条第四款"国家和社会帮助安排盲、聋、哑和其他有残疾的公民的劳动、生活和教育"开始，到《中华人民共和国义务教育法》《中华人民共和国残疾人保障法》等法律的相关条文，再到法规《中华人民共和国残疾人教育条例》，整个残疾儿童教育的法律文本体系已具雏形。

（二）依法举办残疾儿童教育的意识逐渐觉醒

这主要是指残疾儿童或者其监护人以及执行残疾儿童教育的行政主体，依法进行特殊教育的意识开始觉醒并且日益明显。

从残疾儿童及其监护人角度来看，近年来依法进行特殊教育的意识越来越强烈，包括孤独症儿童的父母依规坚决要求孩子进入普通学校读书、接受完义务教育的智力残疾儿童的父母依然要求孩子在义务教育学校接受教育、做过电子耳蜗而且经过言语训练的听力残疾儿童的父母要求孩子在初中阶段回流到聋校读书等事例，都显示了这种意识的觉醒，比 30 年前有了极大的变化。下述两个典型的事例更是这种意识的代表。

一是澎湃新闻网报道的在厦门普通学校就读的某脑瘫学生的父母，为了脑瘫孩子考试的便利而起诉当地教育局。① 该学生在 2018 年 5 月，因参加 6 月考试，向厦门市招生考试委员会提前申请部分便利条件，包括按实际需要延长考试时间、专人代为画图、使用平板电脑或其他电子书写工具以及单设考场等，后来考试委员会没有完全满足考生要求，考生家长随即起诉厦门市教育局。脑瘫学生的父母起诉行为本身反映了家长依法维护残疾学生权利的强烈意识。

二是在 2014 年之前，尽管《中华人民共和国残疾人保障法》第五十四条有

---

① 何利权．脑瘫考生申请多项便利未获批起诉教育局，法院：应有更多关怀［EB/OL］．澎湃新闻，2019-02-28.

规定"国家举办的各类升学考试、职业资格考试和任职考试，有盲人参加的，应当为盲人提供盲文试卷、电子试卷或者由专门的工作人员予以协助"，但之前，盲人一直是参加残疾人高等院校的单考单招，就是因为李金生等盲人的依法获得权力的努力①才使得视力残疾考生使用盲文参加普通高考成为现实。这种努力就是依法获得权益的意识觉醒。

从政府行政看，依法开展残疾儿童教育的一切相应活动的意识也已经觉醒。实际上，无论是处理类似脑瘫考生提出考试便利的事情，还是从2014年开始的为盲生参加普通高考提供盲文试卷，都是行政部门依法进行特殊教育的意识觉醒。

（三）政府依法举办残疾儿童教育实践的努力越来越突出

与依法举办特殊教育的意识逐渐觉醒并行的是依法进行特殊教育的实践越来越突出。2014年开始的两期"特殊教育提升计划"就是政府依法、依规大力提升残疾儿童入学数量的举措，也正是如此，到2020年全国特殊教育学校的数量才达到2244所，残疾学生数达到88.08万名②，这些都是空前的。

实际上，政府依法进行特殊教育实践并非仅仅是举办残疾儿童学校，还包括一系列与残疾儿童的教育有关的举措。

前述2014年开始为盲人提供盲文试卷的举措，实际是当年国务院和教育部依法出台《关于深化考试招生制度改革的实施意见》和《关于做好2014年普通高校招生工作的通知》促成的，通知第十四条规定：全国统考（含分省命题，下同）、省级统考试题的命题和答案及评分标准的制定，分别由教育部考试中心、有关省级招委会负责。教育部授权有关高校自行命题的，按教育部有关规定办理。各级考试机构要为残疾人平等报名参加考试提供便利。有盲人参加考试时，为盲人考生提供盲文试卷、电子试卷或者由专门的工作人员予以协助③。也正是如此，2021年才有11名盲生使用盲文试卷参加普通高考④。

从限制残疾人高考和录取，到20世纪80年代开始录取肢体残疾⑤考生，再

---

① 赵志疆. 盲人考生李金生的四重启示［N］. 大河报，2014-06-04（A04）.
② 教育部发展规划司. 2020年全国教育事业统计主要结果［EB/OL］. 中华人民共和国教育部，2021-03-01.
③ 教育部关于做好2014年普通高校招生工作的通知［EB/OL］. 中华人民共和国教育部，2014-02-20.
④ 高伟强，高磊. 祝福！11名全盲考生使用盲文试卷参加2021高考［EB/OL］. 中国青年网，2021-06-07.
⑤ 王振洲. 我国高校残疾人招生考试政策的历史、现状及趋势［J］. 残疾人研究，2019（3）：46-55.

到 1987 年长春大学为视力残疾、听力残疾人开设盲人按摩、美术等专业并采取和普通高考不同的单独命题的单考单招①的方式，这不仅是残疾学生依法进行教育意识的觉醒，更是政府依法实践的写照。

当然，有些该有的实践还没有实现，包括《中华人民共和国残疾人保障法》第二十八条明确规定的"普通师范院校开设特殊教育课程或者讲授有关内容，使普通教师掌握必要的特殊教育知识"等的规定还未落实。也正是如此，全国残疾儿童在校生的数量与全国残疾人的数量比起来，还应该有更大的提高。如果各级政府也如云南省普洱市西盟佤族自治县中课镇积极依法行政起诉某村民要求家长送孩子进入义务教育学校那样②，积极督促残疾儿童的监护人使孩子依法入学，就会大大提高残疾儿童的入学数量。

二、残疾儿童家庭教育支持的法律建设需要完备

在残疾儿童的几种教育形式中，家庭教育有重要的作用，尤其是早期家庭教育意义更为重大。但是，总体而言，中国残疾人教育的法律法规，重点在学校教育，关于家庭教育的法律建设需要进一步完备。

（一）法律已经涉及残疾儿童的家庭教育

目前，涉及残疾儿童教育的法律主要有两部，一部是《中华人民共和国义务教育法》，一部是《中华人民共和国残疾人保障法》；涉及残疾儿童教育的规定有一部，就是《中华人民共和国残疾人教育条例》。

《中华人民共和国义务教育法》实际上也是关于残疾儿童的一部重要法律。其第四条明确规定，凡具有中华人民共和国国籍的适龄儿童、少年，不分性别、民族、种族、家庭财产状况、宗教信仰等，依法享有平等接受义务教育的权利，并履行接受义务教育的义务。残疾儿童自然也在其内。但是，综观全法，不管是规定家庭的义务还是残疾儿童教育的形式，仅仅是在第三十六条规定有关德育的问题时，稍微涉及家庭教育，即学校应当把德育放在首位，寓德育于教育教学之中，开展与学生年龄相适应的社会实践活动，形成学校、家庭、社会相互配合的思想道德教育体系，促进学生养成良好的思想品德和行为习惯。

《中华人民共和国残疾人保障法》作为保障残疾人权益的全面法律，也仅仅是在康复和教育两个部分涉及残疾儿童的家庭教育。例如，它的第十六条规定：

---

① 张宁生，王峥．为探索我国视障者高等教育模式所做的初步尝试——一位视障学生与一位特教工作者的体会．中国特殊教育，2000（3）：51-53.

② 拒不送女儿返校 家长被拘留 15 日［N］．科技新报，2019-06-19（14）.

康复工作应当从实际出发，将现代康复技术与我国传统康复技术相结合；以社区康复为基础，康复机构为骨干，残疾人家庭为依托；以实用、易行、受益广的康复内容为重点，优先开展残疾儿童抢救性治疗和康复；发展符合康复要求的科学技术，鼓励自主创新，加强康复新技术的研究、开发和应用，为残疾人提供有效的康复服务。第十七条规定：地方各级人民政府和有关部门，应当组织和指导城乡社区服务组织、医疗预防保健机构、残疾人组织、残疾人家庭和其他社会力量，开展社区康复工作。第二十六条规定：残疾幼儿教育机构、普通幼儿教育机构附设的残疾儿童班、特殊教育机构的学前班、残疾儿童福利机构、残疾儿童家庭，对残疾儿童实施学前教育。这里的康复实际上包括了家庭教育康复，因此，该法规定了残疾儿童的家庭是实施残疾儿童教育的机构之一，尤其是学前教育的场所之一。

《中华人民共和国残疾人教育条例》作为涉及残疾儿童教育的专门的法律规定，实际上更多的是强调了家长帮助残疾儿童接受教育的义务，其第八条规定："残疾人家庭应该帮助残疾人接受教育。残疾儿童、少年的父母或者其他监护人应当尊重和保障残疾儿童、少年接受教育的权利，积极开展家庭教育，使残疾儿童、少年及时接受康复训练和教育，并协助、参与有关教育机构的教育教学活动，为残疾儿童、少年接受教育提供支持。"只有第三十三条提出了家庭是早期教育的场所："卫生保健机构、残疾幼儿的学前教育机构、儿童福利机构和家庭，应当注重对残疾幼儿的早期发现、早期康复和早期教育。卫生保健机构、残疾幼儿的学前教育机构、残疾儿童康复机构应当就残疾幼儿的早期发现、早期康复和早期教育为残疾幼儿家庭提供咨询、指导。"

尽管三部法规都没有明确规定残疾儿童家庭教育的问题，但毕竟已经涉及了。

（二）法律尚未明确涉及残疾儿童的家庭教育支持

毫无疑问，残疾儿童的教育比常态儿童的教育更有挑战。常态的新生儿只要有常态的环境，他们就能够按照固有的方向发展。但是，残疾儿童没有这么幸运。例如，听力残疾儿童如果没有措施，就很难如常态儿童那样获得母语的口语，进而很难获得和口语有关的知识和技能；视力残疾儿童的视觉表象贫乏，如果不通过其他感官的代偿，就很难如常态儿童那样感知到视觉形象；脑瘫儿童如果不在脑瘫发生的早期就进行艰苦的感知肌肉能力训练，他们就不可能形成新的神经环路，进而矫正脑瘫的外在症状。①

---

① 刘全礼. 脑瘫儿童的脑机制及干预探析 [J]. 绥化学院学报，2018，38（04）：1-5.

这就是说，要使残疾儿童的家长能够开展有效的家庭教育，家长就得具备相应的知识和能力。对于不是特殊教育专业出身的一般的残疾儿童的家长而言，这些知识需要有人告诉。也就是说，对于绝大多数残疾儿童的父母而言，要使他们顺利开展残疾儿童的家庭教育，需要有一个教育支持的过程。

但是，现有法规并未明确提出要对残疾儿童的家长进行家庭教育支持，最多是一般性地谈到了相关的问题而已。

《中华人民共和国义务教育法》没有涉及家庭教育及家庭教育支持的问题，《中华人民共和国残疾人保障法》也仅仅是在第十九条规定有关康复的条款时，规定向残疾人亲属普及康复的知识和方法，即"政府和社会采取多种形式对从事康复工作的人员进行技术培训；向残疾人、残疾人亲属、有关工作人员和志愿工作者普及康复知识，传授康复方法"，和整个专门规定教育条款的第三章一样，并未涉及或明确残疾儿童的家庭教育支持。

专门规定残疾人教育的法规《中华人民共和国残疾人教育条例》，尽管规定了各级政府的职责、义务教育阶段的学校教育如何进行的条款，但与其他法律、法规一样，并未明确规定残疾儿童家庭教育支持的相关问题，仅仅是在第三十三条第二款有所涉及，即"卫生保健机构、残疾幼儿的学前教育机构、残疾儿童康复机构应当就残疾幼儿的早期发现、早期康复和早期教育为残疾幼儿家庭提供咨询、指导"。很明显，要求卫生保健机构、残疾幼儿的学前教育机构、儿童福利机构和家庭，开展残疾幼儿的早期发现、早期康复和早期教育是没有问题的，但仅仅要求这些机构（卫生保健机构、残疾幼儿的学前教育机构、残疾儿童康复机构）应当为残疾幼儿的家庭提供早期发现、早期康复和早期教育的咨询、指导是不够的。

一方面，不应该是"应当"，而应该是"必须"；另一方面，不仅仅是早期教育阶段，而是整个儿童阶段；同时，不仅是一般的咨询和指导，而是系统的必要的残疾儿童家庭教育的态度、知识和能力的培训。

（三）早期干预阶段的家庭教育支持最薄弱

从目前中国特殊教育的现实来看，残疾儿童进入学校包括普通学校和特殊教育学校后，尤其是进入义务教育学校之后，学校是会和残疾儿童的家长进行多种形式的沟通的，许多特殊教育学校还会对家长进行培训；对于那些进入学前训练机构的残疾儿童而言，因为要配合学前教育的开展，大多数残疾儿童的学前教育机构也会和家长进行沟通，甚至对家长进行某些培训。按照本书呈现的对全国5000多名在学残疾儿童家长的调查，接受过家庭教育指导的家长在

50%左右（相关研究将陆续发表）。

这就是说，不管这些沟通、培训是否规范全面，但只要进入特殊教育机构或者教育机构，家长就有可能得到家庭教育的某些支持。但是，对于0~3岁的残疾儿童家长而言，家庭教育的支持最为薄弱，甚至没有任何教育支持。

可是，我们知道，无论是从残疾儿童器官功能的康复或代偿的角度，还是从儿童缺陷补偿的关键期的角度看①，对残疾儿童的干预越早，效果就越好。也就是说，仅仅从残疾儿童的器官功能的康复、器官代偿功能的建立看，早期干预是最重要的。这就进一步说明，在早期干预阶段，对家长开展教育支持，其效果必然是事半功倍的。

然而，综观所有涉及残疾儿童的法律或者规定，未能在这个认识下给出明确的家庭教育的规定。《中华人民共和国义务教育法》不涉及这个阶段，《中华人民共和国残疾人保障法》未能涉及这个问题，《中华人民共和国残疾人教育条例》仅有概括的学前教育阶段的涉及，与这个阶段关系最密切的《中华人民共和国母婴保健法》从婚前保健（含孕期检查）、孕产期保健（含出生检查）到法律责任，共七章三十九条，但也仅仅是在第二十三条规定"医疗保健机构和从事家庭接生的人员按照国务院卫生行政部门的规定，出具统一制发的新生儿出生医学证明；有产妇和婴儿死亡以及新生儿出生缺陷情况的，应当向卫生行政部门报告"，报告后怎么办？如何转接？是医学干预还是教育干预，或是既有医学干预又有教育干预？这些对残疾儿童的发展最重要的内容却没有给出相应的规定，不得不说是一个极大的遗憾②。

三、残疾儿童家庭教育支持的法律路径

残疾儿童的家庭教育重要，没有残疾儿童家庭教育的支持就不会有好的教育效果。可是如何实现家庭教育支持的法律化呢？

（一）明确残疾儿童家庭教育支持的法律地位

这就是说，在相关法律中，应明确设置残疾儿童家庭教育的条款而且包含残疾儿童家庭教育支持的内容，规定对家长或家庭进行哪些支持、如何支持，理由如下。

---

① 刘全礼. 特殊教育学科的应然儿童观——从朴永馨教授的残疾儿童缺陷观谈起 [J]. 现代特殊教育，2017（12）：10-13.

② 刘全礼. 中国特殊教育发展报告（2015年）[M]，北京：中国轻工业出版社，2017：281.

第一，无论是行政主体还是残疾儿童家长，依法进行特殊教育的意识均已觉醒。那么，法律应该成为双方的行为准则，家庭教育及其支持就应该是这些准则的内容之一。仅就家长而言，家长不能仅仅是要求社会政府开展特殊教育活动，自己在家里也要开展，既要享有权利，也要尽义务。而这权利和义务的最可靠证据，便是法律规定。

第二，从特殊教育也是一个有机的系统来看，家庭、学校和社会三者缺一不可。法规不能仅仅规定学校和社会应该怎么做，也应该规定残疾儿童的家庭教育。也只有如此，才能使一些试图遗弃残疾儿童的家长或者对残疾儿童未能尽到教育义务的家长有所忌惮，并可能按照法律规定的权利和义务展开教育行为。

第三，从特殊教育的专业特点来看，家长不接受教育就无法开展自己孩子的特殊教育。例如，不懂得早期干预的重要性，就不会有早期干预的急迫感；不懂得手语和盲文，就不可能和孩子进行学习内容的交流；不知道某些孤独症儿童有感知觉异常的特点，就不会利用、校正这些特点。因此，残疾儿童的家庭教育重要，但家庭教育支持同样重要，家庭教育支持需要有法律地位。唯此，残疾儿童的家长才有可能开展恰当的家庭教育。

第四，目前特殊教育的法律法规体系并没有对残疾儿童的家庭教育和家庭教育支持进行明确的规定。

（二）合作是实现残疾儿童家庭教育法律支持的应然途径

从与残疾儿童教育有关的法律条文看，无论是《中华人民共和国母婴保健法》《中华人民共和国残疾人保障法》，还是《中华人民共和国残疾人教育条例》，实际上都到了残疾儿童家庭教育支持的临门一脚的程度。为此，笔者曾经呼吁，对于和残疾儿童的教育密切相关的特殊教育的专业性极强的专门法或条款而言，合作是做好相关规定的必由之路，这样才能制定出特殊教育的良法。

首先，立法管理部门尤其是全国人大立法委员会，应该多引导残疾儿童教育法律制定的承担者在残疾儿童法规的制定、修订时，多方合作。

其次，几个和残疾儿童及其教育有关的中央部委或管理单位，在修订或制定残疾儿童（教育）的相关法规时应该加强合作，避免各自为战的不良结果出现。例如，笔者团队的成员二十年来一直在关注《中华人民共和国母婴保健法》第二十三条的修订，并由团队成员之一、全国人大代表董彩云在2019年的全国人大会上提出本条款的修订要加强或加入家庭教育的指导问题①。

从目前的行政领域看，国家卫健委、教育部和中国残疾人联合会的工作都和残疾儿童的家庭教育及家庭教育支持有关，在各自主导的相关法律的修订或制定中，三者应该相互沟通和合作，唯此，才能使有关残疾儿童家庭教育和家庭教育支持的法规公平、明确、具体、好用。

最后，修订或制定特殊教育的相关法律法规时，应该吸收多方人员的合理意见，这是重要的合作内容。以残疾儿童的特点为例，懂得特殊教育一般知识的人未见得懂得视力残疾、听力残疾、智力残疾、肢体残疾（包括脑瘫）和孤独症儿童的身心特点的共同点和不同点，更何况没有特殊教育知识的人。因此，在制定有关残疾儿童的家庭教育、家庭教育支持的条款时，除了法律（研制）专家，特殊教育的专业人士，包括懂得各类儿童的身心特点与教育、残疾儿童家长和成年残疾人也是重要甚至是必须的团队成员，只有这样的合作，才能使家庭教育及家庭教育支持的法条具备应有的水准。

（三）残疾儿童家庭教育法律支持的内容路径

根据目前我国与残疾儿童的教育相关的法律体系，我们提出残疾儿童家庭教育支持的内容路径，供各部法规修订或制定时参考。

第一，在《中华人民共和国宪法》和《中华人民共和国民法典》的限定下，在《中华人民共和国残疾人保障法》第二十九条后增加一条，明确：各级人民政府和相关机构与组织，督促残疾儿童的家长在残疾儿童的不同发展阶段积极开展与之相适应的家庭教育，并由当地政府和相应机构为残疾儿童的家长提供从儿童鉴别为残疾就开始的关于残疾儿童的对策、身心特点和特殊教育的态度、知识与技能的支持。

第二，在《中华人民共和国母婴保健法》第二十三条增加一款：对于已经鉴定为残疾或高危的儿童，统一建立相应的档案，并由区（县）政府或相应机构对这些儿童的家长进行医疗干预、养育对策和教育知识与方法的免费与收费、自愿与强制结合的培训，并指导家长进行0~3岁幼儿的家庭教育或训练，具体实施办法由当地政府决定。

第三，在征求意见稿的《中华人民共和国学前教育法（草案）》第二十三条增加一项条款：对学前阶段确诊的残疾儿童，督促家长把残疾孩子送入幼儿园或康复机构的同时，积极开展家庭教育和训练，区（县）政府或相应机构、

---

① 陈鹏. 人大代表董彩云：建议加大对贫困地区学前教育的支持力度［N］. 新京报，2019-03-05（A03）.

组织要对家长进行家庭教育支持，对残疾儿童家长进行相应的学前特殊教育的培训，具体办法可综合《中华人民共和国残疾人保障法》《中华人民共和国母婴保健法》《中华人民共和国残疾人教育条例》《中华人民共和国家庭教育促进法》① 的规定实施。

第四，在《中华人民共和国残疾人教育条例》第八条增加一项条款：残疾儿童的家庭要积极开展残疾儿童的家庭教育，并由区（县）以上政府委托相关组织、机构对残疾儿童的家长进行教育支持，对家长进行基本的培训。把《中华人民共和国残疾人教育条例》第二十三条第二款改为：县（县）级以上政府成立有资质的残疾幼儿鉴定组织并由卫生保健机构、残疾幼儿的学前教育机构、残疾儿童康复机构对残疾幼儿的医学康复和教育干预提供培训，支持家长开展残疾幼儿的家庭教育。在《中华人民共和国残疾人教育条例》第十三条增加一项条款：残疾儿童家长要配合学校，积极进行义务教育阶段及以上年龄的家庭教育，区（县）以上政府要对残疾儿童家长进行教育支持，委托学校或者相应机构对家长开展培训。

第五，在《中华人民共和国家庭教育促进法》第二章增加一条或一款：有残疾儿童的家庭，家长也要积极开展残疾儿童的家庭教育和训练。在《中华人民共和国家庭教育促进法》第三章增加一条或一款：区（县）以上政府要对残疾儿童的家长开展与残疾儿童的发展阶段相适应的家庭教育支持。

第三节　残疾儿童家庭教育支持的实施路径构建

残疾儿童的家庭教育支持不是一个理论问题，而是一个如何操作的实践问题。从实施角度看，制定法律、行政和社会推动、家庭或相关组织与机构具体实施都是实施的必不可少的环节。本研究着重从家庭外构建残疾儿童家庭教育支持的实施路径。

一、家庭教育支持的法律支持的路径构建

所谓家庭教育支持的法律路径构建就是建立残疾儿童家庭教育支持的法律、

---

① 《中华人民共和国家庭教育促进法》已于 2021 年 10 月 23 日第十三届全国人民代表大会常务委员会第三十一次会议通过，并于 2022 年 1 月 1 日起施行。笔者团队在 2020 年底《中华人民共和国学前教育法（草案）》征求意见阶段曾提出建议，尽管本团队的建议并未被采纳，但本书依然希望在未来修订时能够采纳笔者团队的建议。

法规网络，在法律法规层面解决残疾儿童的家庭教育支持要支持什么、怎么支持、支持到什么程度这样的问题。因为本章第二节已经探讨过本问题，本节不再赘述。

这个系统应该始于《中华人民共和国宪法》和《中华人民共和国民法典》，经由《中华人民共和国母婴保健法》《中华人民共和国残疾人保障法》《中华人民共和国残疾人教育条例》《中华人民共和国家庭教育促进法》，终于残疾儿童家庭教育支持的政府、社会支持网络，因内容较多，拟另文论述，本文不再赘述。

二、残疾儿童家庭教育支持的政府支持路径

所谓残疾儿童家庭教育支持的政府支持路径就是行政支持的操作运行模式，是一种政府系统的残疾儿童家庭教育支持网络，这个网络大致上应该由下列部分组成。

（一）构建六级行政支持网络系统

构建六级行政支持网络是政府支持路径的核心要件之一。这个六级网络是指已经存在的由中央、省（直辖市）、市、县（区）、镇（乡）、社区居委会或村委会构成的系统，是与中国的行政网络系统相吻合的系统。

目前，已有三个完备的可用于残疾儿童的家庭教育支持的行政网络。

一是教育系统。从教育部到区（县）教育局或乡镇的教育组、社区居委会和村委会的相关委员，有一套完备的教育管理系统。

二是残疾人联合会系统。目前已经完备了从中国残联到区（县）残联的专设网络，乡镇、社区也有相应的人分管残疾人工作。

三是卫生系统。从国家卫健委到区（县）卫健委网络完备，乡镇、社区居委会没有专设相应的机构，但有相应的人员分管相关内容。

可以这样认为，目前的行政网络是健全的，只是没有把残疾儿童的家庭教育支持纳入相应的行政层级的日常工作而已。只要有相应的法规而且有某种机制，把三个系统统一起来，就能够在不增加行政机构的前提下，有效地开展残疾儿童的家庭教育支持工作。

本研究认为在教育系统或者残疾人联合会系统设置残疾人工作协调办公室，统一协调包括残疾儿童家庭教育支持在内的教育工作是这个机制的内容之一，由这个办公室或者其他部门兼职本工作的人协调实施家庭教育支持的相关工作。

（二）明确各级行政网络的残疾儿童家庭教育支持的责任

中央部委主要是制定有关残疾儿童家庭教育支持的法规、政策，主要是在

相关法规或政策文件中设置家庭教育支持的法条或内容，在法规层次给予残疾儿童的家庭教育支持以明确的规定。

省（直辖市）和市（地级市）主要是负责细化本省或市残疾儿童家庭教育支持的法律政策规定，同时制定本省、市的详细的实施办法，并督促区（县）和社区（村庄）实施。

区（县）负责具体的残疾儿童家庭教育支持的实施工作，包括建立残疾儿童的教育支持信息库、确定高危儿童信息库、举办基本的培训和咨询活动等。

乡镇和社区居委会（村委会）主要是负责监督、督促残疾儿童的家庭——主要是残疾儿童的父母在规定的时空接受教育支持的帮助。

这些责任最后变为三个基本的工作。

1. 数据库建立

数据库建立实际上是一个系统的过程，但它始于儿童出生，终于教育活动结束。在这个阶段，尤其是学前到接受义务教育这个时段，对残疾儿童或疑似残疾儿童进行数据库建设，即档案建设最为关键和重要。实际上，目前全国多数地区在进行本工作，只是未纳入统一的数据库建设而已。

这个工作是和孕妇的孕期检查、新生儿的出生筛查与儿童疾病的检查、治疗密切相关的。因此，应该规定并由卫健委系统责成各级医院从孕妇的孕期检查开始，把高危儿或残疾儿童纳入统一的数据库。对于原发性的发展障碍儿童，如智力残疾儿童、孤独症儿童等没法通过传统医学治疗的儿童，则由教育部门设立的残疾（特殊）儿童鉴定委员会或工作委员会的特殊教育专家、心理学专家会同医学专家给出入库信息。

至于数据库用什么格式，可以由教育部或教育部会同卫健委、中国残联聘请专家共同研究，内容包括残疾儿童姓名、性别、出生日期、检查或确定日期、残疾类别或疑似类别、残疾程度、早期干预对策建议、义务教育安置建议等。在目前的信息技术手段下，只要给出统一且科学合理的格式，并能及时填报，全国即可及时掌握某个时间点的全体入库残疾儿童的概况和基本情况。

2. 实施包括早期教育在内的早期干预

对于从孕期就怀疑残疾的儿童和出生后确定残疾的儿童或疑似残疾的儿童，不仅要及时纳入数据库，更重要的是要对这些儿童进行早期干预。这里有三个基本的干预类型。

一是对需要治疗的儿童进行医学干预。这主要包括耳病治疗、眼病治疗等基本疾病的治疗，听力残疾儿童的助听器验配和电子耳蜗填埋等，这些干预由各级医院负责。

二是对智力残疾、孤独症、脑瘫（肢体残疾）三类儿童进行早期教育干预，对视力残疾儿童进行包括方向辨别和定向行走在内的早期教育干预，对听力残疾儿童进行包括听力言语训练在内的早期教育干预，这些干预由家庭和学校（幼儿园）共同负责。

三是对其他特殊类型的儿童进行除教育干预、医学干预之外的其他干预，如对苯丙酮尿症儿童进行食物干预等，这些干预主要由家庭负责。

在早期干预中，教育干预是所有儿童必须重点进行的；医学干预仅仅是对某些听力残疾儿童、肢体残疾儿童进行的。

无论是医学干预还是教育干预，抑或是食物干预，均需要事先提供准确的干预咨询，这便是教育支持的咨询内容。

各级行政尤其是乡镇、社区、村委会，应督促残疾儿童家庭完成这些干预。

3. 实施家庭教育支持

政府提供的家庭教育支持分为两个基本阶段。

一是发现儿童是残疾时，就要提供给父母免费的关于残疾儿童的身心特点、教育特点等的基本的态度、知识和教育能力的支持咨询或课程，在社区、医院或者学校完成。

二是与学校教育配合的家庭教育支持，这主要是从儿童入学（包括进入幼儿园或早期干预机构）到儿童离开学校的整个教育阶段的家庭教育支持，包括对残疾儿童毕业后的成人生活指导，政府可以直接提供（包括购买服务）、委托学校进行或者家长自由选择付费的社会机构的服务。

（三）构建自愿与强制相结合的家庭教育支持的互动系统

无论是建立残疾儿童的数据库，还是对之开展早期干预与家庭教育支持，均需要政府构建自愿与强制相结合的家庭教育支持的互动系统。

为每一个残疾儿童建立数据库、开展早期干预是强制的。数据库的建立是政府行为，也是每个残疾儿童家长的责任；开展早期干预尤其是早期教育干预也带有强制性质，目前的听障儿童电子耳蜗填埋是免费的，各类残疾儿童的早期补贴教育（训练）是由市、县（区）级残联认定并在指定单位实施的，义务教育也是免费实施的。

因此，自残疾儿童确诊开始，就应该给予所有残疾儿童的父母免费的、强制的家庭教育支持，即不低于32课时的课程或讲座，概括地讲清楚相应类别儿童的身心特点和对策，包括政府的相关规定、如何寻求政府支持，以免父母出现错误对策。

在这些强制的教育支持的要求之外，还可以提供包括上门教育训练在内的自愿选择的家庭教育支持项目，这类项目是基本的家庭教育支持之外的付费项目，可以是网络服务，也可以是线下面对面服务；可以是电子媒介，也可以是传统的纸媒；可以是教给家长如何教育的服务，也可以是直接为孩子服务。香港各服务行政单位如社会福利署为广大新生儿家庭提供的线下服务就具有很好的示范作用。他们往往是事先公布下一年度该署要提供的服务是什么、有什么特色、接受该服务的资格，以及接受服务的具体办法等。例如，2019 年 11 月下旬，他们推出为期两年的"为祖父母而设的幼儿照顾训练课程计划"。①

三、家庭教育支持的社会支持路径

残疾儿童家庭教育支持的社会支持路径是指通过社会或者市场为接受过公共的基本教育支持的残疾儿童父母提供的进一步满足其需求的途径与方法。

（一）构建完备的家庭教育社会支持网络的条件基本具备

实际上，在政府没有出台系统的残疾儿童家庭教育支持的相关规定和措施之前，社会支持的实践已经在进行，只是有些支持的目的或水平不能令人满意而已。目前已经初步具备了建立社会支持网络的条件。

1. 已经具备了基本的可以提供家庭教育支持的专业机构

目前全国已经有 100 所左右的大学开办了本、专科特殊教育专业（教育康复专业）或研究生教育专业②，如果把特殊教育师资培训中心、全国 2244 所特殊教育学校（2020 年全国已有 2244 所特殊教育学校、60000 多名特殊教育学校的教师）和残联系统的康复中心中的教育部分也计算在内，那么各省、区、市几乎地市级以上的城市、发达地区县或区级以上行政区域内都至少有一所与特殊教育有关的机构，这些机构为残疾儿童的家庭教育支持提供了基本的机构网络。

2. 已经具备了基本的提供家庭教育支持的人员条件

全国大学的特殊教育专业和各级特殊教育的研究、教研系统有超过 600 人的研究、教学人员队伍（按照特殊教育专业每个专业有 6 个专业教师计算），这些人员稍加培训即可承担残疾儿童家庭教育支持的工作。全国有超过 6 万的特殊教育学校的教师，其中的一部分和医疗系统的一些专业人士经过培训也能承

---

① 本书第一章第三节已做详细说明，此处不再赘述。

② 刘全礼. 中国特殊教育发展报告（2015 年）［M］，北京：中国轻工业出版社，2017：379.

担残疾儿童家庭教育支持的工作。这说明目前也基本具备了家庭教育支持的人员条件。

3. 家庭教育支持的社会实践已经在开展

已经开始的残疾儿童家庭教育支持的社会实践主要有下列四个方面。

一是特殊教育学校或者残联系统的康复机构，已经自发地开始对残疾儿童的家庭进行家庭教育的指导，并主要通过讲座、家长会等形式举行。

二是一些地区已经出现了包括直接服务于残疾儿童的家庭教师服务，这些服务既有学前阶段的家教，又有义务教育阶段的家教。

三是已经出版了一些关于特殊教育和残疾儿童家庭教育的书籍，也有个别的网站或者公众号提供一些特殊教育的信息。

四是一些机构，包括公司开始为残疾儿童的家庭提供相关的培训。

当然，这些实践还是零散的、不系统的，更没有从残疾儿童确诊开始，有些服务是以盈利为目的的，相应的指导也不一定正确。广大残疾儿童的父母需要从确诊开始的如何对待残疾儿童的系统的态度、知识和能力的教育。

（二）健全和完备残疾儿童家庭教育社会支持的网络系统

这里有三个基本的内容。

一是相关的法规政策建设如前述，不再赘述。

二是强化残疾儿童家庭教育支持的社会支持主体的资质，其中最主要的是强化支持专家尤其是为残疾儿童的家长进行咨询或讲授教育内容的专家的资质以及相关书籍、视频的正确性，以免以讹传讹或者为家长提供不正确的信息。

三是强化残疾儿童家庭教育支持的社会支持的手段与方法的多元化，不仅鼓励公立机构如特殊教育学校、大学、康复中心等为残疾儿童家长提供教育支持服务，也要鼓励有资质的民办非企业单位、商业机构提供服务；不仅要有面对面的线下培训形式的支持，也要有通过自学或者线上形式的学习支持；不仅要有纸质版的书籍形式的支持媒介，也要有包括各种新媒介形式如网络、微信APP形式的支持媒介；等等。

（三）健全监督网络

这里的监督特指评价或者给出为残疾儿童的父母提供家庭教育支持的行为，包括书籍、视频和支持人员的言行——是否正确恰当，并由此采取进一步行动的过程。尽管目前市场上出现了一些书籍或视频，也有相当的机构或者个体为残疾儿童家长提供家庭教育的指导，但因为缺乏监督，这些服务良莠不齐，而且有的为了利润刻意扭曲特殊教育的本意，传达不当乃至错误的信息、理念和做法，歪曲了特殊教育事业，加重了包括家长心理负担在内的各种负担，降低了特殊教育效果。因此，应该在提倡社会支持的同时，加强社会支持的监督工作。

当然，政府支持网络也存在监督问题，但因为大学也好，特殊教育学校或康复机构也罢，从业者都具有一定的专业基础，加之各主管部门也会对之进行评价，所以问题不突出。但社会网络提供的家庭教育支持需要从下述四个方面进行监督。

一是各网络平台或者出版机构，应加强关于特殊教育的出版物或视频的学术监督，以免存在错误或误导他人。这主要靠平台、机构自律或自己的学术素养解决。

二是加强从事相关服务的民办非企业单位或机构的审批和管理，主要是在审查阶段看是否具备相应资质，同时加强对这些机构的日常运营管理。

三是各主管部门如教育部出台非义务教育阶段校外培训审查相关残疾儿童家庭教育支持的文件①，以便社会支持机构遵循执行。

四是教育部门或者残联部门聘请第三方，邀请具有公信力和相应专业水平的专家，评价社会支持的活动或机构，对于不具备资质或水平不够的，要撤销支持活动或进行岗位资格培训，合格后再开展活动。

第四节 残疾儿童家庭教育支持的内容构建

根据本书第二章到第七章中我们对全国 37 所②特殊教育学校在学的 5000 多名残疾儿童家长和 600 多名班主任的调查，发现大多数父母需要家庭教育支持，40%的父母有过特殊教育的指导，但指导不能满足家长的需要。

从对家长的调查结果看，他们最需要关于如何正确对待残疾儿童的知识、残疾儿童身心特点的知识、教育工具的知识、教育特点的知识、提高对孩子的期望等；从对班主任的调查看，家长们除需要这些知识外，还需要教育方法的知识。因此，残疾儿童家庭教育支持的内容构建应该围绕这些需要展开。

---

① 教育部办公厅．教育部办公厅关于进一步明确义务教育阶段校外培训学科类和非学科类范围的通知（教监管厅函〔2021〕3 号）［EB/OL］．中华人民共和国教育部，2021-07-30．

② 在致谢中出现了 41 所特殊教育学校，但其中 4 所是备用学校。

一、残疾儿童家庭教育支持的内容取决于残疾儿童的发展阶段

给家长哪种内容的教育支持，取决于残疾儿童家庭教育的需求；而残疾儿童家庭教育的需求又取决于儿童发展的需求。纵观人的一生，残疾儿童和普通儿童一样，也经历三个阶段，即学前、学龄和成年阶段。但考虑到一些残疾儿童并非先天的、原发的残疾，而是获得的、后天的残疾，这样就不能把残疾儿童的发展阶段仅仅理解为自然的三个阶段，而应该和残疾的发展阶段以及各个阶段的教育特点联系起来。为此，本文以普通儿童的发展为线索，结合家庭教育的需求把残疾儿童的发展大致分为三个时期。

（一）残疾儿童确诊时的早期干预期

这个时期主要是指儿童确诊为残疾或疑似残疾的前后，既包括孕期和产程期已确诊的残疾和疑似残疾，也包括学前期确诊的各种残疾，还包括小部分学龄期才确诊的残疾，尤其是轻度残疾。也就是说，这个"早期干预期"并非专指进入小学前阶段，而是指儿童确诊为残疾的前后这段时间。

大部分听力残疾、视力残疾、孤独症、中重度以上的智力残疾和肢体残疾尤其是原发的脑瘫，都会在学前期确诊。但是部分轻度智力残疾可能在学龄期才发现，后天的获得性原因导致的肢体残疾、视力残疾、听力残疾也可能发生在各个阶段。

根据我们对5000多名残疾儿童家长的调查，从家庭教育支持的视角看，有五大问题是最为重要的。

一是残疾儿童父母心态或压力的调整。如前所述，孩子确诊为残疾往往是不被家长接受的，随之会有极大的压力。心理支持是这个阶段家长亟须的教育支持内容。

二是国家关于残疾儿童的相关政策法规的求助。一些家长并不知道国家关于残疾儿童的相关的政策和措施，更不懂如何寻求帮助。

三是对孩子的医学治疗或干预对策的指导。有的残疾儿童是可以进行医学干预的，如听障儿童的电子耳蜗填埋等，但对于大部分类别的残疾儿童即使是在早期干预期，传统临床医学仍然无能为力，这需要告诉家长。

四是教育对策、知识和方法的指导。这应该是早期干预最主要的内容，无论是听障儿童的言语训练，还是视障儿童的方向辨别和定向行走，抑或是肢体障碍儿童的功能重建，只有教育才是出路，这需要告诉家长。

五是残疾儿童的身心特点知识的给予。这是最基本的也是最重要的教育支持的内容，更是家长一切教育活动或对策的基础。

（二）儿童症状和家长情绪稳定的学龄期

这个时期就是指家长接受现实或者儿童没法接受医学干预后，孩子进入学校或者机构开始学习或训练的阶段。这个阶段一直持续到儿童接受完义务教育或高中、大学教育。

根据我们对 600 多名班主任和 5000 多名家长的调查，这个阶段家长最需要的教育支持就是如何配合好学校的工作。

（三）儿童成人期

这个阶段是指儿童接受完基础教育或者大学毕业后的时期。此时家长需要的是残疾儿童的一系列成人教育的指导，以此了解他的孩子能否独立生活、能否工作、能否结婚生孩子等。

例如，获得原因导致的中重度以上的智力残疾儿童是完全可以结婚生孩子的，因为其遗传基因是常态的，其后代的智力自然也是常态的，并非一定是智力落后。这些类似的内容，是残疾儿童的家长所关心的。

二、残疾儿童家庭教育支持的内容路径

根据前述三个阶段的划分，实际上残疾儿童家庭教育支持的内容可以分成七大部分。

（一）心理支持

残疾儿童确诊后，政府给予各种支持尤其是包含家庭教育支持在内的教育支持本身，就对家长有强大的心理支持的价值。此外，还应该专门针对家长的无奈、无望、无助、彷徨、紧张等不良心理体验进行专门的指导、疏通和矫正。心理支持既是家长正确对待残疾儿童的坚强后盾，也是家庭教育支持的基础。

（二）政策支持与帮助寻求

从《中华人民共和国宪法》到《中华人民共和国残疾人保障法》《中华人民共和国义务教育法》，国家有若干关于残疾人事业的法律、法规和政策，孩子确诊为残疾后，家长应该了解这些规定，并学会寻求必要的帮助，这是残疾儿童家庭教育支持的重要内容。这些支持会使家长体会到自己的权利——这是国家支持的心理价值之一，既有获得帮助的权利，也有履行自己应尽的义务，如让孩子进入义务教育学校读书的义务。

（三）医学对策指导

对于感官损伤类型的残疾儿童，尤其是后天获得原因导致的感官损伤型的

残疾儿童，早期治疗或医学干预有助于保留感官的残存能力，但是对于大部分残疾儿童而言，一旦症状确定，最好的对策还是教育而非医学的传统治疗。因此，本内容就是分门别类地针对不同类型的残疾给予有针对性的是否可以采取医学措施的指导。应医就医，但避免不必要的医学治疗。

（四）教育指导

本内容是残疾儿童家庭教育支持的重要内容。它实际上分为三个基本的序列。

一是关于特殊教育和特殊儿童的态度的内容，如家庭或家长不能因为孩子残疾就过分溺爱孩子，也不能因为残疾就在心理、行动上遗弃孩子，而应该和普通儿童一样努力养育他们。

二是关于特殊教育的知识，如基本的手语知识、盲文知识等。

三是关于特殊教育能力的内容，包括控制看到脑瘫或者肢体残疾的孩子艰难地吃饭就要帮他的冲动、使用行为改变技术矫正智力残疾儿童的自伤行为等。

（五）残疾儿童身心特点的知识

给予残疾儿童的家长正确、全面的残疾儿童身心特点的知识是家庭教育支持的必须，也是家长开展正确的家庭教育、建立正确的残疾儿童观的基础。例如，视力障碍儿童不一定一点也看不见，也不一定只能从事按摩工作；智力残疾儿童也可能独立生活等。

当然，给予家长残疾儿童身心特点的知识时，必须告诉家长这些特点的意义，包括利用它们教育孩子等。

（六）家校配合的指导

家校配合从孩子开展早期的机能训练开始，直到大学，都是家长的重要功课。但是一些家长需要在如何与学校配合、配合什么、家长的责任是什么、家校矛盾的处理、沟通的技巧等方面接受指导。

（七）孩子的成人生活指导

家庭教育支持还要适时给予家长关于儿童成人后的一些重要的生活内容的指导，包括青春期开始的性行为处理，未来是否独立生活、工作，以及是否婚恋、生育的指导等。

三、残疾儿童家庭教育支持的内容匹配

残疾儿童的家庭教育支持是一个长期的过程，不可能一蹴而就，这就需要根据各种因素匹配指导的内容。此时，有下列三点较为关键。

（一）内容匹配与儿童的成长期配合

如前所述，家庭教育支持的指导内容要和残疾儿童的发展阶段密切联系，不同的阶段重点不同。例如，在确诊前后主要是对父母开展心理支持、医疗对策的指导等，而在视力障碍学生参加普通高考的高中阶段需要给予当地教育考试院应提供盲文试卷的政策支持的咨询等，因前文已经涉及，此处不再赘述。

（二）分门别类的教育和个别指导相结合

毫无疑问，在为残疾儿童的家长提供教育支持时，会有一些关于残疾人法律、政策等的公共指导的内容，但总体而言，残疾儿童的家庭教育支持带有明显的极大的个别差异特点。视力残疾、听力残疾和智力残疾儿童的身心特点差异很大，即使是同一类别的儿童，如视力残疾中的全盲和低视力差别也很大，这就要求对不同类别的儿童的家长进行共同的指导和支持，也要就同一类别的不同残疾程度的儿童的家长进行个别指导，把集体支持和个别辅导结合起来。

（三）使用多种手段匹配指导内容

在具体呈现指导内容或指导时，则需要多种手段并用。根据我们的大样本调查，残疾儿童的家长对面对面的指导以及专业人员到家教育孩子有很高的期望，但面对面指导、来家里教育孩子取决于一系列的条件，对大多数家长而言，在基本的必须的面对面的指导完成后，更多的指导是通过纸质媒介、网媒（现代信息技术手段）、线上和线下结合等多种方式完成的，唯此才符合家庭教育指导的实际。

四、家庭教育支持的内容举例

按照前述的研究成果，家庭教育支持的内容是一个有机的系统，本团队已经另有呈现方式来呈现完整的残疾儿童家庭教育支持的内容，本节仅仅是从展示完整轮廓的角度举例这些内容。

（一）残疾儿童家庭教育支持的公共内容

这类内容是各类残疾儿童家庭教育支持中都要给予的内容，主要包括两大类内容。

一是有关残疾儿童的法律法规政策，如《中华人民共和国宪法》第四十五条、《中华人民共和国母婴保健法》的新生儿筛查的规定等，使家长知道该如何寻求、去哪里寻求法律法规政策的支持，包括生活、教育和各种经济支援的规定等。

二是缓解残疾儿童家庭的心理压力、调整残疾儿童父母的对策心态、增强残疾儿童父母的生活信心等内容。如本研究团队针对残疾儿童的家长拍摄的电视片《在爱与碍之间前行》①。

（二）针对各类残疾②儿童的家庭支持的内容

1. 视力障碍儿童家庭教育支持的基本内容

主要是视力障碍与视力障碍的特点与教育的知识和方法，如视觉、眼病与视力损伤、我国关于视力障碍（视力残疾）的规定、视力障碍与视觉能力、盲文、方向辨别与定向行走、视力障碍儿童的智力、视力障碍儿童的认知特点、视力障碍者的工作类型、视力障碍人士的婚姻，等等。

2. 听力障碍儿童家庭教育支持的基本内容

主要是听力障碍与听力障碍的特点与教育的知识和方法，如听觉、耳病与听力损伤、我国关于听力障碍（听力残疾）的规定、听力障碍与听觉能力、手语、听能（力）言语训练、听力障碍儿童的智力、听力障碍儿童的认知特点、听力障碍者的工作类型、听力障碍人士的婚姻，等等。

3. 智力障碍儿童家庭教育支持的基本内容

主要是智力障碍与智力障碍的特点与教育的知识和方法，如智力、疾病与智力损伤、我国关于智力障碍（智力残疾）的规定、家庭养育与儿童的智力发展、智力障碍能否治疗、智力障碍是精神疾病吗、智力障碍会遗传吗、智力障碍儿童的认知特点、智力障碍者的工作能力、智力障碍人士的婚姻，等等。

4. 孤独症儿童家庭教育支持的基本内容

主要是孤独症与孤独症的特点与教育的知识和方法，如孤独症的定义、孤独症的类型、孤独症是遗传的吗、孤独症儿童的认知特点、孤独症儿童言语训练、孤独症儿童的交往教育、孤独症儿童的智力、孤独症者的工作类型、孤独症人士的婚姻，等等。

5. 脑瘫儿童家庭教育支持的基本内容

主要是脑瘫与脑瘫的特点与教育的知识和方法，如脑、脑病与脑损伤、我国关于脑瘫（肢体残疾）的规定、脑瘫与言语能力、脑瘫与感知能力、脑瘫儿童的动作康复、脑瘫儿童的言语训练、脑瘫儿童的智力、脑瘫者的工作类型、脑瘫人士的婚姻，等等。

---

① 刘全礼. 特教档案Ⅱ［DK］. 北京青少年音像出版有限公司，2020.
② 因中国的法律中多用残疾术语，但学界多用障碍，故下面多用障碍。

附录一

家庭教育支持需求问卷

家长您好：

为了更好地为国家制定政策提供依据，也是为了更好地教育孩子，我们想了解您在教育孩子上有什么需求，希望您能真实地回答下面的所有问题。如果您不方便自己填写，请让孩子的班主任或者您身边的人替您读每一个题目，讲给您听，然后让他替您在您认同的选项上画钩。每一项都要填写，不要落下。请注意，没有特别说明的，每个问题只选一个最接近您情况的结论。

真诚感谢您的配合。如果您有进一步的想法，请直接联系课题组，专用邮箱：xuehuiketi@126. com

全国儿童家庭教育支持的机制研究课题组

2019 年 12 月

1. 您的孩子在下面的哪个机构或学校

（1）齐齐哈尔市培智学校 　　（2）赤峰市民族特殊教育学校

（3）新疆阿克苏地区启明学校 　（4）昌吉州特殊教育学校

（5）新疆伊犁盲人培智学校 　　（6）长春市特殊教育学校

（7）北京市平谷区特殊教育中心 （8）北京东城区培智中心学校

（9）北京市东城区特殊教育学校 （10）北京市盲人学校

（11）河北保定市特殊教育中心 　（12）秦皇岛市特殊教育学校

（13）河北邢台临西县特殊教育学校 （14）山东济南特殊教育中心

（15）山东淄博市特殊教育中心 　（16）青岛市盲人学校

（17）南京市聋人学校 　　　　　（18）江苏省高邮市荷花塘特殊教育学校

（19）上海市盲童学校 　　　　　（20）宁波达敏学校

（21）泉州鲤城区开智学校 　　　（22）郑州盲哑学校

（23）河南郑州市二七区辅读学校 （24）武汉市江岸区辅读学校

（25）宜昌市特殊教育学校　　　　　（26）湖南株洲市特殊教育中心

（27）湖南长沙市培智特殊教育学校　（28）湖南省郴州市特殊教育中心
　　　　　　　　　　　　　　　　　　　　　　　学校

（29）湖南省张家界市桑植县启智学校（30）湖南嘉禾县特殊教育学校

（31）广州市盲童学校　　　　　　　（32）广州市启聪学校

（33）广州市天河区启慧学校　　　　（34）佛山市启聪学校

（35）佛山康复实验学校　　　　　　（36）东莞市特殊幼儿中心

（37）云南昆明市五华区新萌学校　　（38）云南昭通市特殊教育学校

（39）成都市温江区特殊教育学校　　（40）北京安华学校

（41）上海董李凤美学校

2. 您在这个特殊机构的孩子叫什么（如果是两个以上在这个机构，就都写上＿＿＿＿＿＿＿＿＿＿）

3. 您在这个机构的孩子是

（1）男孩　　（2）女孩（超过一个以上时，请注明是几个男孩、女孩＿＿＿）

4. 您的孩子今年几周岁？请写下来（＿＿＿＿岁）

5. 您的孩子是：

（1）视力障碍　　（2）听力障碍　　（3）智力障碍　　（4）孤独症

（5）肢体障碍（或脑瘫）　　（6）其他（请注明是什么类型＿＿＿＿＿）

6. 您的孩子有残疾证吗？

（1）有　　（2）没有

7. 您的孩子是几级残疾？

（1）一级　　（2）二级　　（3）三级　　（4）四级　　（5）不知道

8. 您是孩子的：

（1）父亲　　（2）母亲　　（3）爷爷　　（4）奶奶　　（5）外公

（6）外婆　　（7）其他（注明是什么关系＿＿＿＿＿＿）

9. 您现在的年龄是多少周岁？请写下来（＿＿＿岁）

10. 您是什么学历？

（1）小学或以下　　（2）初中　　（3）高中或中专　　（4）专科

（5）本科及以上

11. 您2019年自己全年的收入大约多少？请写下来（＿＿＿＿＿＿元）

12. 您的孩子上机构或上学以前，有人告诉过您孩子该怎么教育吗？

（1）有　　（2）没有　　（3）不记得了

13. 您的孩子上机构以前，去医院治疗过吗？

（1）治疗过　　（2）没有　　（3）不记得了

14. 现在回想起来，您知道孩子有问题时，当时最应该做的事儿是什么？

（1）医学或医院治疗　　（2）教育　　（3）治疗加教育　　（4）说不好

15. 现在回想起来，从您的孩子出生到知道孩子有问题时，是否需要有人告诉您孩子该怎么办？

（1）是　　（2）不是　　（3）忘记了

16. 孩子出生后，在您的孩子上学或者去机构前，您需要有人帮您教育孩子吗？

（1）需要　　（2）不需要　　（3）说不好

请注意本题如果选择"（2）不需要" 或者"（3）说不好" 就跳过第17题直接回答第18题。

17. 如果当时您需要有人帮您，您是希望：

（1）有人告诉我怎么做就够了　　（2）有人定期来家里直接教孩子

（3）有人告诉我怎么做并同时来家里帮我教育孩子　　（4）说不好

18. 您的孩子上学时是：

（1）住在学校（机构），一周或一周以上回家一次　　（2）天天回家

（3）其他

19. 您现在还需要他人帮助您教育孩子吗？

（1）需要　　（2）不需要　　（3）说不好

如果您选择"（1）需要"，继续第20、21题的回答，选择"（2）不需要"或"（3）说不好"时，不需要回答第20、21题。

20. 如果您现在还需要帮助教育孩子，最需要的是：

（1）有人告诉我怎么做就够了　　（2）有人定期来家里直接教孩子

（3）有人告诉我怎么做并同时来家里帮我教育孩子　　（4）说不好

如果您选择了本题的（1），请继续回答第21题；如果选择本题的其他选项，不回答第21题。

21. 如果您现在需要有人告诉您怎么教育孩子，您最希望用哪种方式：

（1）面对面地教我　　（2）通过阅读书籍、杂志学习　　（3）通过手机、电视、网络学习　　（4）通过面对面地教我，通过阅读书籍、杂志学习，通过手机、电视、网络学习三种途径　　（5）说不好

请注意，以下问题是按照孩子的类别回答的。

如果您的孩子是视力障碍者，请接着回答第 22 题；是听力障碍者，回答第 23 题；是智力障碍者，回答第 24 题；是孤独症者，回答第 25 题；是肢体障碍（脑瘫）者，回答第 26 题；是其他类别，回答第 27 题。

22. 视力障碍儿童家长回答：

（1）我觉得视力障碍孩子一点东西也看不见。

　　①对　　　　　　②不对　　　　　③不知道

（2）我觉得视力障碍的孩子有盲像是正常的。

　　①是　　　　　　②不是　　　　　③不知道

（3）视力障碍的孩子完全能自己做饭、刷碗、洗衣服。

　　①对　　　　　　②不对　　　　　③不知道

（4）视障孩子完全可以自己户外活动、行走。

　　①是　　　　　　②不是　　　　　③不知道

（5）视力障碍的孩子将来可以从事推拿、按摩以外的大多数工作。

　　① 同意　　　　　②不同意　　　　③说不好

（6）我觉得孩子都看不见（看不清）了，所以平时他想怎么着就怎么着，我由着他。

　　①是　　　　　　②不是　　　　　③说不好

（7）我们夫妻（或整个家庭）在教育视障孩子上的意见是一致的。

　　①是　　　　　　②不是　　　　　③不知道

（8）我懂盲文。

　　①是　　　　　　②不是　　　　　③不知道

（9）我教育视障孩子时用表扬的方法。

　　①经常用　　　　②偶尔用　　　　③没用过

（10）我教育视障孩子时用鼓励的方法。

　　①经常用　　　　②偶尔用　　　　③没用过

（11）我教育视障孩子时用批评的方法。

　　①经常用　　　　②偶尔用　　　　③没用过

（12）我教育视障孩子时用骂人的方法。

　　①经常用　　　　②偶尔用　　　　③没用过

（13）我教育视障孩子时用打人的方法。

　　①经常用　　　　②偶尔用　　　　③没用过

23. 听力障碍儿童家长回答：

（1）我觉得听力障碍的孩子一点声音也听不见。

　　①是　　　　　　②不是　　　　　③不知道

（2）我觉得听力障碍的孩子说话有问题是正常的。

　　①是　　　　　　②不是　　　　　③不知道

（3）我觉得听力障碍的孩子完全能和普通孩子一起玩耍。

　　①对　　　　　　②不对　　　　　③不知道

（4）听障孩子完全可以学会说话。

　　①是　　　　　　②不是　　　　　③不知道

（5）听力障碍的孩子将来可以从事多种工作。

　　①同意　　　　　②不同意　　　　③不知道

（6）我觉得孩子听不到（听不清）声音，所以平时他想怎么着就怎么着，我由着他。

　　①是　　　　　　②不是　　　　　③说不好

（7）我们夫妻（或整个家庭）在教育听障孩子上的意见是一致的。

　　①是　　　　　　②不是　　　　　③不知道

（8）我懂手语。

　　①是　　　　　　②不是　　　　　③说不好

（9）我教育听障孩子时用表扬的方法。

　　①经常用　　　②偶尔用　　　③没用过

（10）我教育听障孩子时用鼓励的方法。

　　①经常用　　　②偶尔用　　　③没用过

（11）我教育听障孩子时用批评的方法。

　　①经常用　　　②偶尔用　　　③没用过

（12）我教育听障孩子时用骂人的方法。

　　①经常用　　　②偶尔用　　　③没用过

（13）我教育听障孩子时用打人的方法。

　　①经常用　　　②偶尔用　　　③没用过

24. 智力障碍儿童家长回答：

（1）我觉得智力障碍的孩子行为上有问题是正常的。

　　①对　　　　　　②不对　　　　　③不知道

（2）我觉得智力障碍的孩子说话有问题是正常的。

　　①是　　　　　　②不是　　　　　③不知道

（3）我觉得智力障碍的孩子动作能力差是正常的。

  ①对   ②不对   ③不知道

（4）智力障碍孩子成年后完全可以独立生活。

  ①是   ②不是   ③不知道

（5）智力障碍的孩子将来可以工作。

  ①同意   ②不同意   ③不知道

（6）我觉得孩子是智力障碍，所以平时他想怎么着就怎么着，我由着他。

  ①是   ②不是   ③说不好

（7）我们夫妻（或整个家庭）在教育智力障碍孩子上的意见是一致的。

  ①是   ②不是   ③不知道

（8）我曾经一遍一遍地教智力障碍的孩子写字。

  ①是   ②不是   ③说不好

（9）我教育智力障碍孩子时用表扬的方法。

  ①经常用   ②偶尔用   ③没用过

（10）我教育智力障碍孩子时用鼓励的方法。

  ①经常用   ②偶尔用   ③没用过

（11）我教育智力障碍孩子时用批评的方法。

  ①经常用   ②偶尔用   ③没用过

（12）我教育智力障碍孩子时用骂人的方法。

  ①经常用   ②偶尔用   ③没用过

（13）我教育智力障碍孩子时用打人的方法。

  ①经常用   ②偶尔用   ③没用过

25. 孤独症儿童家长回答：

（1）我觉得孤独症的孩子行为上有问题是正常的。

  ①对   ②不对   ③不知道

（2）我觉得孤独症的孩子说话有问题是正常的。

  ①是   ②不是   ③不知道

（3）我觉得孤独症的孩子交往能力差是正常的。

  ①对   ②不对   ③不知道

（4）孤独症孩子成年后完全可以独立生活。

  ①是   ②不是   ③不知道

（5）孤独症的孩子将来可以工作。

  ①同意   ②不同意   ③不知道

（6）孤独症的孩子智力没有问题。

  ① 同意 ②不同意 ③说不好

（7）我觉得孩子是孤独症，所以平时他想怎么着就怎么着，我由着他。

  ①是 ②不是 ③说不好

（8）我们夫妻（或整个家庭）在教育孤独症孩子上的意见是一致的。

  ①是 ②不是 ③不知道

（9）我曾经一遍一遍地教孤独症的孩子写字。

  ①是 ②不是 ③说不好

（10）我教育孤独症孩子时用表扬的方法。

  ①经常用 ②偶尔用 ③没用过

（11）我教育孤独症孩子时用鼓励的方法。

  ①经常用 ②偶尔用 ③没用过

（12）我教育孤独症孩子时用批评的方法。

  ①经常用 ②偶尔用 ③没用过

（13）我教育孤独症孩子时用骂人的方法。

  ①经常用 ②偶尔用 ③没用过

（14）我教育孤独症孩子时用打人的方法。

  ①经常用 ②偶尔用 ③没用过

26. 肢体障碍（脑瘫）儿童家长回答：

（1）我觉得肢体障碍（脑瘫）的孩子动作有问题是正常的。

  ①对 ②不对 ③不知道

（2）我觉得肢体障碍（脑瘫）的孩子说话有问题是正常的。

  ①是 ②不是 ③不知道

（3）我觉得肢体障碍（脑瘫）的孩子智力也有问题。

  ①对 ②不对 ③不知道

（4）肢体障碍（脑瘫）的孩子完全可以独立生活。

  ①是 ②不是 ③不知道

（5）肢体障碍（脑瘫）的孩子将来可以工作。

  ① 同意 ②不同意 ③不知道

（6）孩子是肢体障碍（脑瘫），所以平时他想怎么着就怎么着，我由着他。

  ①是 ②不是 ③说不好

（7）我们夫妻（或家人）在教育肢体障碍（脑瘫）孩子上的意见是一致的。

①是 　　　　②不是 　　　　③不知道

（8）我曾经坚持训练孩子的各种动作。

①是 　　　　②没有 　　　　③说不好

（9）我曾经一遍一遍地教肢体障碍（脑瘫）的孩子写字。

①是 　　　　②不是 　　　　③说不好

（10）我教育肢体障碍（脑瘫）孩子时表扬的方法。

①经常用 　　　②偶尔用 　　　③没用过

（11）我教育肢体障碍（脑瘫）孩子时用鼓励的方法。

①经常用 　　　②偶尔用 　　　③没用过

（12）我教育肢体障碍（脑瘫）孩子时用批评的方法。

①经常用 　　　②偶尔用 　　　③没用过

（13）我教育肢体障碍（脑瘫）孩子时用骂人的方法。

①经常用 　　　②偶尔用 　　　③没用过

（14）我教育肢体障碍（脑瘫）孩子时打人的方法。

①经常用 　　　②偶尔用 　　　③没用过

27. 其他障碍儿童家长回答：

（1）孩子平时，他想怎么着就怎么着，我由着他。

①是 　　　　②不是 　　　　③说不好

（2）我们家人在教育上的意见是一致的。

①是 　　　　②不是 　　　　③不知道

（3）我教育孩子时用表扬的方法。

①经常用 　　　②偶尔用 　　　③没用过

（4）我教育孩子时用鼓励的方法。

①经常用 　　　②偶尔用 　　　③没用过

（5）我教育孩子时用批评的方法。

①经常用 　　　②偶尔用 　　　③没用过

（6）我教育孩子时用骂人的方法。

①经常用 　　　②偶尔用 　　　③没用过

（7）我教育孩子时用打人的方法。

①经常用 　　　②偶尔用 　　　③没用过

再一次真诚地感谢您为我国残疾人事业的发展做出的贡献。

附录二

家庭教育需求问卷（班主任问卷）

老师您好：

为了更好地为国家制定政策提供依据，也是为了更好地教育孩子，有效地开展家校合作，希望您能真实地回答下面的所有问题。请每一项都要填写，不要落下。请注意，没有特别说明的，每个问题只选一个最接近您情况的结论。

真诚感谢您的配合。如果您有进一步的想法，请直接联系课题组，专用邮箱：xuehuiketi@126.com

全国儿童家庭教育支持的机制研究课题组

2019 年 12 月

1. 您在哪个学校

（1）齐齐哈尔市培智学校　　　　　　（2）赤峰市民族特殊教育学校

（3）新疆阿克苏地区启明学校　　　　（4）昌吉州特殊教育学校

（5）新疆伊犁盲人培智学校　　　　　（6）长春市特殊教育学校

（7）北京市平谷区特殊教育中心　　　（8）北京东城区培智中心学校

（9）北京市东城区特殊教育学校　　　（10）北京市盲人学校

（11）河北保定市特殊教育中心　　　　（12）秦皇岛市特殊教育学校

（13）河北邢台临西县特殊教育学校　　（14）山东济南特殊教育中心

（15）山东淄博市特殊教育中心　　　　（16）青岛市盲人学校

（17）南京市聋人学校　　　　　　　　（18）江苏省高邮市荷花塘特殊教育学校

（19）上海市盲童学校　　　　　　　　（20）宁波达敏学校

（21）泉州鲤城区开智学校　　　　　　（22）郑州盲哑学校

（23）河南郑州市二七区辅读学校　　　（24）武汉市江岸区辅读学校

（25）宜昌市特殊教育学校　　　　　　（26）湖南株洲市特殊教育中心

（27）湖南长沙市培智特殊教育学校　　（28）湖南省郴州市特殊教育中心学校

（29）湖南省张家界市桑植县启智学校 （30）湖南嘉禾县特殊教育学校

（31）广州市盲童学校 （32）广州市启聪学校

（33）广州市天河区启慧学校 （34）佛山市启聪学校

（35）佛山康复实验学校 （36）东莞市特殊幼儿中心

（37）云南昆明市五华区新萌学校 （38）云南昭通市特殊教育学校

（39）成都市温江区特殊教育学校 （40）北京安华学校

（41）上海董李凤美学校

2. 您的名字是（_____）（写名字也是为了给大家写参与课题研究的证明）

3. 您的性别是：

（1）男 （2）女

4. 您的年龄是（_____岁）

5. 您的最高学历是：

（1）中专（高中）及以下 （2）大专 （3）本科

（4）研究生（硕士 博士）

6. 您最高学历的专业是：

（1）特殊教育 （2）语文及语文教育 （3）数学及数学教育

（4）教育管理 （5）体育 （6）艺术类教育

（7）其他（请注明是什么专业：_____）

7. 您现在教的学生中，有哪些类别（有几类就选几类）：

（1）视力障碍 （2）听力障碍 （3）智力障碍 （4）孤独症

（5）脑瘫（肢体障碍） （6）其他（请注明是什么类型_____）

8. 您教的主要课程是：

（1）语文 （2）数学 （3）英语 （4）艺术类 （5）体育

（6）其他（请注明是什么科目：_____）本题可以根据情况选2科以上。

9. 您认为，就您班的学生家长看，家长们需要专门的家庭教育指导吗？

（1）需要 （2）不需要 （3）说不好

第9题如果您选择"（1）需要"，请继续回答下面的内容：现在以教育视力障碍学生为主的回答第10题，现在以教育听力障碍学生为主的回答第11题，现在以教育培智班学生为主的回答第12题，现在以教育其他类型学生为主的回答第13题。

如果选择"（2）不需要"或"（3）说不好"，本调查结束，谢谢您。

10. 如果您现在主要是教视力障碍学生的教师，而且认为家长需要进行教育指导，请回答本问题。

（1）家长需要进行如何和班主任配合工作的指导。

①同意　　　　②不同意　　　③说不好

（2）家长需要进行如何和任课教师配合工作的指导。

①同意　　　　②不同意　　　③说不好

（3）您感觉视力障碍学生的家长溺爱孩子的现象比较普遍。

①是　　　　②否　　　　③说不好

（4）您感觉视力障碍学生的家长嫌弃孩子的现象比较普遍。

①是　　　　②不是　　　③说不好

（5）家长对自己视力障碍的孩子期望：

①多数比较高　　②多数比较低　　③说不好

（6）您班的家长放学后是否大多给孩子补习课外的学习内容。

①是　　　　②不是　　　③不了解

（7）您班的家长懂视力障碍学生的心理。

①懂　　　　②不懂　　　③说不好

（8）您班的家长懂视力障碍学生教育的特点。

①懂　　　　②不懂　　　③说不好

（9）您觉得家长教育视力障碍学生的方法正确。

①是　　　　②不是　　　③说不好

（10）您班视力障碍学生家长的教育观念还是大致正确的。

①是　　　　②不是　　　③不了解

11. 如果您现在主要是教听力障碍学生的教师，而且认为家长需要进行教育指导，请回答本问题。

（1）家长需要进行如何和班主任配合工作的指导。

①同意　　　　②不同意　　　③说不好

（2）家长需要进行如何和任课教师配合工作的指导。

①同意　　　　②不同意　　　③说不好

（3）您感觉听力障碍学生的家长溺爱孩子的现象比较普遍。

①是　　　　②否　　　　③说不好

（4）您感觉听力障碍学生的家长嫌弃孩子的现象比较普遍。

①是　　　　②不是　　　③说不好

（5）家长对自己听力障碍的孩子期望：

①多数比较高　　②多数比较低　　③说不好

（6）您班的家长放学后是否大多给孩子补习课外的学习内容。

①是　　　　　　②不是　　　　　　③不了解

（7）您班的家长懂听力障碍学生的心理。

①懂　　　　　　②不懂　　　　　　③说不好

（8）您班的家长懂听力障碍学生教育的特点。

①懂　　　　　　②不懂　　　　　　③说不好

（9）您觉得家长教育听力障碍学生的方法正确。

①是　　　　　　②不是　　　　　　③说不好

（10）您班听力障碍学生家长的教育观念还是大致正确的。

①是　　　　　　②不是　　　　　　③不了解

12. 如果您现在主要是教智力障碍、孤独症和脑瘫（肢体障碍）学生的教师，而且认为家长需要进行教育指导，请您按照 A、B、C 三组回答本问题。

A. 如果您的班级里有智力障碍学生，请回答（没有时，本题可以不回答）：

（1）智力障碍儿童家长需要进行如何和班主任配合工作的指导。

①同意　　　　　②不同意　　　　　③说不好

（2）智力障碍儿童家长需要进行如何和任课教师配合工作的指导。

①同意　　　　　②不同意　　　　　③说不好

（3）您感觉智力障碍学生的家长溺爱孩子的现象比较普遍。

①是　　　　　　②否　　　　　　　③说不好

（4）您感觉智力障碍学生的家长嫌弃孩子的现象比较普遍。

①是　　　　　　②不是　　　　　　③说不好

（5）家长对自己智力障碍的孩子期望：

①多数比较高　　②多数比较低　　　③说不好

（6）您班的家长放学后是否大多给孩子补习课外的学习内容。

①是　　　　　　②不是　　　　　　③不了解

（7）您班的家长懂智力障碍学生的心理。

①懂　　　　　　②不懂　　　　　　③说不好

（8）您班的家长懂智力障碍学生教育的特点。

①懂　　　　　　②不懂　　　　　　③说不好

（9）您觉得家长教育智力障碍学生的方法正确。

①是　　　　　　②不是　　　　　　③说不好

（10）您班智力障碍学生家长的教育观念还是大致正确的。

①是　　　　　　②不是　　　　　　③不了解

B. 如果您的班级里有孤独症学生，请回答（没有时，本题可以不回答）：

(1) 孤独症儿童家长需要进行如何和班主任配合工作的指导。

　　①同意　　　　　　②不同意　　　　　③说不好

(2) 孤独症儿童家长需要进行如何和任课教师配合工作的指导。

　　①同意　　　　　　②不同意　　　　　③说不好

(3) 您感觉孤独症学生的家长溺爱孩子的现象比较普遍。

　　①是　　　　　　　②否　　　　　　　③说不好

(4) 您感觉孤独症学生的家长嫌弃孩子的现象比较普遍。

　　①是　　　　　　　②不是　　　　　　③说不好

(5) 家长对自己孤独症的孩子期望：

　　①多数比较高　　②多数比较低　　　③说不好

(6) 您班的家长放学后是否大多给孩子补习课外的学习内容。

　　①是　　　　　　　②不是　　　　　　③不了解

(7) 您班的家长懂孤独症学生的心理。

　　①懂　　　　　　　②不懂　　　　　　③说不好

(8) 您班的家长懂孤独症学生教育的特点。

　　①懂　　　　　　　②不懂　　　　　　③说不好

(9) 您觉得家长教育孤独症学生的方法正确。

　　①是　　　　　　　②不是　　　　　　③说不好

(10) 您班孤独症学生家长的教育观念还是大致正确的。

　　①是　　　　　　　②不是　　　　　　③不了解

C. 如果您的班级里有脑瘫（肢体障碍）的学生，请回答（没有时，本题可以不回答）：

(1) 脑瘫（肢体障碍）儿童家长需要进行如何和班主任配合工作的指导。

　　①同意　　　　　　②不同意　　　　　③说不好

(2) 脑瘫（肢体障碍）儿童家长需要进行如何和任课教师配合工作的指导。

　　①同意　　　　　　②不同意　　　　　③说不好

(3) 您感觉脑瘫（肢体障碍）学生的家长溺爱孩子的现象比较普遍。

　　①是　　　　　　　②否　　　　　　　③说不好

(4) 您感觉脑瘫（肢体障碍）学生的家长嫌弃孩子的现象比较普遍。

　　①是　　　　　　　②不是　　　　　　③说不好

(5) 家长对自己脑瘫（肢体障碍）的孩子期望：

　　①多数比较高　　②多数比较低　　　③说不好

（6）您班的家长放学后是否大多给孩子补习课外的学习内容。

　　①是　　　　　　　②不是　　　　　　　③不了解

（7）您班的家长懂脑瘫（肢体障碍）学生的心理。

　　①懂　　　　　　　②不懂　　　　　　　③说不好

（8）您班的家长懂脑瘫（肢体障碍）学生教育的特点。

　　①懂　　　　　　　②不懂　　　　　　　③说不好

（9）您觉得家长教育脑瘫（肢体障碍）学生的方法正确。

　　①是　　　　　　　②不是　　　　　　　③说不好

（10）您班脑瘫（肢体障碍）学生家长的教育观念还是大致正确的。

　　①是　　　　　　　②不是　　　　　　　③不了解

13. 如果您现在主要是教其他类型的学生的教师，而且认为家长需要进行教育指导，请您回答本问题。

（1）家长需要进行如何和班主任配合工作的指导。

　　①同意　　　　　　②不同意　　　　　　③说不好

（2）家长需要进行如何和任课教师配合工作的指导。

　　①同意　　　　　　②不同意　　　　　　③说不好

（3）家长溺爱孩子的现象比较普遍。

　　①是　　　　　　　②否　　　　　　　　③说不好

（4）家长嫌弃孩子的现象比较普遍。

　　①是　　　　　　　②不是　　　　　　　③说不好

（5）家长对自己的孩子期望：

　　①多数比较高　　　②多数比较低　　　　③说不好

（6）家长放学后是否大多给孩子补习课外的学习内容。

　　①是　　　　　　　②不是　　　　　　　③不了解

（7）您班的家长懂学生的心理。

　　①懂　　　　　　　②不懂　　　　　　　③说不好

（8）您班的家长懂学生教育的特点。

　　①懂　　　　　　　②不懂　　　　　　　③说不好

（9）您觉得家长教育学生的方法正确。

　　①是　　　　　　　②不是　　　　　　　③说不好

（10）学生家长的教育观念还是大致正确的。

　　①是　　　　　　　②不是　　　　　　　③不了解

再一次真诚地感谢您真实的回答。

参考文献

［1］卫沈丽.美国"家长参与"政策批判研究［D］.长春：东北师范大学，2017.

［2］汤月荣.家庭在中美教育改革中作用和地位的比较研究［D］.上海：华东师范大学，2013.

［3］甘佳霖.美国"家庭参与"政策的研究［D］.成都：四川师范大学，2019.

［4］林滟.美国基础教育阶段家庭参与教育研究［D］.上海：华东师范大学，2015.

［5］王宁.现代美国儿童教育福利政策研究［D］.长春：东北师范大学，2016.

［6］肖非.美国特殊教育立法的发展——历史的视角［J］.中国特殊教育，2004（3）：93-96.

［7］刘颂，王辉.残疾儿童家长参与的权利——英美两国有关特殊教育立法的述评［J］.中国特殊教育，2000（4）：33-36.

［8］戴士权.美国特殊教育领域中个别化教育计划的立法演进及对我国的启示［J］.外国中小学教育，2018（5）：33-38，8.

［9］张爱玲.美国马里兰州"家庭与社区参与政策"解读［J］.天津市教科院学报，2015（6）：9-12.

［10］林云强，张福娟，聂影.美国特殊教育立法中的家长参与［J］.中国特殊教育，2010（5）：47-51.

［11］王萍，江琴娣.美国个别化家庭服务计划及对我国的启示［J］.中国特殊教育，2012（5）：8-11，45.

［12］于素红.美国个别化教育计划的立法演进与发展［J］.中国特殊教育，2011（2）：3-8.

［13］张宇，葛新斌，邱举标.我国残疾儿童家长教育参与权的立法保障探

析 [J]. 现代特殊教育, 2017 (18): 64-68.

[14] 聂影, 江琴娣. 关于美国残疾儿童家长参与教育的法律法规述评 [J]. 中国校外教育, 2009 (12): 215-216.

[15] 申仁洪. 走向伙伴协作的残障儿童家庭参与——基于美国研究的考察 [J]. 比较教育研究, 2016, 38 (4): 100-106, 112.

[16] 李杨, 任金涛. 我国家庭教育指导服务保障体系现状与展望 [J]. 成人教育, 2012, 32 (11): 54-57.

[17] JANZEN E F, APPLEQUIST K F . Developmental Disabilities Assistance Act and Bill of Rights [M]. Atlanta: American Cancer Society, 2008.